基础教育新锐名师堂

U0825021

导演式课堂教学

王 坚 著

北京大学出版社
PEKING UNIVERSITY PRESS

图书在版编目(CIP)数据

导演式课堂教学/王坚著. —北京：北京大学出版社，2013.9
(基础教育新锐名师堂)
ISBN 978-7-301-23140-1

Ⅰ.①导… Ⅱ.①王… Ⅲ.①课堂教学—教学研究—中小学
Ⅳ.①G632.421

中国版本图书馆 CIP 数据核字（2013）第 209859 号

书　　　名：导演式课堂教学
著作责任者：王　坚　著
策 划 编 辑：赵学敏
责 任 编 辑：桂　春
标 准 书 号：ISBN 978-7-301-23140-1/G・3697
出 版 发 行：北京大学出版社
地　　　址：北京市海淀区成府路 205 号　100871
网　　　址：http://www.pup.cn　　新浪官方微博：@北京大学出版社
电 子 信 箱：zyjy@pup.cn
电　　　话：邮购部 62752015　发行部 62750672　编辑部 62765126　出版部 62754962
印　刷　者：北京宏伟双华印刷有限公司
经　销　者：新华书店
720 毫米×1020 毫米　16 开本　17.25 印张　362 千字
2013 年 9 月第 1 版　2013 年 9 月第 1 次印刷
定　　　价：36.00 元

序：做一个“穿越型”的教师

冯卫东

一

我是在大概三年前假座于跃龙中学举行的一次教研活动中第一次知道王坚其人的。我读到他的一篇文章，那是在一份校刊上，文后附注说本文发表于《教育理论与实践》。文章写得好，所发刊物也很“厉害”，不能不引起我的注意。课间我遇到胡健校长，从他那里了解王坚情况，得知他是学校政治教师，任教导副主任，分管教科工作，常有大块文章在核心期刊发表。我一向敬佩有才华的一线教师；再何况，胡校长说，王坚比较内向，一贯低调，这更增强了我的好感。我属于“半瓶子醋”，“凡有所思，必有所言”，但心里却偏爱“敏于事而讷于言”的人，因此很想见见王坚。事不凑巧，那天他不在校，我只能在心里“刻画”他的形象，应该是比较清癯、成熟的那种吧。

没过几天，王坚来找我，形象与我想象的差不离，只是更年轻一些，一问才知道比我小三岁，也是“奔五”之人，而看起来才四十不到。他说胡校长把我的意思转达给他，他是来向我请教的。我自然不敢当，和他说了一些互相学习一类的话，最后建议他制定若干年内的专业发展规划，争取近期有较大发展。我们谈得很投机，不过我的话多，他的话少，所谓“投机”，更多的是他在倾听、颔首，有时则提出一个问题，譬如个人当下做一个怎样的课题为好，我则和盘托出。从他时而真诚流露出的“顿悟”的表情，可以看到此前他确有所思，也有所感。海德格尔有言，“说也是一种听”，真是这样，尽管初次见面我便说了不少，而所说的其实更多是听的结果——是王坚不多的话语给了我启迪和灵感，我不过是把他不乏智慧因子的思绪整合了一下，再“回馈”于他。顺便说一句，这么多年来，作为一名教科研人员，我成长得比较好，其中有相当部分的“拔节”力量正源自于像王坚那样的优秀教师，源自于我和他们的对话、碰撞；我因而常常慨叹，教育思想“藏富于民”。

二

跃龙中学与我们单位只有一墙之隔。王坚偶尔来我这里坐坐，也没有太多的寒暄，很快进入正题，聊他最近所思所行，我随即作一些“点评”。他虽然没有像有些年轻人那样，虔诚地把“长者”的话记在本子里，但只消看他的眼神，便足以感到他的专心致志，他的全神贯注。应该说，王坚后来的成长势头比过去要好，甚至要好得多，这自然是因了前面那么多年的厚积，也与我对他的“点拨”不无关系。这样说不是高看了自己，而是因为，王坚其实是那种更多地沉浸到自己的天地里自得其乐的人，虽说政治教学不错，政治教研更棒，但并不着意“经营”自己，所以在专业发展上，他的“所至”与“能至”有着较大距离，我则“怂恿”他对于成绩、荣誉、名份等要适度追求，不可一味淡泊。他在“无意”中已经为自己准备了许多，现在只需按一定的“游戏规则”把它“呈现”出来。其实，我也不属于汲汲于功名的那种人，曾经有很长时间就像王坚那样自个儿“偷着乐”，后来有好心之人“点化”了我，我不过用从他人那里学到的“金针”度与王坚及其他一些年轻教师而已。

王坚后来评上区学科带头人，去年更是荣登市学科带头人榜。对此我略表贺忱，一方面，毕竟这不是一件容易的事情；另一方面，有他那样的“因”，必然会有他那样的“果”，并不意外，实属必然。让我没有料到的是，有一天，他给我发来电子邮件，并嘱我“秘而不宣”。这是一本书的提纲，题为“导演式课堂教学”，书名极为新颖，而看提纲之构架，就觉得必定是一部“大作”，是我写不出来甚至想不出来的。王坚说已经写了十个月，现在到了收尾阶段，我顿时生出一股一睹为快的欲望，他却说自己写在本子上，写完再一页一页打。这进一步印证了当初我的一点印象——这是一个有点“古典”意味的人。在这个浮躁激进的时代里，其实还是要有一点“古典”情怀的——认真、执着、从容，坚持、定力、耐心，宁静、低调、积淀……而这些又尤为教育所必需，因为教育是一种“慢的艺术”（张文质语）。

三

人们倡导教师努力成为学者型的教师，在我看来，王坚就是一名学者。把“学者”的桂冠加在一名初中政治教师头上，王坚一定会说，这是他生命不能承受之重，但我坚持以为，凭着实力，他应该无愧于这顶“桂冠”。

王坚此前从来没有和我谈有关电影的话题。任凭我的想象力多么丰富，也不能把他的本职工作和电影研究联系起来。是的，是电影研究，而不只是对电影的一种兴趣：对电影资料那么广泛的涉猎，对电影表现手法那么娴熟的把握，对电影内蕴的价值那么精到的理解……这些连“电影人”都未必能做到。作为一种艺术样式，电影自然也是感性的东西，而王坚的“进入”方式却是理性的，不敢说理性一定高于感性，但如果没有感性的基础，或者说没有对感性的超越，那么理性就无以形成。我想说的是，王坚是站在一个较高乃至很高的视点上去“看电影”的，这个视点本身就有着较浓的学术色彩。

当然我们还不能由此说，王坚是一个研究电影的学者，但他一定是一个已有所成的教育学者。在教学论上，他有着自己独特的思考方式、研究个性和表达风格，有着真正属于自己的理解、主张和发现，或者说，已然表现出较为独到而优异的教学论立场、识见和素养。而且，因为他始终在教育教学实践一线——那是他“生于斯，长于斯”的所在——因此，比起学院派，他的思想里更多一些“活的教育学”因子，这些因子是“故纸堆”里所没有的。完全可以说，他兼擅理论与实践之长：说王坚有理论之长，这不是对他的拔高，我相信任何一个把读书当作一种生活方式、对读书“上瘾”的知识分子都可以做到这一点。王坚是读了大量的书的，而有些起初并没有为他注意的相关图书一旦进入视野，必定“入其彀中”，像李政涛的《表演：解读教育活动的新视角》、刘良华的《叙事教育学》，我只是和他提到，他便马上想办法拥有、通读。更何况，除了经院哲学或经典理论之外，还有“实践性理论”，凭着 20 余年学校或课堂生活的跌打滚爬、历练考验，王坚在此方面的所获必定是十分丰富的……有了上述的拥有、消化与融合，王坚便有了成为一名学者的底气。学者是可以坚守“田野”或者从“田野”里走出来的，今天的中国教育也应该鼓励更多的老师经由课堂“耕作”而走向学术殿堂。

有前辈学者讲，“说有易，说无难”。依我狭窄的视野，不曾见过与电影艺术理论紧密结合的教学论专著，但我不敢妄说这类专著就没有，然而保守一点，我们还是可以说，它一定寥寥，即便有，亦未必胜过王坚，因为要在电影理论、教学理论以及教学实践经验等三个方面都有较为厚实的积淀，实属不易；再何况还要使之有机地、浑然一体地、像王坚所说的那样“穿越”地表现出来，更是难上加难。不过，换一个角度，“穿越”其实也是当今时代人们搞研究、做学问之所必需，从来不曾有一个时代像今天这样，看待某种实践现象，研究某些理论问题，处理某个学术事件，需要有那么多的学科资讯、学科视角以及学科综合能力；也可以讲，今天本来就是一个“穿越型”的社会，需要“穿越型”的研究，“穿越型”的人才。

从这个意义上说，“王坚”在三尺讲台上的出现，也是“时代使然”。

四

做一个“穿越型”的教师。王坚在电影艺术与教育（课堂教学）实践中“穿越”，他研究并发现这两者之间许多相似、相通或相同的地方，然后采用类比譬喻的方法（有点类似于仿生学的方法），把电影艺术中的诸多元素有机地“植入”课堂教学及其研究之中。不敢说王坚开辟了教学论的一脉新分支，但可以说，他为“类比教学论”（学者董洪亮对此有专门研究）的建设作出了重要的贡献，也因此对当代中国基础教育的教学论建设“尽了一点绵薄”。这样的人在一线教师中自然是凤毛麟角，即便在专职研究者那里也不多见——他至少为我所难以望其项背。

王坚对电影艺术的研究比较深透，但这不是目的，他的目的在于对课堂教学的研究、理解与把握，前者是“他山之石”，后者才是“玉”之所在。因此，尽管当他进入电影场域时也如闲庭信步，而只有进入教学或课堂场域时他才更为挥洒自如：电影研究是他行走的一条通道，课堂研究才是他整体精神之所寓，是他的“家园”所在。这个比喻有点意思，我们可以进一步生发开去：王坚研究电影，那是一种爱好，王坚研究课堂，那才是一种生活；爱好是为生活赋彩的，而有时爱好亦可以成为一种生活；而当某种“生活”也成为爱好时，它就是一种“至美生活”。

王坚的“穿越”还在于学科与学科之间，这种“穿越”也是那样自由自在，如鱼在水。如果说，电影是他业余时间里情有独钟的雅好，而许多教师也有这样或那样的业余雅好，因此王坚爱电影，虽为可贵，却不难能；那么，除了教好自己所在学科，还很多地、较为深入地眷注其他学科的教学动态，差不多做到一通百通，这样的情形在一线教师中极为少见，王坚于是可谓“难能可贵”。就我个人而言，中学语文教学是老本行，然后搞了多年教科研，现在尽管对各年段、各学科也略有知晓，但平时讲座或写作，若要用到一些案例，往往自觉不自觉又回到“本行”那里，相形之下，王坚远胜于我。这种比较意在说明，超越学科或在学科之间自由“穿越”，“看似寻常却奇崛”，在其背后该下多大气力，该花多大心血！我注意到，王坚用例，其他学科占比并不少于政治一科，而且都是信手拈来，娓娓而谈，绝没有半点“炫博”痕迹；退一步说，纵是“炫博”，亦需力道，如此力道断断不是任何一个缺乏定力、浅尝辄止者所能拥有，只此一点，我要再次向王坚表示由衷的钦慕。

王坚的学科“穿越”应该视为是对中学教育教学的系统思考。由此我想到两句话，一句是“不谋全局者不足以谋一域”，一句是“系统思考的第一项原理是，结构影响行为”（彼得·圣吉《第五项修炼》）。作为学校的一名中层副职，王坚本来无须“谋全局”，但他“谋”了，小而言之，对于他的作为“一域”的政治教学，大而言之，对于学校的课程或教学结构的变革与完善，对于因应这种结构变化而引发的教师教育教学行为的改变乃至改革，应该都有一定的促进或推动作用——这不仅是一种“事理”，也完全可以成为一种“事实”，而它又在很大程度上是因为，在王坚所在的跃龙中学，他深得众人的呵护与支持。

五

我是赞同一线教师自身进行学科综合或学科“穿越”的，为此还悉心指导一所学校申报并研究一项省教科规划课题——《“科际互动”促进小学教师素质结构优化与专业发展的实践研究》，其中有一项“实验”是教师跨科教学，我们还编成一本课堂实录，题为《“足迹”之外的行走》。不过，我也深知，在当前教师普遍出现职业倦怠的现实面前，要每一个教师“坚守”好各自学科，都有难处，更遑论于学科之间“穿越”了。王坚乐此不疲地进行着艰辛的跋涉与“穿越”，我忽然想起古希腊先哲德谟克利特的话：“我宁愿推演事物之间的关系，而不愿做王。”我想，全身心浸润到自己精神世界的人，他本身就是个人思想王国的“王”——王坚应该就是这样一位“王”……

（冯卫东为南通市教育科学研究中心副主任、江苏情境教育研究所副所长，江苏省特级教师、教授级中学高级教师）

前　言

《导演式课堂教学》作为一部著作，其实是我作为教师的职业生涯和作为影迷的业余生涯的交会的成果。

我热爱教学，同样，我热爱电影；我研究教学，同样，我研究电影。二十多年的教学经历和二十多年的观影经历，在我而言渐渐地交错糅合为一项课题，或者说是对一种从电影世界穿越而出的教学观的思索与升华。让个人兴趣爱好和专业教学工作在思想的互动交融中发生一种特殊反应，这就是我挚爱的教科研，这也是流淌于职业血液中并跃动于事业脉络中的教育思维。

我深知，我只是从事了将这种观念进行提炼和总结的很普通的工作，事实上我身边的众多在自身教学岗位上辛勤耕耘的老师们，已然在实践着类似于这样的教学思维，所以在书中出现的这样一些老师的身影正是这本《导演式课堂教学》能够赖以存在的源泉和支撑，他们正是课堂里的“导演”，正是他们默默引领着一批又一批学生踏上了人生发展的坚实旅程，也正是他们推动着一个又一个课堂成为学生生命成长的阳光沃土。我诚挚地向这些老师们致以崇高的敬意和由衷的感谢。

同时，我谨向为本书提供配图的南通市教育科学研究中心、南通市崇川区教育体育局、南通市跃龙中学等致以诚挚的谢意！同时也因为时间关系以及部分图片作者的姓名与地址等信息不详的原因，无法一一取得联系。敬请有著作权的图片作者与本书作者联络，以便致谢。

目录

第一章　课堂：运作教学的“场面调度”

银幕世界里的光影传奇带给观众视听享受、精神愉悦和心灵激荡，课堂时空里的教学故事带给学生知识音符、文明韵律和生命历练。精彩的电影是导演、表演、编剧、摄影、美工等众多元素互动的结果，如同精彩的教学来自教师、学生、课程、教材、教育技术等课堂元素睿智灵动的融合。电影诞生于片场，包括摄影棚和外景地，其间各种元素的场面调度为影片拍摄提供着全方位保障，架构起电影从制作走向成品的脉络格局。当我们透过电影片场的场面调度，穿越电影制作的思维体系，会体悟到教学的内质蕴涵同电影的相通之处，由此赋予教学跨越行业的拓展效应。

教学根植于课堂，或者说教学“片场”，它以教学“摄影棚”和教学“外景地”展现“内景”课堂和“外景”课堂的特质，通过教学“景框”里课堂元素的优化组合，建构起依托课堂视角、教学距离和区域空间的“场面调度”。课堂“场面调度”既是教学技术，又是教学艺术；既是教学行为，又是教学理念，它使各具特色的课堂教学在教学“片场”从课堂元素的合理配置中表现出其深刻意义。

1.1　教学“片场”

电影是人类最伟大的发明之一，一百多年来不仅作为日益成熟的娱乐艺术影响人们的精神世界，而且扩展为影响国家经济乃至社会发展的规模化产业，或称电影工业。部门结构合理、工艺流程严谨、行业体系流畅等，是电影工业发挥深远影响力的基本运作特征。

教学是人类最古老的人际行为之一，几乎伴随着人类的出现而产生，当人类摆脱蒙昧、步入文明时代以来，教育事业则成为人类最早的文明行业之一。当相对久远的教学穿越相对年轻的电影，我们会发现教学的内涵是那样丰富，内容是那样生动，内力是那样强劲。

电影工业发展到今天，基本上是以电影的制作、发行与放映来体现其价值和运行特征的。较大的电影公司都有其专属的大型制片厂或制片基地，里面演职、管理、服装、道具、器材、化妆、特效、剪辑等部门一应俱全。美国好莱坞各大电影公司还另外置地在其制片厂内建造大型拍摄基地，内部包括各个不同历史时期的建筑物、街道、酒吧、庄园、旅店、房间内饰、工厂、农场等。我国也在江苏、河北、浙江等地建造了一些主题性影视拍摄基地。这些影城为不同时代背景、不同题材的电影提供了一劳永逸的拍摄地。一部部风格各异的电影就从制片厂诞生，源源不断地进入影院，走向观众。大型制片厂往往同时都有数部电影在其间拍摄，而每部电影所有参与摄制的演职人员，都会组成一个在几周或数月内协同工作的制作团队，这个团队足迹所到之处的拍摄点都是该部电影的片场。因此，片场可以称为电影制作的主阵地或核心场所，实际上片场是电影工业的基本单位。

就整个教育行业来说，教学是其主要呈现内容。优质的教学有赖于学校体系的支持和保障，对教学而言，学校如同其“制片厂”，其内部各个部门在教学“制片系统”中分别发挥相应职能。这些不同部门为教学的共同目标组成协作团队，它们的合力作用点就是课堂。课堂是实施教学的核心场所，是教育行业的基本单位。

在电影拍摄片场，制作人员之间通过多重的、动态的关系推进着影片拍摄进程。制片人监督电影摄制过程并掌握投资使用情况，导演调配相关部门人员进行场景准备、指导演员排戏并决定拍摄内容，演员通过表演诠释角色，摄影师、布景师、录音师、化妆师、照明师、场记、美工师等一众技术人员负责为拍摄的精确性保驾护航。如果拍摄过程中发现什么问题，他们都可经过沟通予以解决，也就是说，无论是演员等幕前人员，还是导演、编剧、技术人员等幕后工作者，片场各成员的互动联系是显性的，他们对影片拍摄的贡献是实时的。因此，每部电影在片头或片尾都会对为影片制作付出劳动的参与者署名，除上述提到的部门人员外，有些影片还有服装设计、音效、艺术指导、原著音乐、改编剧本等，而不少香港电影还有动作设计、胶片冲印、国粤语字幕等，甚至细到连参演的各位明星的服饰分别由哪家时装公司提供、哪些公司或政府机关为电影摄制提供了便利、在片场来回服务的茶水师傅等等都予以署名。这是对影片参与者价值的尊重和肯定，也是在电影片场理念上的人性化表达。

了解这些内容，对我们认识课堂这一教学“片场”的内部要素及其相互关系是很有帮助的。在教学“片场”里，教师通过组织教学承担教书育人的责任，同时享有自身专业发展的权利；学生则履行学习的义务，同时享有通过受教育获得生命成长的权利。教师与学生之间的关系是互相依存的，他们实时互动的课堂操作行为很明显地主控着教学“片场”。教师和学生实际上是课堂“幕前人员”，他们是教学“片场”的主体要素，发挥显性作用。

教学“片场”里还存在着非主体要素，他们作为课堂“幕后人员”，和教师、学生即“幕前人员”的联系是前置的或者后续的，不是紧密的，而是松散的，他们对教学“片场”产生的影响或作用是隐性的。比如，师生在课堂上通过教材的使用就与不同版本的教材编写者之间发生必然的但却是隐性的联系，编写者有意识地在教材中进行语言风格、结构重组、教育思想的有机融合，从而潜移默化地去推动师生积极课堂操作行为的实施，这时双方的联系是前置性的。如果师生在教材使用过程中感到不便或者发现不足，由于编写者此时不在教学“片场”，问题不能获得即时解决，只能通过下一轮教材的修正予以解决，这时双方的联系则是后续性的。

学校德育部门以及学生家长有责任对学生施加人格品质教育影响力，为学生更好地实施课堂学习提供行为规范保障，同时一旦学生出现干扰课堂学习的消极品德现象，则有义务通过合理措施予以有效纠正，这些也是前置性联系和后续性联系作用的体现。物理、化学、生物等科实验员做好学生实验课学习的常规管理工作，文印教务人员完成好学生的学习材料、试卷等的印制以及成绩、信息等的录入、分析等工作，学校管理部门和教育行政部门积极促进教师开展继续教育培训活动，教学设备生产人员则为师生的教学与学习提供硬件保障……

教育行政人员、教材编写者、学校管理者等课堂“幕后人员”，虽然并不直接在教学“片场”出现，但其间接影响力在教学“片场”却无处不在。人们往往把课堂习惯性地等同于课堂教学，将教师和学生视作仅有的课堂参与人员，这实际上是对课堂的误解。课堂应该是多方参与要素共同发挥效用的综合性教学“片场”，即课堂“幕前人员”和“幕后人员”为实现教学的较优化发展而贡献自身力量的团队驻在地或教育时空场所，它通过显性要素的直接作用和隐性要素的间接作用之间的交互融合而体现出其“片场效应”。

在电影片场，对导演来说要展现其执导功力，对演员来说要展示其表演技艺，对技术部门来说要体现其摄影才能、录音水平、布景化妆艺术、特效技能、剪接水准等。任何一部电影作品都汇聚了片场所有参与者的才思。在课堂这个教学“片场”里，在教师而言是展示其执教才能的“课堂教学”场，也是承载其自身进步的“课堂专业发展”场；在学生而言则是表现其学习能力的“课堂学习”场；在管理者而言是体现其办学理念与特色的“课堂改革”场；在教辅人员而言是渗透其服务水准的“课堂建设”场。一节节运行流畅、成效显著的课就是基于教学“片场”各种参与要素合力下的“教学产品”。

立足教学“片场”层面来看课堂，我们没有理由只谈课堂教学而忽视课堂的其他表征，更没有理由喊着“向课堂要质量”的口号，总把要求与压力抛给教师与学生，而不顾课堂质量的其他内在因素。课堂“幕前人员”和“幕后人员”共同构建起教学“片场”，共同承担着夯实课堂并提升质量的责任。

从教学“片场”显性要素看，课堂质量的提高既需要教师专业素养和教学技能的增强，又需要学生学习方法和能力的改进，这就要求将教与学放在同一平台同时提升。我们可以设想把教师的教比作“伞柄”，把学生的学比作“伞面”，当教师将“伞柄”竖起撑开时，学生的“伞面”即刻同时展开，由此我们需要努力实施“雨伞式”课堂教学理念及其策略。

从教学“片场”隐性要素看，课堂质量的提升既有赖于办学设施、教学设备、后勤保障等“教学硬件”的改善，又有赖于学校管理、教育思想、教材理念、评价机制等“教学软件”的健全，这就要求在颇具延展性的课堂平台上采取“多项多向式”课堂质量监控策略，扎实而全面地建设优质课堂。

所以，视课堂为教学“片场”，至少可以让我们在解读课堂的时候不至于太片面，在审视课堂的时候不至于太武断，在评价课堂的时候不至于太功利。事实上，教学“片场”为所有课堂“幕前人员”和“幕后人员”提供了施展才华的空间和提升能力的机会，而这一切背后最深远的实效是学生的知性、道德和生命成长，这当然也是从教学“片场”出品的课堂成果中最具价值的内容。

教师、学生、教材编写者、教育管理者、教辅人员等课堂显性要素或隐性要素，架构起教学“片场”的运行格局。

1.2 课堂视角

我们在看电影时一般会有这样的感觉，银幕上的人物有时显得高高在上，似乎观众须仰视，有时却显得偏低靠下，似乎又让观众去俯视，而有时则和我们的视线平行，观众好像就在平和地静观其故事，感到自然亲切，不像仰视或俯视那样可能产生一些情绪或情感上的变化。实际上，这是摄影机以不同角度拍摄人物并通过银幕画面的呈现，向观众表达电影创作者对角色的看法或态度的影像反映。

电影中人或物被摄的角度不同，传达给观众的信息就不一样。摄影机在被摄物的就近上方以高角度进行拍摄所形成的是俯角镜头，它往往以地面、墙面、水面等为背景，使身处其上的被摄物显得低矮，观众犹如透过摄影机在俯视被摄物，这表达了镜头下人物的困境、受压制和卑微无助感。例如，《泰坦尼克号》中露丝坐上救生艇从船侧缓缓下降的镜头，以及幸存者们乘坐救生艇在茫茫大海中等待救援的镜头；《拯救大兵瑞恩》中盟军在诺曼底海滩突遭居高临下的德军攻击的镜头，等等。摄影机从被摄物的下方以低角度进行拍摄形成的则是仰角镜头，它往往以天空、楼顶、天花板等为背景，使被摄物显得高大，观众犹如透过摄影机在仰视被摄物，这表达了画面中人物的庄重、威严、受尊敬感。比如，《泰坦尼克号》中杰克初见露丝时，雍容高贵的露丝站在船头高处的镜头；《蜘蛛侠》里蜘蛛侠从天而降救助市民的镜头；《建党伟业》中陈独秀、李大钊、毛泽东等人激情演讲的镜头，等等。摄影机以和被摄物面对面的水平角度进行拍摄所形成的是水平视线镜头，它强调对被摄物各个细节的捕捉，观众犹如透过摄影机旁观一切，这表达了镜头中人物的平等、真实、全面感。水平视线镜头避免用主观角度带给观众先入为主的价值评判，它旨在引导观众在画面的平铺直叙中自主判断，这实际上是电影创作者的中性化、非情感性镜头表达。例如，《一个都不能少》、《秋菊打官司》、《我的父亲母亲》等多部张艺谋电影中的现实叙事镜头，以及《晚春》、《麦秋》、《小早川家之秋》等多部日本著名导演小津安二郎作品中的家庭伦理叙事镜头，等等。

俯角镜头一般表现出压抑、困顿、无助和卑微感。(《拯救大兵瑞恩》剧照)

仰角镜头往往能体现出高大、威严、庄重以及圣洁感。(《建党伟业》剧照)

水平视线镜头表达出平等、客观、和谐的感觉，使观看者比较自然。(《我的父亲母亲》剧照)

课堂同样存在视角，因为每个人心中都内存着一架“摄影机”，它代表个人主观态度的课堂视角会在每个人头脑中形成。从课堂相对方位关系看，既有课堂外部视角（来自特定课堂外部的人们看待课堂的主观角度），又有课堂内部视角（身处特定课堂内部的师生看待课堂的主观角度）。课堂视角产生的原因一般和个人自身的学识层次、身份地位、家庭背景、教育观念、社会环境等息息相关。不同的课堂视角交错在一起，对人们认识课堂会造成一定程度的影响。这种影响有时候是截然相反的，即可能帮助人们拓宽课堂审视面，但也可能令人在各执一词中更感困惑。实际上，现今不少对课堂的争议性言论即由此而来。

“幕后人员”从外部视角看待课堂的“摄影”角度是不一样的。

各级教育行政部门作为教育行业的官方统领者，以政策、规章、制度的颁布执行去规范课堂，以文件通知、调研活动、会议落实等形式去调控课堂，对课堂提出要求甚或批评的是他们，有权力、身份予以保障的他们“拍摄”出的是“俯角”课堂。学校管理者有权通过学生考核、教师评价等手段监控、约束课堂，他们看待课堂也是“俯角”形式的。教育理论专家与学者等经常受邀为一线教师开展培训活动，他们往往通过理论讲学、学术示范等方式为课堂归纳出建议和操作要求，他们与课堂之间同样是“俯角”。由于“俯角”课堂被来自课堂外部视角的上述人员定位，身处其中的教师和学生的课堂操作行为常常要随教育管理者和专家的意见而变换，因而显得困惑而无奈。

从教师视角向学生传递知识，观察学生的学习状况，是教学行为运作中的“俯角”课堂。

在外部视角看待者中，学生家长群体眼中的课堂一般是“仰角”课堂。学生在所处的课堂里和其他人一样是等额一分子，获得等额的受教育机会，但作为子女的他们在家长心中却是家庭的全部希望和权重所在。家长们几乎同样认为或者希望课堂能给予孩子最好最多的成功养料，孩子及其老师所提出的课堂要求，他们会尽可能去做到；即使有些家长对某些课堂行为持保留态度，但出于孩子前途的考虑，在行动上仍是全力支持。这就是“仰角”课堂在家长心中产生的“光环效应”，当然这也会导致一些家长产生观念误区和行为盲从。

从学生视角听老师讲课，汲取知识，是学习行为运作中的“仰角”课堂。

在每一名教师担任教学工作的特定课堂时空之外，该教师的校内同事以及其他学校的教师们即教学同行，就构成了课堂外部视角的第三类人员。这些教学同行们通过各个级别、不同范围的课堂观摩活动，开展听课研讨，针对教师教学与学生学习行为，归纳其优点或值得推广的经验，指出其不足或需要改进的环节。由于大家相互之间是同行，这样的话题交流就显得专业、真切、平等，所以无论是特定课堂的被听课评点的教师，还是来自特定课堂之外的听课教师，都能使各自的课堂有所收益。于是，这种特定课堂之外的教学同行以“水平角度摄取”的课堂就是“水平视线课堂”。

从内部视角看待课堂的“摄影”角度也是不同的。教师和学生是课堂内部主体构成要素，教师的教学和学生的学习是相互联动的一体化行为，就像前面提到的“伞柄”与“伞面”形成的“雨伞效应”一样。因此，师生双方看待课堂不是抽象的，而是以相互之间的视角看待对方的行为及其效果来实现的。

学生的学习成效在很大程度上依赖于教师的作用，这样学生看待课堂的视角主要表现为他对教师的视角。从心理因素讲，学生自感与教师之间有较大的知识落差和阅历差距，对教师会产生自然的崇拜、希冀、期待、向往感；从尊师的社会氛围讲，学生对教师有自觉或不自觉的敬畏、服从感；从空间位置关系讲，学生坐在课椅上，教师站在讲台上，并且可以在教室里四处走动，无论教师在课堂的什么位置，任何学生都必须频繁抬头仰视才能看到，教师在课堂里显得高高在上，学生对教师有一种受控制的压抑感。所以，学生以低角度看待具有威严气势的教师，其内心的“摄影机”所“摄取”的是“仰角”课堂。

教师的教学成效必须通过学生的收获予以实现，教师看待课堂的视角主要体现为他对学生的视角。教师基于相较于学生的高层次专业学识和丰富的阅历经验，形成能满足其教学需要的心理安全感与舒适感，他内心的“摄影机”很自然地以高角度“摄取”学生，这就形成了教师眼里的“俯角”课堂。比如，教师以主观的教学程序牵引学生的学习，以自己的连番提问掌控学生的思路；教师居高临下地审视课堂，仿佛讲台下的学生都是其“恩泽”下的受益者；如果学生出现学业成绩不佳的情况，教师往往将原因归于学生身上。实际上，教师视角下的“俯角”课堂在一定程度上会导致学生的困顿无助。

课堂关注视角的差异更多地代表了不同群体或个人的情绪化表达。以“高角度”俯视课堂的人很多都是通过关注课堂缺陷去表达自身观点，并强调自己改进课堂的主观想法的重要性，这样做在一定层面上具有批判现实的意味，的确对课堂建设本身能起到良好作用；但俯视课堂的“权威人群”不自觉地给人们传递了类似于盛气凌人的主观态度，内含了不容争辩的“霸道思想”，这就可能产生遭遇消极抵制的负面影响；从另一方面讲，由于更多人看到课堂可以随意批判，于是一些学生及其家长也加入进来，导致“俯角”课堂的非正常增加。当然，“仰角”课堂也并不表示对课堂的推崇就是天经地义的，有时候这也会掩盖或回避课堂内的问题或矛盾。

这就是说，我们看待课堂的心态更应平和一些，关注课堂的视角更应客观一些。就像摄影角度的变化表达了编导的电影理念，并传达给观众不同的情感态度一样，课堂视角也是可以伴随关注者的角度变化而变化的，这能带给不同群体更广泛、更深刻的观念感受。

同“俯角”课堂与“仰角”课堂较强烈的主观意向表达性相比，“水平视线”课堂强调观察与评判的“水平角度”，突出人与人之间的平等性、行为与态度之间的客观性、现象与结论之间的公正性，这种中性化课堂价值导向往往更有利于人们对课堂内涵的解读与实施。所以，有时候教师在课堂里尝试与学生在相互间视线水平的角度上开展“圆桌讨论”或“焦点访谈”，或者教育管理者和理论专家尝试进入课堂，同师生在“水平视线”平台上进行观察、互动、沟通，或许对课堂的认同感是另一番天地。就如同我们不仅享受张艺谋在《英雄》、《十面埋伏》等大片中通过摄影角度的跌宕起伏带给大家内心的情感涌动，而且也喜欢他在《大红灯笼高高挂》、《千里走单骑》等文艺片中通过简约平实的镜头视角传递出的人性关怀和人文精神一样。事实上，课堂视角的运用道理与此相当。

教师走下讲台，到学生中间进行互动交流，这对教和学双方而言都是视角的变化。“水平视线”课堂体现的是人文关怀，同时也是师生之间教学距离和区域空间的调适。

1.3 教学“摄影棚”

课堂之于教学如同摄影棚之于电影。摄影棚一般是电影的固定拍摄基地，里面拥有大量满足各类影片拍摄所需的设施、设备。美国的米高梅电影公司在其辉煌时代拥有好莱坞最多产的制片厂，在其制片厂内的大片土地上建有23座摄影棚，此外还有用于拍片的港口、湖泊、公园、森林以及不同时代、不同风格的街道、房屋等。像华纳、派拉蒙、20世纪福克斯等其他美国著名电影公司同样拥有很多摄影棚。20世纪六七十年代风光无限的中国香港邵氏电影公司在九龙清水湾建造了庞大的邵氏影城，拥有众多拍摄各种类型影片的摄影棚，在20多年里摄制了七八百部影片的规模业绩让人叹为观止，更令人不可思议的是，所有邵氏电影几乎全在摄影棚里拍摄，现在这批影片重新面世又让无数现今的观众见识了当年邵氏电影公司雄厚、娴熟的摄影棚拍摄技术。

电影公司建立并利用摄影棚拍摄影片，既有省却奔波劳累之苦和节约制作资金的考虑，同时也是摄影棚具有非常便利而神奇的功能使然。摄影棚内各种场景设计、灯光效果、仿真环境等一应俱全，这些能满足影片内容需要的室内场面、外部模拟实景甚至四季气候模拟场景都能逼真再现，电影剧组常常可以足不出户而拍摄各种影片。具有风格化的、时代特色或者魔幻意味类型的电影，尤其需要依靠摄影棚内变幻莫测的封闭空间去架构其场景内容和角色造型，这样类型的电影包括歌舞片、伦理片、恐怖片、传记片、青春片等，甚至也包括动作片和武侠片。比如香港邵氏电影时代的武侠片中，角色对决所处的客栈、山坡、树林、草场、山顶、河边、庭院、街道、市井、小镇等全是摄影棚里的仿真场景，连天空的明暗变化往往也是。当然也不绝对，比如在美国既有几乎全部在摄影棚内拍摄的西部片甚至战争片，也有在实地外景拍摄的歌舞片或者惊悚片。也就是说，摄影棚与电影拍摄的题材和类型都无必然联系，主要是与创作者的电影表达方式有关。所以，只要愿意，绝大多数影片都能在摄影棚内拍摄。摄影棚对于电影的功用及意义也就在此。

一般来说，教学实施的固定场所是课堂，课堂肩负出产“教学产品”的职责，发挥产出教学效益的功能。课堂实际上就是教学“摄影棚”，是教师与学生惯常化教学与学习行为赖以承接和持续的基地。教学“摄影棚”内的教学“拍摄条件”包括直观应用型的硬件设施，即课堂装置和微观渗透式的软件设施即课堂编程。课堂装置包括黑板、讲台、学桌椅、课堂工具等，课堂编程则由课程序列、教学模板、学习环境等构成。

课堂装置一般按照其各要素的功用相对固定地分布于教学“摄影棚”内适当的地方，它能让教师和学生一旦在其中就位即可进入相应教学操作程序，就如同电影摄制组在摄影棚内的各种景观环境中进行拍摄一样，也就是说，课堂装置能使教学参与者调整状态迅速“入戏”。比如说课桌椅并不只是为学生提供坐着上课学习的地方那么简单，它与学生在课堂空间习以为常的学习活动紧密相连，它对学生具有心理暗示与调适作用，学生从非课堂时空进入课堂时空的一个外在标志就是身处课桌椅区域，此时学生会自我提示、约束行为并作课堂角色身份的转换，所以课桌椅是学生学习情绪的稳定器和调节枢纽。从另一方面看，课桌椅在选配上的舒适性和在摆放上的科学性，也会在一定程度上有利于学生的身心健康，帮助学生提升学习愉悦感。

讲台在课堂装置中是教师据以主持教学行为的相对固定的区域，它可以用来放置教具、操作实验、言行呈示、师生互动等。讲台可以说是教学过程的启动点、教学环节的衔接点和教学任务的完成点。讲台在高度上高于课桌，一般是正面朝向学生的桌台，其象征意义显而易见，这意味着基于知识落差的教师的教学目的和学生的学习结果的行为连接及其传递。身处讲台是教师从非课堂时空向课堂时空角色转换的标志，讲台是教师教学情绪和行为制约的调节器。

黑板并非其表面意思上的黑颜色平面板，尽管它的确以黑色居多。黑板在人类社会的教学史上发挥了不可替代的非凡作用，它以书写的反复性、修正的便捷性、示范的清晰性、呈现的集中性和参与的平等性等特点，令知识传授这一教学的重要功能尽显其中。黑板是教学“摄影棚”中最显著的课堂装置，而它自身的发展历程也是一部传奇史。从最初在坚硬物体表面涂抹黑色涂料到水磨玻璃，从彩涂钢板到复合材料板，黑板实现了材质的跃升；从黑板到墨绿板、白板，从平面板到弧面板，黑板历经了颜色、形状的变化；从普通黑板到支架活动板、推拉板、升降板，从磁性黑板到多功能组合板，从电子黑板到交互式电子白板、带幕投影板、五线谱音乐黑板等，黑板见证了结构与类型的复杂多样与日新月异。既可以说教学事业孕育了黑板，也可以说黑板变迁促进了教学。黑板作为重要的课堂装置，是教学人文化和科技化融合演进的产物。

课堂装置包括教学工具和学习工具。如同摄影棚内灯光打法和器材的安排、道具和戏服的准备、摄影轨道和升降机的置放等增强了电影拍摄的可视性、逼真度和表现力一样，课堂工具在教学的精确性、学习的深入性、内容的拓展性和过程的生动性方面赋予课堂操作行为更真切的意义。对教师而言，除了挂图、地球仪、实验器材、投影仪、乐器、实物模型等带有学科表征的传统教具外，教学工具还包括视听设备、电子计算机、多媒体课件和互联网等超越学科范畴的泛化教育技术工具。对学生而言，除了文具、字典、复读机等传统学具外，学习工具同样也包括电脑、网络以及电子辞典、音视频播放器等能用于学习的科技产品。丰富多彩的课堂工具使课堂装置更富时代性和效率性，由此使教学“摄影棚”在不知不觉中扩展了教学“景深”。

当你进入放置着讲台、桌椅、黑板和课堂工具的场所时，你还不能称其为课堂，至多认为这是间教室。课堂装置齐备的教室并不等同于课堂，原因在于它还缺少一种动感氛围或者说活性因子。就像摄影棚里，哪怕景观效果多么精妙绝伦、环境模拟如何栩栩如生，你都感受不到电影的气息，最多觉得这是在一处不错的电影旅游景点参观游览，只有当电影剧组进驻并将题材构想融入其中予以展现时，你会发现原先冰冷的场景装置幻化为活力四射的光影世界，你才能体验摄影棚的拍摄魔力。同样，课堂装置还需配备课堂编程，教学“摄影棚”才能体现其教学“拍片”魅力。

硬件和软件元素的配备，使“内景”课堂通过教学“摄影棚”发挥其教学主导作用。

课程序列是对不同课程使用课堂装置的系统调配，它能使教学“摄影棚”在秩序化的“拍片”规划与科学化的“拍片”安排中优化课堂操作行为，它是课堂编程的前提。课程序列一般通过同等学程条件下的科目设置标准、共同课堂装置条件下的课程日程表和不同教师任教条件下的课务安排表来发挥其课堂编程的调度作用。课程序列在教师、学生、课程和课堂装置之间建立起有效连接，它是课堂装置的合理控制开关。

教学模板是教师实施课堂教学的习惯性思路、程序和操作要义的综合性范式，它是课堂编程的核心所在。如同在电影摄影棚里，不管何种类型的影片，都有可供借鉴、参考的拍摄范例，这些范例经过日积月累的经验化总结而成为相应类型电影的拍摄规则，这些规则涵盖了摄制组的各个部门，一旦作为统领人的导演协调好所有人员的阵形，即可一声令下进入拍摄过程。也就是说，不同学科的教师无论是借鉴他人还是有所创新，总有一套历经实践验证而基本成型的教学模板内存于心，同时教学模板在课堂内的反复强化也为学生所熟悉。因此，伴随着教师在讲台就位，其内存的教学模板与外在的课堂装置之间就处于连线接通状态，教学“摄影棚”内的课堂操作行为随即进入“拍片”流程。

学习环境是学生有效保持学习状态的积极课堂氛围，表现为宽松的师生关系、良好的集体品质、典范的感召效应、随和的行动暗示等内化于课堂时空的泛化因素，它是课堂编程的保障。这就如同化好角色妆并穿上服饰的演员，在电影拍摄现场这个“剧中情节发生地”能长时间地保持入戏状态。比如，由 100 多位明星的豪华阵容担纲演出的《建党伟业》，摄影棚里满眼都是穿着清末民初各色服装的“官员政客”、“军阀”、“士兵”、“学者名流”、“革命者”、“爱国学生”、“商贩”、“市民”等等，在每天拍摄任务结束前，大家就始终这样以剧中角色的妆容戏服互相面对，穿着戏服的明星们在拍片休息时纷纷聊天、开玩笑，整个摄影棚里气氛轻松活跃，到片场探班的人们恍如隔世，仿佛回到了民国时代；摄制组和谐的拍片氛围也的确保证了这部大片高效地完成。又如，穿着德军制服的演员和穿着犹太人囚服的演员在电影《辛德勒的名单》的摄影棚里，通过角色扮演，仿佛置身于严酷悲怆的二战岁月，剧组营造的拍片氛围非常真实，令演员们持久停留在“剧中人物”境地。所以，随着学生在桌椅中落座，潜移默化的学习环境与其环绕的课堂装置以及师生双方进入辐射连接态势，教学“摄影棚”里学生的学习行为才能保持在“入戏”状态。

导演、演员、摄影师、录音师、照明师、美工师等电影拍摄要素的就位，意味着片场运作的开始。《建党伟业》拍摄片场的氛围，犹如让人重回民国时代。

我们已经了解到在摄影棚拍摄电影的主要特点及便捷之处，它使剧组人员能在一个相对封闭的内景空间，通过各种人工效果缔造光影世界，实现电影的摄制。而在课堂这个教学“摄影棚”里，黑板、课桌椅、讲台和课堂工具等课堂装置同课程序列、教学模板和学习环境等课堂编程，通过硬件设施和软件设施的有机整合，教师和学生在相对封闭的“内景”课堂时空最大限度地去追求教学与学习的一体化效益。课堂是教学“摄影棚”，教学“拍片”产品则通过课堂去展示。

1.4 教学“外景地”

电影创作者丰富的场景创意和设计想象力，使制片厂及其摄影棚成为影像创造的理想地点。很多导演也推崇外景拍摄，主张到摄影棚以外的空间自由取景。史诗电影更离不开在广阔外景对雄伟山河等宏大场面的全景式描绘。电影能在无限的室外空间拍摄，正是自身一大明显优势。外景是剧情的现实化延伸，是剧中人物内心世界呈现的外在景观衬托。外景为影像世界穿上了真实的外衣，增强了电影拍摄的意境和底蕴。剧组对外景的选择余地几乎是无限制的，但也要考虑到内外场景衔接、服装与摄影风格以及题材特点的整体统合效果。片场随剧组拍摄地点的迁移而变化，作为拍片“车间”的片场在剧组选定外景区域的进驻也就是电影外景地的设立。

电影外景分为自然实景和户外搭景。自然实景是现实世界里真实存在的自然景观和人工景观，并且这些景观具有实际用途，不是为电影拍摄而特意建造的。比如，《阿拉伯的劳伦斯》中气势恢弘的战争场面和辽阔沙漠均在阿拉伯半岛和开罗外景地拍摄；《指环王》中森林、城堡、山川、河流等漂亮风景都出自新西兰外景地；《尼罗河上的惨案》中大部分外景都在埃及卢克索和尼罗河拍摄；《末代皇帝》中的紫禁城场景则是在北京故宫内实地拍摄的，该片还曾在大连海港和中山广场取外景；《拯救大兵瑞恩》中诺曼底登陆战的血腥场景虽然不是在法国实地拍摄，但在与之颇为相似的一处爱尔兰狭长海滩的外景拍摄同样逼真；成龙电影《警察故事4》曾在俄罗斯莫斯科红场和澳大利亚出外景；张艺谋电影《十面埋伏》的外景地曾设在重庆永川的茶山竹海和乌克兰的克索沃国家森林公园；而《碟中谍3》也曾在中国上海和西塘古镇拍摄外景并引发轰动，等等。自然实景较易使演员产生心理认同感，并能较快与场景融为一体而激发表演张力。这种“人在戏中、戏在景里、景在自然”的外景拍摄让观众有身临其境之感，从而能提升电影的真实性。

户外搭景是在摄影棚外的固定区域建造的可供反复使用的电影拍摄景观，它可以是在某部影片的特定条件下搭建，也可以是为同类型影片的场景通用而建造。比如，同样是《拯救大兵瑞恩》，除了前面提到的片头的实景拍摄外，还有片尾美军小分队与德军激战的外景则属于户外搭景拍摄，那是利用一处废弃的旧仓库改建而成的战斗场景，银幕效果依然让人觉得真实震撼。又如，《青山翠谷》中在美国加州河谷搭建的面积达80英亩的庞大的矿村场景，又在两年后稍加改装而成为影片《月落》中被纳粹占领的挪威村落。

户外搭景以高度的精确性和极强的拟真性为电影外景增添了新天地，为电影拍摄注入了时效性和人文性元素。很多国家的电影都重视外景拍摄，并投资进行户外搭景，中国也不例外。比如，我国在上海建有以老上海风情场景著称的松江影视基地，在广东建有以民国场景为主的中山影视城，在北京建有以明清建筑风格为主的北普陀影视城，在浙江建有以武侠故事场景为主题的象山影视城，在河南建有以春秋战国、秦汉、三国时期文化为背景的仿古建筑群著称的焦作影视城等；尤其是浙江横店影视城作为目前全国和亚洲最大的影视城，建有秦王宫、梦幻谷、屏岩洞府、大智禅寺、明清民居博览城、广州街、明清宫苑、香港街等13个跨越几千年历史时空、汇聚不同地域特色的拍摄基地，像《鸦片战争》、《英雄》、《满城尽带黄金甲》、《投名状》、《画皮》、《锦衣卫》、《神探狄仁杰》等影片都从这里诞生。

像横店影视城秦王宫这样的人造场景，既是理想的电影外景地，其内部当然也是典型的电影摄影棚。

课堂也是如此，它应该并且也能够成为教学的“外景地”。当课堂作为教学“摄影棚”存在的时候，它是通过课堂装置和课堂编程的联动发挥“内景”讲授和“内景”学习效应的。但讲授和学习的内容并不是来自“内景”课堂，这些内容是教师将源自课堂外部现实世界的知识，通过课堂装置和编程的接驳而传递给学生的。教师理当带领学生到教学“摄影棚”外的“外景”课堂去感受知识的发生、体验知识的作用、实践知识的操作，在真实生动的教学“外景地”进一步完成课堂“拍片”任务。

课堂并不等同于教室，教室是“内景”课堂的载体。在教室以外的广阔时空选择、建立教学“外景地”，不仅是课堂“场景”的扩充，也是教学载体的延展，更是课堂蕴涵的升华。如同电影外景地是没有围墙的摄影棚一样，“外景”课堂是可移动的教室和没有墙壁的教学“摄影棚”。教师和学生走出教室或者说伴随移动的教室来到客观世界，在课堂编程和教学“外景地”之间开通现场连接，就可以在“外景”课堂展开教学“拍片”，也就是在现实场景中实施讲授与学习行为。教学“外景地”拉近了课堂与生活的距离，使“外景”课堂成为写实主义和生活化的学习平台。

教学“外景”包括教学拟景和教学实景。教学拟景是基于教学的主题性目标而专门建造或设置的预设性场景，属于“外景”课堂的辅助部分。学校的实验室、图书阅览室、社团（兴趣小组）活动室、校史室、校园橱窗报栏、人文景观，少年宫、青年宫、青少年社会实践活动基地，各级政府部门或社会团体投建的爱国主义教育基地、革命历史纪念馆、科技馆、博物馆、文化宫、民俗传统陈列馆等，都是“外景”课堂可资选择利用的教学拟景。

运用教学拟景“取景拍片”具有鲜明的针对性或课程特色。例如，在历史、民俗、文化类场馆设立“外景”课堂，对学生在人文社会学科课程方面的感悟性学习会有较大帮助；在实践活动类场所建立“外景”课堂，则有利于学生在德育类课程学习中增强实效性；在科技操作和展示类场所设立“外景”课堂，对学生在自然学科课程方面的体验式学习有积极意义。这就是说，学生在“内景”课堂里学到新内容后，教师只要愿意就能带领学生到与所学内容相关联的主题性教学拟景中，进行对该项知识内容的诠释和验证。显然，教学拟景与“内景”课堂之间是点与点的线段式连接，它在很大程度上是教学“摄影棚”在某个预设“外景地”的迁移。教学拟景在仿真度和精细度上也是较强的，它毕竟是为让学生正向检验和强化“内景”课堂中获得的知识而特意设置的。所以，学生在教学拟景中的学习还是相对被动的。

如果说教学拟景只是“内景”课堂场景在同一空间的静态知识化延续，那么教学实景就是“内景”课堂的场景在不同空间内的动态知识化延伸。教学实景是与“内景”课堂并行的外部空间内的自然场景和人工场景，这些场景各有其自身实际用途但又能成为教学行为的课堂载体，并且不刻意为课堂教学而设置，它属于“外景”课堂的主体部分。这不仅在于和教学拟景相比，教学实景所体现的空间规模、场景种类、更新变化不受限制，更在于其根植于内并传达于外的真实性意蕴，即随机中的真实、原态里的真实、即时中的真实和生活里的真实所融合而成的整体性真实。

根据学校在城市或乡镇所处的位置，适切地选取教学实景展开“外景地”的教学“拍片”还是便利的，因为近在身边的教学实景无时无刻不环绕着我们。就像离你学校或你家最近的一个十字路口或一条街边道路，对教学会有什么用处呢？就这样一处平淡无奇的生活实景，不同课程的教师带领学生在此驻足一段时间，得到的“课堂”收获都是生动实在的：物理、化学或生物课的学生通过观察机动车频繁通过的现象，发现噪音、环境污染等问题，于是“物体的运动、声现象、力与运动、碳的氧化物、燃料及其利用、生物圈、保护环境”等“内景”课堂里的书本知识活化为“外景”课堂里灵动的实用知识；而思想政治（品德）课的学生则能在感受中活学“珍爱生命健康、权利和义务、依法治国”等观点；历史课的学生也能在家乡面貌的变迁中感悟国家的发展历程；地理课的学生又会在亲身体验中思考探讨“城市建设规划、经济发展、交通格局”等话题。

教学实景在“内景”课堂外广大的生活与社会时空领域真实地存在着，它通过其内含的现实元素与课程学习之间保持着潜在的交叉式联系，这就决定了“内景”课堂和教学实景之间点与面的发散式连接。实际上，基于教学实景的非预设性选取而产生的教学“外景地”，更突出学生自主发现、自我探究、自主解答的学习方式，而不是单纯地去验证教材知识。这就是教学实景对“内景”课堂内涵拓展的意义。

原态的教学实景，是教学“外景”里动态知识的非限定性延伸。

我们在看电影时曾有过这样的感觉，当银幕上出现一对情侣在寂静的海滩散步时，可能认为这是浪漫或私密的场景，然而这是错的。事实上，在海滩的外景拍摄现场，庞大的摄制组正在那对“情侣”前面如影随形地跟拍呢，甚至不远处还有闲来无事的行人在饶有兴致地观看着。所以，在电影外景地拍摄时，演员并没有浪漫和私密可言，他们必须具有排除干扰、全神贯注于入戏拍片状态的职业精神。既然教学“外景地”是没有教室墙壁约束的教学“摄影棚”，那么它也存在类似问题，当师生从“内景”课堂来到“外景”课堂进行教学“拍片”时，就应当关注这些问题并予以妥当应对。

首先是外界干扰问题。比如，学生在商贸街上原本是实地体悟经济发展、消费状况、生态环境、市政布局、文明建设或国家政策等主题内容的，其间嘈杂的人流、高音量的广告和音乐声，此起彼伏的促销活动、各种商品的新奇吸引力等，对商贸街空间区域的顾客和商家而言当然是很自然而正常的，但对此刻身处“外景”课堂的师生来说就是干扰因素。这需要事先有严谨的策划：目标的分解、流程的细节、合理的分组及探究问题的准备、活动材料的汇总等。其次是安全和秩序问题。比如，在外界环境下难以预测的道路交通状况、不可抗自然力因素，以及在公共设施、场馆、建筑物内的相对自由状况下可能出现的意外问题等。这就需要学生平时有良好的行为习惯，并且在不断的熏陶中增强安全防范和自我保护意识、纪律法制和社会公德意识、责任和义务观念、集体主义和团队合作意识等。再次是结果的精确性问题。比如，学生可能发现在“外景”课堂感知的现象中获取的结论和“内景”课堂中的教材观点不一致或有误差，这尤其在语文、政治、历史等课程学习中更易出现。这就需要教师具有尊重实际、鼓励质疑、平等探究的开放性观念，需要师生树立承认差异、正视问题、正确应对的科学务实态度。

教学“外景地”让课堂拓展了教学的空间领域，使“外景”课堂极大丰富了教学的内涵。在和“内景”课堂多向连接的广阔生活与社会时空，通过场景选取设置教学“外景地”，从而在教学拟景和教学实景的映衬力作用下，“外景”课堂使教师和学生的课堂操作行为都富有灵动性、生活味和时代感。

像博物馆这样的教学拟景，是教学“外景”里静态知识的限定性延伸。

1.5 教学距离与区域空间

人类学家爱德华·霍尔将人类使用距离的关系分为亲密的、个人的、社会的和公众的四种。亲密距离是从人的皮肤至大约45厘米范围，它可以表现人与人之间的安慰、爱和温柔关系，这个距离若被陌生人侵入，会引发怀疑或敌意反应。个人距离是指大约从45厘米至120厘米范围，相当于彼此间伸出手臂能触碰得到的距离，较适合朋友和相识之人，但不像家人或爱人般亲密，也不像亲密距离那样排斥他人。

社会距离是指大约从 1.2 米至 3.6 米范围，一般是三人以上正式友善的社交场合距离或非私人间的公事距离，若在两个人的场合保持这种距离则表示冷淡、不礼貌。公众距离是指大约从 3.6 米至 7.5 米或更远范围的距离，这个距离显得疏远而正式，如在其间进行个人情绪化表达则被认为无礼；又因为这种距离较广的空间涵盖性，往往重要的公众人物会在这种距离出现，并以夸大的嗓音、手势等清晰地表现自己。当然，这四种人际距离也不绝对，有时一些特殊情况或社会因素也会影响距离观念，就像在拥挤的地铁或电梯里，每个人都在亲密距离以内，都有身体接触，但彼此并不交谈，说明在此种场合相互间的态度还是“公众距离”态度。

电影已成为人类精神世界的共通性语言，导演们往往会借助镜头里的距离关系传达电影意念，并通过摄影机的镜位暗示距离远近下的心理效果。例如，广受好评的电影《朗读者》中，前 1/3 篇幅叙述了少年伯格和女主角汉娜之间的忘年恋，近景摄影和特写表现的基本上是亲密距离，而镜头表现伯格与家人以及与同学之间的关系分别是个人距离与社会距离，各自远了一层距离，以此反衬出伯格对汉娜非正常的依恋；影片中段在描绘法律系学生伯格在法庭上目睹曾在二战中纳粹集中营担任看守的汉娜作为战犯受审的场面时，远景摄影下都是公众距离，表现了他们关系的疏远；电影尾段表现成为律师的伯格在监狱里探视老年汉娜的场面时，中近景拍摄他们隔着一张桌子交谈的镜头用的是个人距离，观众从中得到的感受是，两人的关系在经过历史悲剧的漫长岁月流逝后，从疏远到再次接近，却不能再回复到亲密关系，只能是朋友间的关心。距离关系在摄影镜位里匠心独运的呈现，极大增强了这部悲情电影的情感张力。

像《朗读者》中，通过角色之间由亲密距离到法庭审判时的公众距离，再到监狱探视时的个人距离，来表现电影情感张力的做法是很常见的。此间，拍摄角度、区域空间也在随着距离关系的变化而变化，影片的表达意念也就慢慢展现。

事实上，课堂的教学张力也可透过距离关系来增强。运用于课堂人际间，并通过情绪反应和心理变化对教学行为及其效果产生一定作用力的距离关系，就可认为是教学距离。课堂里由于位置排列的关系，课堂操作行为的参与者之间的教学距离并非固定不变。相对方位的差异往往制约着不同的教学距离，但教学距离的不同不一定都表示不同的意义。

教师与全体学生之间隔着一张讲台，绝大部分教室的长方形结构决定了教师与学生间在大方向上的纵向排列，但教师以讲台为基点，和学生之间呈现着由近及远的扇形纵向位置关系，于是导致了师生间不同的教学距离。教师与讲台前第一横排的学生之间基本上构成个人距离，与第二、三横排的学生间属于社会距离，与第四横排开始至最后排的学生之间的距离则又变成公众距离。教学距离的远近并不代表教师与学生之间关系的亲疏或身份角色的变化。教师不可能因为和最前面的学生之间属于个人距离，就只保持对这少数学生教学的隐私性而排斥其他学生，同时也不太可能由于和最后面学生之间的公众距离远，就对那少数学生用体态语态的过分渲染去张扬教学行为而令前排学生产生不适感。

教师与学生的教学距离还和教学内容、流程环节以及教师本人的个性风格有关。比如，物理、化学、生物课上学生进行小组实验时，教师往往会走下讲台去逐组检查、指导；美术课上学生在进行绘画习作或户外写生时，教师也会在学生旁边作点拨；体育课上学生在进行较有难度的基本动作练习时，教师会做适时的贴身保护并矫正学生的姿势、动作。在类似于这样的教学内容中，教师与学生之间经常是自然性的个人距离乃至亲密距离，这表达了教师对学生学习的较高关注度，学生也会感到教师的亲切和学习的快乐。但如果是数学课上学生在进行课堂测验或语文课上学生在进行作文构思和写作这样的情况，教师还和学生保持个人距离甚至亲密距离，那么学生则会产生情绪焦虑和心理压力，会觉得教师在侵犯他们的隐私范围。教师在这种教学状态下，应该以保持和学生的社会距离或公众距离为宜。

教师在教学流程的不同环节中也要恰当处理好距离关系。比如，教师在进行现象展示、操作示范或知识呈现时，和学生之间保持公众距离就显得比较正式、规范和公平，这能让全班学生从各个方位都看到、听到。在组织学生开展分组讨论或小组合作学习时，教师如果仍在讲台上和大多数学生保持公众距离，学生会感到教师对他们的学习没有兴趣、态度冷漠；此时，教师走入学生中并参与各小组的探究学习，和学生之间形成亲密距离，师生间平等亲切的学习氛围显然有助于课堂效益的提高。

教师本人的个性风格也能影响教学距离。比如，有些教师生性好“静”，整堂课都不离开讲台范围，和学生之间始终保持公众距离，即使和第一横排学生之间是个人距离，但其态度上依然是“公众”的，总之，教师的“教”和学生的“学”分属不同的两个世界，划分得清清楚楚。当然，这样的课堂教学总体上给人以严肃、规矩的感觉，也不能否认有些教师在知识诠释上的认真细致；但从另一方面看，却排斥了学生的课堂参与，使教学显得呆板、片面。而有些教师则生性喜“动”，整堂课几乎都不在讲台上，基本上就在学生的桌椅间循环走动。这样做可能使教师与全班每个学生在一节课上都形成过个人距离乃至亲密距离，因而在教师观察学生即时学习行为、保持学生课堂兴奋度、增进师生亲近感等方面有一定的积极意义。不过，频繁地和学生保持个人距离、亲密距离，可能造成一些学生的紧张感，也会让另一些学生由于目光时时随教师的走动而不断游移，影响学习注意力。

教学距离除师生间的距离关系外，还包括学生间的距离关系。同样的，由于相对方位的原因，在呈纵向几组排列共有数十张单人课桌的课堂里，每一横排的前后两个学生之间以及每一竖排的左右两个学生之间一般都是个人距离。有些课堂里则是双人桌摆放，或者教师将单人桌并排组成双人桌摆放，这样紧紧相邻的两个学生之间就属于亲密距离。教室前部和后部的学生之间，以及教室里侧和外侧的学生之间往往属于社会距离或公众距离。

课堂是特殊的人际场所，学生之间的距离关系有时也受个性、观念、性别、习惯、情趣、学识等因素的影响，造成外在客观距离和内在主观距离的不一致。比如，同桌的两位学生外在表现为亲密距离，但很可能由于多种原因而相互间缺乏认同感，只是外力安排作用下的“临时拼接”，因而心理上的实际距离是“公众的”；当然，两人间也可能因志同道合而表现为心理距离同外在距离都是“亲密的”。另外，像这样的情况同样存在，即两个学生之间外在距离是社会距离或公众距离，但内在的心理距离却是“个人的”乃至“亲密的”。教师科学地将学生不定期调位，对通过教学距离效应优化学生的学习氛围和能动性有积极影响。

教师恰当地运用学生之间的教学距离效应是有利于课堂教学的。让学生同座之间或前后左右四人之间进行课堂讨论是较常见的做法，这是用亲密距离关系去增加相互间学习的亲密感。也可以根据优势互补原则，将知识能力、学习品质、兴趣爱好等各有所长的学生按照恰当的人数分别编为几个固定的学习小组，这既能保持组内更多学生间的亲密距离或个人距离，又能通过组际距离缩短原来大部分学生之间的社会距离和公众距离，而在整个课堂空间内转化为个人距离。

如同距离关系的调度为电影带来感染力一样，教学距离的调度则给课堂教学带去亲和力。在电影的场面调度中，距离关系的镜位运用丰厚了电影的二维空间影像。在一般情况下，导演会在电影画面中做好前景、中景和背景三个层次的构图配置，这就使银幕影像不至于太过单薄乏味，而是在平面上表现出了纵深和梯度，由此构筑起极富层次感的区域空间。电影中的区域空间向观众暗示或传达人物角色的社会关系和心理状态。剧中人物的戏剧重要性程度决定了角色在电影中所占区域空间的范围大小，主角通常拥有较大的区域空间。权力和权威性也影响着空间观念，重要的人物角色主导性越强，其在电影中占有的区域空间就会越多。

《罗马假日》能成为经典名片是多种因素成就的，除了实景拍摄、动人的表演、精彩的剧本、时尚风情等，区域空间的场面调度也为电影增添了魅力。片中安妮公主在罗马街头徜徉，在摄影机跟拍显示的画面里，她始终处于中近景区域，并占有一半以上空间，风景市容和市民游人处于远景或背景区域，共占另一半空间，这些镜头都是以美国记者乔的视线表现的，因为他在暗中跟随公主。这些场景中区域空间的安排既符合安妮公主在片中女主角地位又符合其身份重要性。在街心广场台阶上的镜头画面中，安妮公主处于前景，乔在中景并向公主走来，教堂和游人处于远景，这个影像凸显了构图的立体纵深感，并向观众暗示男女主角“罗马假日”的开始；接下来的大部分场景中，两人在同时出现的画面里基本占据对等的银幕空间，或者共处前景及特写区域；这些都表现出安妮公主在逃脱宫廷繁文缛节的这一天里平等地追求自由的松弛心态，以及乔在不知不觉褪去记者身份过程中对公主情感变化的微妙心态。影片结尾处，重新恢复公主身份的安妮在画面中又处于中心区域，或占据多数空间；在与新闻界会面的场景里，镜头画面左半部分是一排记者，面向画面右半部分的安妮公主，随着摄影机的前移，公主从远景逐渐向前景靠近，与记者握手致意，此时乔处在前景区域，公主在中景，接着就是两个主角同时在前景面对面地呈现，其他记者则成为中远景，然后公主继续前行，和最后两个记者处在前景，乔则退为中景，其他人成为背景。区域空间的场面调度在此处带给观众极强的情绪感染力，公主的皇室权威性使安妮在这个连续性场景中始终主控着镜头画面，她和乔短暂的亲密距离和前景画面即刻被她仍主导前景、乔退居中景且两人间转变为社会距离的下一画面所取代，无奈、哀愁、失落、伤怀尽在其中，观众的视线、思绪、情感被影像牢牢掌控，令人唏嘘不已，电影张力尽现。

《罗马假日》里公主与记者之间距离关系和区域空间的缓缓变化，带来远景、中景、近景等运镜的转换以及电影景框的连续性演进，使影像画面散发出伤感而怀念的情绪。

同样，课堂区域空间可以通过内在场面调度，实现教学距离的空间合理化安排和区域层次化设置，使课堂教学更具质感，课堂力度更加厚重，教学“影像”更有深度。当然，不同于电影画面的二维空间，课堂“影像”本身就是三维空间的，这原本是课堂教学具有活力和气势的特色所在。但权威与重要性影响着人群空间观念，由此而固化的空间配置原则长久以来也深深地在课堂刻下了非公平烙印。无论课程改革如何强调师生平等，或者我们想当然地自认为体现了对学生的平等和尊重，实际上在任何课堂所划分的教师和学生两个基本区域空间中，教师一个人所分配到的空间及所控制的区域，显然大于学生整体中每个人所分配到的空间及所控制的区域。这种比例关系上的师生区域空间配置的不平等，很大程度上是教师权威主导性的惯性作用使然。这样的空间传统既然还难以改变，我们就该在特定课堂内运用教学距离的变化效果，去有效调控区域空间的配置，以增强课堂教学的感染力。

问题式师生对话是一种有利于培养学生思维能力，并体现课程改革思想的教学方式，很多教师都普遍应用这种方法。教师站在讲台上向学生提问，并选择指定台下学生予以回答，同时可以通过追问与学生开展进一步的问题交流；教师有时候提问靠讲台最近的首排学生，与其面对面地近距离交流，有时候提问居中、居边或最后排的学生，与其隔着较远距离对话；教师有时候站在教室外侧隔着中间区域提问教室里侧的学生，或者反之；也有时候站在教室后部或侧后提问前面的学生。看上去师生对话交流的面挺广，但这里有什么问题存在呢？从另一方面看，学生也可以在台下隔着一大片桌椅向讲台上的教师提问，进行交流，这也属于师生对话。而这里又存在什么问题呢？

在电影中，摄影机和人物的方位拍摄关系能决定观众的反应。正面方位使剧中人物透过摄影机面对观众，似乎邀请观众参与他的世界，观众能见到演员的脸，因而较有亲近感；侧面方位使人物不知道他被观众观察着，显得疏离、不友善；背对摄影机方位使观众见不到演员的脸，只能猜测所发生的事，表现出人物与世界的疏离，拒绝观众的关心，或者是表达隐匿气氛。这些在教学上虽然不能一概而论，但电影的区域空间调度手段及其影像效果，实际上对课堂区域空间的优化配置所提供的借鉴作用还是较有效的。

比如，教师在讲台上和靠得最近的学生之间进行问答式对话，虽然两人间的个人距离为学生带来安定感，但教师居高临下的俯视式对话又造成了两人间心理上的不对等，并且学生背向全班同学，和教师之间处于前景区域，与中远景区域的学生产生疏离感。教师和居中或偏后的学生进行对话，俯视下的心理权威感依然存在，同时由于教师单独占据前景区域，在相隔一大片区域的情况下，使居中或偏后的学生分别处于中景和远景区域，两人间的对话在相隔大片区域的其他学生头顶上来回交接，这对其他人不仅不礼貌而且具有排斥感。另外，学生隔着大片区域向教师的仰视式提问存在的问题是与此相似的。也就是说，无论和哪个学生进行课堂对话，教师始终在前景占据更多空间并主控课堂，使学生在较小空间里与课堂疏离。教师可以通过缩短教学距离扩大前景区域，相对减少教师的空间占有，从而相对增加学生的空间范围，架构层次合理、分布均匀的动态式课堂区域空间格局。

像这些课堂操作行为是值得进行的：教师在课堂提问和对话时走下讲台，与学生直接面对面平等交流，并且师生对话本身也面向全班展现；教师在学生进行小组学习时主动参与其中，近距离地和学生融入式互动，并在各学习小组间通过正向方位和区域互置，使学生个人的比例空间得以丰厚；教师邀请学生走上讲台，共同表现问题的探究过程，或者让学生以学习小组为单位在全班面前展示探讨成果，教师在学生居于课堂前景的同时退至中景乃至远景，和讲台下的全班学生一起与前景之间形成内涵清晰、任务明确的场景梯度，这是相对单位区域空间的平衡。

正如距离关系和区域空间的相互作用赋予电影力度和寓意一样，教学距离的调适带来课堂区域空间的合理化配置，为教学注入了活力因子，为课堂铺就了平等基石，赋予课堂教学人本性、公正性和感染性。事实上，教学距离与区域空间对课堂而言是重要的沟通媒介，发挥着细腻的场面调度功效，它们是教师和学生的教学纽带，是学生和学生的学习平台，是“内景”课堂和“外景”课堂的现实沟通桥梁。

1.6 教学“景框”

坐在黑暗的电影院里看电影的感觉是奇妙的，我们知道前方那块银幕及流动于其内的影像属于二维平面，它和所有观众都处在同一个空间；但是，那些发生在银幕画面里的悲欢离合，则构成了黑暗里的一个独立世界，那是和观众处于不同空间的电影世界。将生动银幕故事所发生的电影世界和观众所处的现实世界相分隔的重要工具就是景框。

电影景框犹如窗户，让观众透过它看到另一个空间。为什么我们从“窗户”里看到的情形只能是这样而不是那样？或者说那个空间里的内容为什么不是杂乱无章的，而且错落有致的？每个导演都希望将自己心中不同的电影世界呈现给观众，人物、场景、行为、事件的安排都是经过精心设计的，各项视觉元素通过景框调度得以恰当就位，景框具有选择、引导功能。景框内的世界和景框外的事物实际上是相联的，导演通过监视器或观景器进行场面中构成要素的筛选，以突出某个重要部分，向观众传递其电影意念。

课堂同样存在“景框”，课堂里的教学元素也需要“景框”来安排。那应该由谁透过课堂“监视器”去负责“景框”里的场面调度呢？是任课教师自己吗？那么透过他的眼睛在“景框”里调度的元素就只有学生和教学工具，而没有教师本人。是学生吗？那么同样透过学生的眼睛在“景框”里调度的元素就只有教师和学习资源，而没有学生自己。事实上，教师和学生作为课堂操作行为的主体参与者，必须在教学“景框”里同时予以较优化的调度，才能体现课堂教学双方合力下的教学效果。

课堂是教学“片场”，随着教学“片场”的迁移、驻点，课堂也变为教学“摄影棚”和“外景地”的一体化平台。教师和学生的课堂操作行为就相当于教学“拍片”行为。谁为他们“拍片”？当然，师生自己内心也潜藏着不同视角的“摄影机”，那是他们各自观察课堂的依托。除了不时来课堂观课的同行外，还有谁呢？事实上，并没有任何课堂外来者实施教学“拍片”，只有源于教师和学生思想观念上的“隐形摄影机”在课堂任何位置候拍。可以这样理解，教师、学生、课堂装置等教学元素在无形的“观景器”里，由师生的教学行为调适予以动态的“景框”调度，教师和学生在实施课堂操作行为的每个环节都可以假想自己身处教学“景框”的调度中，使教学“视觉元素”获得合理布局。

教学“景框”渗透、游移于课堂内每个地方，因为教学行为不是静止不变的，它伴随教学距离与区域空间的即时变动而呈现新的发展。教学行为本身是特定时空里的课堂操作行为，比如说在40或45分钟时间段里，在80平方米范围的“内景”课堂区域或是在更广阔范围的“外景”课堂空间里，教学元素不断被重新配置、组合，由此在教学“景框”里不断凸显新的内容或关注点，教学“视觉元素”的这种安排调度就形成了教学“景框”里的教学“影像”，这成为课堂操作行为的重心所在。

教学“景框”承担着选择与引导功能，它通过在课堂操作行为中的目标性选取，对相关教学元素予以重新布位，强调其新的教学定义，从而引导学生透过不断更新的主题教学“画面”实现学习行为的内化。课堂操作行为包括教师教学操作行为（演示、讲解、指导、释疑、纠误等）和学生学习操作行为（听讲、笔记、思考、实验、练习、质疑等），这些操作行为的构成元素就是教师、学生、课堂装置及课堂编程等。在众多的课堂操作行为中该怎样运用教学“景框”进行选择呢？或者在各种教学元素里应如何通过“景框”调度呢？

教师和学生都有着潜藏心中的教学“景框”，它以不同的课堂视角进行着教学元素和行为的选择与引导。当教师或者学生，或者多媒体投影屏幕，分别或陆续成为不同的课堂视线焦点时，教学“景框”就自然围绕教师及其教学行为或者学生及其学习行为，而吸引学生或观课者的注意力。

教学“景框”的行为“取景”和元素选择并没有固定标准或格式，一切在于特定课堂教学的目的、效果及主导性教学观念。就如同电影景框对视觉元素的不同选择和安排，会带给观众不同的感受一样，即使是对同一情节场景，只要导演的用意、手法不同，也会通过景框调度产生一部不同的电影。例如，第60届奥斯卡最佳影片《末代皇帝》中有这样一段情节：伪满“皇帝”溥仪出访日本回来后主持召开会议，台下左右两边分别坐着伪满官员以及日本官员与关东军军官。当溥仪开始大谈“满洲国”与日本之间应该互相尊重和地位平等时，镜头的切换随着景框的选择引导产生了这样的银幕效果：溥仪威严的演讲→日本官员愤怒的表情→溥仪继续慷慨陈词→日本官员站起瞪视溥仪→溥仪表情惊讶，但仍在讲话→日本官员和关东军军官摔凳转身而去→溥仪震惊，语调明显下降→日本人离开会场→伪满官员狐疑的表情→溥仪满眼恐惧，声音渐弱→伪满官员也全体离场→溥仪表情绝望、僵硬呆立，并伴随最后一句话微弱地从嘴里挤出。在这整个剧情发展过程中，没有一个溥仪和日本人、伪满官员在同一画面出现的镜头，甚至连会议全貌的镜头也没有，这就是景框在此处的选择与引导。在景框调度下，溥仪和日本人情绪变化与行为对比的镜头各自交错切换，表达出所强调画面的深刻含义，日本人和溥仪眼中的所谓“满洲国”是截然不同的两个世界，“满洲国”是日本的殖民地，溥仪只是日本主子控制下的傀儡，溥仪幻想“满洲国”主权平等无异于在另一个世界痴人说梦。剧情张力由此尽显。当然，如果让另一个导演来处理，或许景框里会选择更多的视觉元素，比如把溥仪讲话和日本人的反应摄在同一镜头画面里，或者从溥仪身后安排一个会场全景镜头，让他呆望着日本人和伪满官员离开，可能也能表现同样的意思，但那就是反映不同导演思路的另一部电影了。

教学“景框”课堂调度的道理与此相当。多种课堂操作行为往往同时进行，教学“景框”对不同元素的取舍决定了何种操作行为被突出，这会对学生的学习产生直接或间接的影响，同时代表了特定的课堂意义。比如，教师在讲台上借助黑板或投影幕向学生呈现知识，虽然讲台下学生的听讲、记笔记等行为同时发生着，但此处教学“景框”里始终选择的是教师和课堂装置这些教学元素，强调的就是教师传授知识的操作行为，它传递出所学知识很重要这样的信息，以及学生必须认真接受的重要性。如果教师站在某个学生课桌前，向该学生提问并与之展开交流，这时教学“景框”就突出了这一操作行为，全班学生透过无形的“景框”体会出该教学“影像”内含的意义，即知识可以在问题对话中呈现以及师生共同参与教学行为。如果教师站在讲台上，而让讲台下某几个学生向全班展示情景表演、问题解答、观点阐释等学习实践内容，则教学“景框”强调的不再是教师的讲授，而是几名学生的学习示范操作行为，这个教学“画面”向学生传递出自主合作学习的意义。甚至教师不经意间将某个学生记笔记的特色介绍给全班都会产生积极意义，大家的注意力就很自然地经由教学“景框”的元素选取和行为凸显而被吸引到那名学生及其课堂笔记上，这无形中既是对该学生的激励，也是潜移默化中对其他学生良好学习习惯的引导。也许很多教师会忽略这些教学元素，但能够强调细节元素也正是课堂场面调度的魅力所在。

也就是说，所有的视觉元素都在那儿，每个人不可能同时都看到，景框则通过元素的取舍和安排调度，将内含的相关信息和特殊意义的影像予以凸显强调，达到引导大家关注、汲取、思考的功效。课堂教学是这样，电影拍摄也是如此。

电影景框内视觉元素的选择布局同时还向观众传达所处位置的象征意义。景框内一般分为中央、上、下、边缘区域，导演把角色或物体安排在景框内某个位置，实际上反映了其对该人或物的评价态度，这代表了景框内不同位置所折射的隐喻。比如，景框中央部分往往是视线焦点，银幕中央的影像总体而言显得最重要，它使观众专注于主题，这种安排一般代表电影的写实性、说明性镜头；景框内的上部经常象征着权威、气势、精神支柱等，若把人物置于该部位，给人带来的感觉是控制性或威胁性的等；景框的下部则象征着服从、脆弱、无力等，在多个角色的画面中若把人物放在此部分，一般表明其弱小或被上部角色所支配等；景框内的左右边缘部分已靠近景框外的黑暗，该区域往往与未知、未见或恐惧的寓意相关，属于远离中央部分的“非重要”位置，电影中经常将被忽视的、无名的人物安排在该区域。

教学“景框”内位置安排关系的意象表达并非如电影景框那样复杂、严格，但视觉元素调度的相通性以及人的视觉规律自身的作用，使其依然在一定程度上影响着课堂操作行为。我们看电影时，一般最先关注银幕中央的焦点影像，同时视线习惯性的方向顺序是从左到右、自下而上，这对教学“景框”内教学元素的适切调度很有帮助。

例如，作为重要的课堂装置之一，黑板基本上是安置于课堂前面的墙壁上，它本身就可看作是一个“景框”，黑板中央的书写内容往往是学生注意的焦点。随着教师在黑板前的走位变化，教学“景框”会带给学生不同的感受。如果教师站在左边在黑板上进行知识呈现，那么不管黑板的左竖框在何处，教师实际上成为了教学“景框”的左侧界限，黑板的右竖框就成了教学“景框”的右侧界限。这里有什么问题吗？由于黑板演示内容是逐渐向右侧进行的，学生同样是从左向右看，但又要随着教师的移动而注意他，教学“景框”实际上在不断缩小，学生觉得别扭，看得比较吃力。教师站在右边情况就好多了，他成为教学“景框”的右侧界限，黑板左竖框在这里就是固定的左侧界限，知识在黑板上的演示方向和学生习惯性的视线方向都保持从左向右的一致性，并且教学“景框”随着教师的右移而不断扩大，学生看得清楚多了。另外，不少课堂里投影幕偏于教室前方左侧墙壁放置也是有问题的，因为当教师运用它教学的时候，就形成了教学“景框”，而它又不在全班学生的中央焦点位置，所以这个“景框”显得较拥挤。

在教师参与学生小组学习时，也应注意教学“景框”内的位置关系，如果教师总是站在这个小组学生前面，即使他和学生讨论得很热烈，但仍然给人以自上而下的操纵感。是否可以尝试这样改变一下，教师随机选择一个小组，他不是居高临下地站着，而是也坐下来，并且是坐在一侧边上，让学生居于中间位置，凸显小组学生处于此教学“画面”中的视线焦点，效果显然不一样。

景框对电影所具有的选择功能意味着银幕影像的构建，而没有被景框选择的视觉元素观众是看不到的，但它们实际上是电影世界在景框外的延伸，也就是说电影景框外的空间同样有象征意义。比如，画面外的人物通过画外音同银幕上的角色说话，那是谁呢？剧中人物进入了画面中一间房屋，门在摄影机前关上了，里面发生什么事呢？角色走出了景框，在银幕上不见了，他去哪儿了呢？一把枪从摄影机前伸入景框对着主人公，握枪的人是谁呢？一双手突然从景框外伸出将某个角色拽出画面，那又是谁呢？这些都是我们看电影时所熟悉的手法。导演意图用景框外看不见的视觉元素表达黑暗、神秘、悬疑、恐怖等情绪感觉，所以，景框外的空间与景框内的世界通过象征意义联结在一起。

对教学“景框”而言原理相似，有所不同的是，电影画面是二维空间影像，课堂则属于三维空间，并且里面所有的行为都可以看到，教学“景框”在课堂空间的“选景”调度是相对的。教学“景框”内外的空间完全是一体化的，其划分的依据主要在于教师教学理念、学生学习观念和课堂装置的融合程度，最终通过教师在课堂内的“穿针引线”作用而外现。教师的行为目的既不能是表现自己，又不能是夸耀学生，更不能是彰显硬件，他时刻想到的应是怎样从各种教学元素里实现最佳组合，就好像课堂里时刻都坐着观课者一样，他们看到的就应该是一幅幅经过合理取舍后的教学元素调度而成的流畅教学“画面”。

教学“景框”外未被选择强调的元素支撑、带动着“景框”内的“影像”凸显，而教学“景框”外的某个行为可能就是下一个“景框”内的“画面”，实际上教学“景框”内外的无形连接状态决定了其关系的互动性、转化性。比如，当教师和某个学生之间或几个学生之间进行问题对话时，教学“景框”就在全班面前突出这一教学“画面”，但其间另一个学生提出不同看法并有其他几个学生附和，这就是“画外音”或者“景框”内行为在“景框”外的发展。此时，教师既可以在继续完成“景框”内的操作行为后，转接刚才“景框”外的“意外行为”，形成新的教学“景框”，又可以暂时中止当前行为，进行“景框”外“影像”的转切，达成教学“景框”内外的互动。类似的情况在日常课堂里常会发生，教师在课堂空间里的整体观、应变力将决定教学“景框”内外多种元素取舍的即时性、合理性，不同的选择引向不同的课堂结果。

教学“景框”不是束缚课堂操作行为的条文框架，而是一个个教学元素优化组合的调度仪，是一幕幕流淌的教学“影像”的韵律衔接器。无论在“内景”课堂还是“外景”课堂，在教学“景框”的选择和安排下所呈现的应该是最有意义、最合理的课堂操作行为。如同每个电影片场都有监视器或者每个导演身上都挂着观景镜一样，每个课堂空间里都活动着一个教学“景框”，它来自教师、学生乃至观课者心中对教学元素意向化取舍下的优化选择，因而较深刻地影响着课堂的走向和教学行为的发展。

教师和学生互动、学生走上讲台演示、教师进行板书诠释、师生共同操作，各种教学行为就像电影镜头一样，可以发生于课堂的任意区域，这实际上也就是教学“景框”在课堂内的衔接调度。

第二章　课案设计：架构教学的“编剧”与“剧本”

教学的实施是在特定的课堂时空，通过教师教学行为和学生学习行为的共融去完成的，而课堂教学成功的一半则来自良好的开端，课案设计即是架构课堂教学“大厦”的基础。严谨合理的结构布局，灵动活跃的思路创意，高潮迭起的问题引领，赏心悦目的活动编排，荡涤精神的教学理念，深邃真诚的愿景希冀，往往源自倾注思想含量的课案设计。如同电影剧本创作，是精彩绝伦，还是平庸无奇，经常决定了一部影片的质量一样，教师在走进课堂之前，应该对导引教学的课案设计胸有成竹，这是将教师心中的教学构思变为现实的生动课堂“影像世界”的前提。教师作为课堂“编剧”，为教学量身定制富于生命力和创造力的“剧本”，既能通过将丰富的课堂元素转化为协调巧妙的教学构图，去建构课堂教学的运作依据，又能在为课堂教学创设路线图的个性化思维锻造中，去注入表达自我教学主张和实现自身教育理想的活力源泉。

2.1　课堂“编剧”

一部电影的诞生奠基于故事，而故事往往起源于导演的意念。一般情况下，导演可以自己将构思雏形扩展为结构叙事，并投入实际拍摄，但他们也会聘请颇具实力的专业编剧帮助推展其意念。编剧和导演常被视为电影的“作者”，他们对电影的贡献分别体现在剧本创作和剧本实施上。编剧作为撰写剧本者，负责制定影片主题、编写人物对白和动作、设定与安排情节进程等工作，由此为电影拍摄提供模本。电影制作到底由编剧还是导演支配？事实上，大部分导演都参与编剧，在剧本结构里能注入自己的故事意向。要全面掌控电影拍摄，往往都是编导合一，这实际上就是编剧、导演重合下的“作者电影”。

无论是专职电影编剧，还是导演兼任编剧，在很大程度上决定一部电影的脉络走向、题材立意和格局铺陈。编剧虽然承担的是幕后剧作任务，但他必须熟悉电影拍摄的程序环节，头脑中要有场面调度概念，这样才能建构电影成品的图景。编剧在立足故事大纲推进情节的过程中，要兼顾角色区域空间、摄影角度、机位摆放、内外景设置等因素，一切要为便利导演主持实际现场拍摄服务。编剧毕竟不是写小说，而应在其剧本中调动电影元素展开叙事。

布局精妙、情节曲折、意蕴深远的剧本，常常赋予一部电影隽永的魅力，像这部《肖申克的救赎》就是。该片采用“第三人称观点”叙述，让观众能透析叙述者瑞德（图右）的情感，并经由其知悉主角安迪（图左）的内心世界。同时，构图上的平衡感，是编导表达两位主角深厚友情的重要体现。这些在编剧的剧本创作中就已经有了细致的架构。

如果说编剧是电影从创意到摄制的铺垫者，那么课案设计就是教学格局和课堂蓝图的规划者，或者说教师在教学实施前的准备阶段应该担当课堂“编剧”的角色。课堂“编剧”意味着教师对课堂教学进行框架构思和方案策划，这里包含两个层面的要求：一是教师在相对完整的学段上（学期或学年），对连续性课案的实施予以纵向一体化设计；二是在针对特定某一课的课案上进行横向细致化、多样化设计。因此，作为课堂“编剧”的教师，树立宏观和微观的课案设计观是必要的。

从宏观上讲，基于课程教学的连续性课案，从一周到一月，到一学期，到一学年乃至更长时间周期内，往往会全程渗透教师本人教学思想和课程内涵思想结合下的设计理念。这种学段性课案设计强调思路的相对稳定性、效果的整体延续性。从微观上看，基于特定课堂教学的单一课案或指向性课案，则注重基本要素和实施细节的全面性，包括在教学目标的确定、教学内容分析和意义解读、学生学情分析、教学重点或难点、教学策略的选择、辅助教学手段的应用、课堂提问的准备、教学流程的预设和时间的分配、学生学习活动的安排、教学板块的衔接、知识呈现与运用、当堂巩固与拓展、课堂意外的预估等方面的构思设计。这种特定性课案设计由于是针对某一固定教学主题和某节课教学任务的完成而为之，有时可能还出于公开课或教学竞赛课的需要，所以强调的是可操作性、实用性以及新颖性。

一般来说，教师设计出来的课案都由本人予以实施，这是教师的教学职责所要求的。在课前进行课案的思路设计，在课中进行课案的流程运作，在课后进行课案的效果反思，这是以课案为基点的教师完成每堂课教学任务的常规体现。也可能有其他情况出现，比如教师借鉴名师的成功课案或者一些已成为教学范例的课案摩本并实施于自己的课堂，或干脆直接参照他人课案，在自己课堂里予以移植。这样做有时也未尝不可，尤其对年轻教师而言，能在模仿、体验中增强执教能力。但这样做有时也会束缚自己的思路，甚至形成依赖性。还有另一种情况，教师进行课案设计，但自己并不执教，而是交由他人实施其课案，或者教师将某个学段教学内容按照课时计划，完成相应的课案设计，同样由其他人通过执教诠释其课案，甚或汇编成课案集予以交流等。这表面上看似乎是课堂教学的“断层”，但仍有积极的意义，因为这实际上是教师作为课堂“编剧”的作用所在。就是说，课案设计里渗透了教师本人的教学理念以及对课程内涵的理解，由其他教师据以在其他班级学生中施教，反而能帮助作为课堂“编剧”的教师本人站在“他者”角度全面审视自己的课案设计，从而检验效果、发现问题、寻找对策、提升观念，这也是“当局者迷，旁观者清”的反思效应。

使用他人设计的课案和设计课案供他人使用，这两者本身都是可行的，对教学而言并无大碍，关键看怎样适当地应用。这就类似于在电影制作中，有些导演自己不担任编剧，而采用他人创作的剧本负责执导拍摄；很多编剧自己不担任导演，专心于剧本创作，供导演用以拍摄，从而将自己的剧本构思转化为导演的光影世界，而这正是电影编剧的主要职责。当然，编剧兼导演则能形成对一部电影的全面控制。因此，教师作为课堂“编剧”和作为实际执教者的角色重合就相当于“编导合一”，这不仅是教师教学义务的体现，也是对课堂教学予以整体掌握的现实需要。教师自己撰写“剧本”即进行课案设计，然后自己依据“剧本”进行“执导拍摄”即实施课堂教学，能使自己的教学意向和课程的内质意蕴，同学生的知性与德性成长较为稳定地相融共进。这就如同一些编导合一的影人，他们风格化、标签化的影片正是其自主掌控下的作品，体现了其作者式电影思想，也各自拥有大批固定影迷而广受欢迎。

一部电影剧本并非都由一两名编剧创作，有时是集体编创的结果。因为不同类型的编剧所擅长的东西不一样，有人善于营造气氛、编排结构，有人擅长编写对白，有人专于喜剧或悲剧，有人意念出色却不善于执笔，而有人则专擅对不佳剧本予以补救，所以电影集体编剧也能产生好作品。

课堂“编剧”亦如此，比如以教研组为单位的集体“编剧”就能发挥出相应作用。集体“编剧”是同一教研组内的部分或全体成员共同承担的，基于课程教学相关内容而集体进行的课案设计，既包括各成员分工合作下不同的课案设计，也包括大家对同一教学主题集思广益的课案设计。这样做能够发挥团队合作精神，实现资源共享，提高效率，并通过集体智慧下的课案设计彰显教研组的特色化教学思维或品牌，还能立足多重视角帮助教师发现以往被忽视的问题、现象，推动大家在观念提升上的共同进步。甚至跨学科教师之间也可以进行集体“编剧”，虽然学科课程性质不同，但教学理念是相通的，而且文科、理科不同教学途径和素材的相互借鉴，能巧妙体现其“错层”效应，对学生综合学习能力的培养很有好处，而且有利于学校整体教研水平的提高。

当然需要注意的是，不能因为集体“编剧”下课案设计的采用，而导致教师教学个性化埋没的“千课一案”或“千人一面”的现象。这还是说明，课堂“编剧”只是负责教学思路、环节、流程的构想和预设，要真正将“剧本”变成实际“影像”，即把教学内容和理念转化为课堂实际操作行为，仍需教师结合自身、学生和课堂装置实际进行现场“执导”即动态教学生成。

编剧依托故事创作电影剧本，故事在很多情况下是源自一个崭新的意念，但也常来自众所周知的新闻事件或历史事实，或者出自家喻户晓的文学作品，甚至源于一部原创的老电影，于是同样来源的素材就可能被用不同方法讲述成不尽相同的故事。正因为如此，电影史上产生了许多重拍片和翻拍片，这并非才思枯竭现象，反而是对不同时代电影编导的全新考验，或者是风格各异的编剧发挥才干的大好机会。

比如，面对以泰坦尼克号沉船事件为素材的电影，你会想到什么？是1997年美国版大片《泰坦尼克号》，还是1958年英国影片《冰海沉船》？事实上，这两部电影各有千秋，都很成功，然而另外还有十多部根据此事件改编的电影。同样，像《简·爱》、《远大前程》(《孤星血泪》)、《双城记》、《战争与和平》、《茶花女》等名著的同名改编电影都有数个不同版本。尤其像根据英国文豪莎士比亚戏剧作品改编的电影不仅版本众多，而且风格从传统到创新到另类，应有尽有；例如，根据《麦克白》改编的电影中，既有美国的奥逊·威尔斯和波兰的罗曼·波兰斯基编导的同名影片，也有日本的黑泽明编导的《蜘蛛巢城》；英国、法国、苏联都曾改编拍摄过《李尔王》，而又是黑泽明非常有创意地将《李尔王》情节融合进了日本战国时代故事，编导完成了著名电影《乱》；《罗密欧与朱丽叶》则是既有忠实原著的1936年美国版、1954年和1968年英国版，更有另类的1996年美国改编拍摄的后现代激情版，不但故事从16世纪的意大利搬到现代的美国，两个世仇家族变成两个街头帮派，而且完全用当代视觉形象和语汇演绎几百年前的经典，影片同样成功。

根据世界名著改编创作剧本是电影拍摄内容的一个重要来源。这部1936年美国版的《罗密欧与朱丽叶》忠于原著，但男女主角年龄偏大却使影片失色不少。

1968 年英国、意大利合拍版《罗密欧与朱丽叶》，则是公认目前最成功的电影改编版本。实际上，改编剧本有时候比原创剧本更难。

1996 年美国版《罗密欧与朱丽叶》，在剧本改编上最为另类。它用当代视觉形象和语汇演绎一对有情人在两个街头帮派之间的爱恨情仇，被称为后现代激情版，影片也很成功。

日本著名导演黑泽明根据莎士比亚戏剧《李尔王》改编拍摄的电影《乱》，兼具史诗片的恢弘气势和舞台剧的细腻风格，这属于大师手笔。

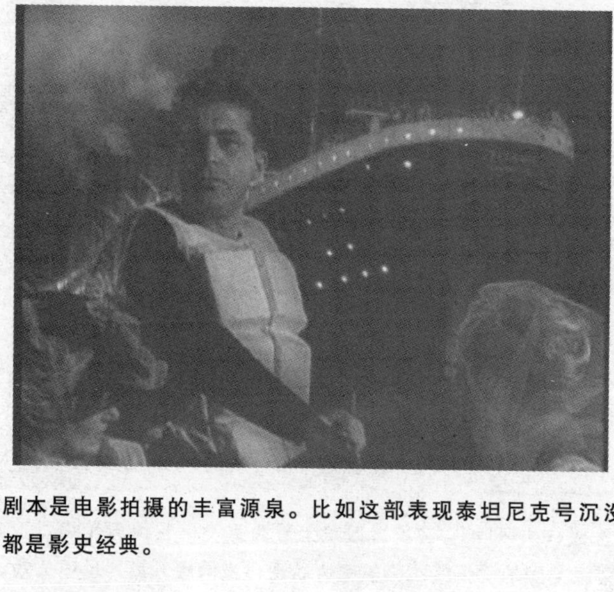

根据真实事件创作剧本是电影拍摄的丰富源泉。比如这部表现泰坦尼克号沉没的 1958 年英国版《冰海沉船》，至今都是影史经典。

1997 年美国版《泰坦尼克号》则从新的视角重新演绎泰坦尼克号沉船事件，以不同的剧本创作带给影片不同的成功。

翻拍电影同样是编剧、导演能力和创意的反映。比如，由香港电台与《文汇报》联合举办并经海内外观众票选的 20 世纪十部香港经典电影中，排名首位的《英雄本色》是著名导演吴宇森 1986 年的作品，这并非完全原创电影，实际上是取材于一部 1967 年的香港同名老电影，吴宇森重新编剧并导演，经过大刀阔斧的翻拍，结果令人耳目一新，影片取得巨大成功。又如，法国 1990 年一部名片《尼基塔》，先于 1991 年在香港翻拍成的影片《黑猫》，其后美国于 1993 年翻拍成《双面女蝎星》；另外，香港电影《无间道》于 2006 年被翻拍成美国影片《无间行者》，此片还获得第 79 届奥斯卡金像奖最佳影片、最佳导演、最佳剪辑和最佳改编剧本四项大奖。这样的事例不一而足。

原创剧本是编剧意念的完美展现，像《无间道》精彩绝伦的剧本造就了该片巨大的成功。课案设计与课堂教学的关系也经常如此。

《无间道》极具震撼力的情节铺设深深吸引了观众，其轰动效应也吸引好莱坞翻拍该片。根据本片改编的《无间行者》也取得不错的成绩，摘得奥斯卡最佳影片、最佳导演、最佳剪辑和最佳改编剧本四项大奖。

当然也有过失败的重拍或翻拍片，就像美国著名影人史泰龙重拍的《复仇威龙》，名导蒂姆·波顿重拍的《人猿星球》，以及中国香港明星成龙主演的翻拍片《环游世界八十天》，等等。事实上，这还是表明编剧的叙事创意和导演诠释剧本的水准对电影制作的重要性。“每一件事都要去尝试，就看你够不够胆去尝试。你要是够胆，就不要管人家拍什么，你就去做你要做的事情。这是你自己的路线和眼光。像以前的《黄飞鸿》系列，当时就有人觉得你拍它干吗？都已经有一百多部了。但我们突破出来就不一样了。”中国香港杰出电影人徐克的这段话生动表达了类似的观点。

从同源素材中锻造出不同的电影，正是编剧功力和导演魄力的体现。课堂教学更是如此。不同教师在同一门课程中执教相同主题内容的现象，普遍存在于众多课堂里，其“同源”的范围、规模显然远超“同源”电影。每一名教师在走进课堂时都应清楚地意识到，其他许许多多相同专业的同行教师也正在无数的课堂内实施着主题内容相同或相近的教学行为。因此，教师对待课堂教学既不能随意应付，不加分析地以过往的或他人的课案施教于自己现时的课堂，也不能过于标新立异，心浮气躁地刻意标榜教学的与众不同。否则会排斥自己现时施教的学生的真实需要和内心感受。就好比如果编剧的剧本创作和导演的剧本诠释，没有顾及同时代观众的需求或口味，只是把以往的成功剧本在现时代重新来过，或者为了奖项评选的功利性迎合而把影片搞得艰深晦涩，那么任何电影的重拍或翻拍必然遭遇失败。

课堂教学上的“重拍”或“翻拍”于是就成为再自然不过的事情，作为课堂“编剧”的教师由此而肩负着更多的责任。面对相同主题的教学内容，教师在课案设计上应该树立“同源异课”理念，构建基于同源课程素材的多彩差异课堂。目前，一些地区或学校开展的“同课异构”活动可能也表达了相似观念，不过“同课异构”提法带来的疑问是：既然已经是同样的课了，那何来不同的建构呢？或者说，既然是用相异的思路方法来建构教学，那怎么又会产生相同的课呢？这一矛盾概念造成的疏漏，归根到底是对其中的“课”发生了误读。这里的“课”不应该是指课堂教学或特定的课，而应是指特定课程教学主题，也许“同课”原本是想说明“相同的课题”之意，但问题依旧：不同的方法如何能建构相同的课题？所以，在实践中真正可行的做法是：不同的教师用不同的思路策略，针对相同来源的主题内容，实施不同课堂教学的构建，即“同源异课”。也就是说，课堂教学“重拍”或“翻拍”不是指“同样的课，不一样的建构”（同课异构），而是“同样的源头，不一样的课”（同源异课）。

基础教育阶段中小学课程是相对固定的，就那么十多门课程，这对千千万万的教师而言就是教学内容的共同源头。任何教师实际上要做的是将手头的“同源”教材化作现实的“异构”教学。“同源”意味着教师无论怎样构建不同的课堂，都必须坚持课程内涵特质与目标方向的前提不变。因为透过“同源”教学内容传递给学生的是生命理念、人文情怀、思维意向、道德价值，提供给学生的是生活对话的机会和知性成长的平台。教师以课堂“编剧”的视域，对“同源”教学素材合理取舍，把握课案设计的立意，重塑课堂教学框架，正是“同源”课程的意蕴要求。

“异课”意味着基于“同源”课程蕴含的不同教学立意，教师引领课堂在不同层面和境界上的构建。教师进行课案设计的支点必须是“异课”，即不同的课堂，而不能是“异构”即不同的实施方法。是不同的课堂决定了不同的实施方法，所以教师应尽可能关注构成不同课堂的重要因素，如时代与社会背景、学生状态与实际需求、教学改革与理念动态、教育设施与技术发展等。这就要求作为课堂“编剧”的教师具备敏锐的洞察力、广阔的大局观、灵活的应变力、独特的创意性。否则就体现不出相异教学立意下不同的课，至多只能粗线条式地让人们看到外在形式的变化。这就如同取材于相同故事来源的电影，一旦编剧为之设定了不同的主旨立意，那么就会造就出区别于以往的崭新的作品，即使电影手法类似；而要是编剧变相重复或套用相同的立意，那只能拍出一部平庸的作品，即使电影技巧多么新颖。

电影的重拍、翻拍考验的是编剧的剧本写作水平和创作理念，相同的课程教学内容一年年在不同学生和课堂上的重复，检验的则是教师的课案设计能力和教学价值观。抛开自己过去的课案，立足“同源”主题内容，面对新的学生，再塑新的教学立意，在不同的课堂上引领学生新的进步，这才是课堂“编剧”的正确课案设计观。

很多教师埋头于教学，注重本专业课程知识的发展和学生学习成绩的提高，回过头来却发现自己只是在不变的课案守护下从事着已显僵化的重复劳动。转变一下观念，情况会截然不同。教师在实施教学前始终以课堂“编剧”的身份视角审视每一年、每一天的不同学生或相同学生的不同进程，并撷取相同内容中的不同立意，架构起每一天、每一课的教学“剧本”，那么依托教学“剧本”的课堂“拍摄”就能尽显其千变万化的魅力。

2.2 教学“剧本”

教学“剧本”不能被简单地视同为课案设计，因为课案设计是教师作为课堂“编剧”，在宏观和微观层面上对课案布局和教学思路的构想，它突出的是教师教学职业行为的表征之一，而非最终文化课堂教学执行的范本。这就相当于编剧本身是电影工业从业者，只有当他的职业创作转化为可供电影拍摄的文本依据时，才是电影剧本。所以，教师通过课案设计所形成的可供课堂施教的文本化凭据就是教学“剧本”。

剧本是对构成电影语言系统的场景、人物、对白、动作的文字描述，为导演提供拍摄电影的原始素材。剧本在文字叙述上强调平铺直叙，主要是要凸显角色行为动作的清晰性，由此将文字化视觉元素转化为实际的电影镜头。电影剧本一般采取非文学性叙述的编写方法，尽管它看上去像一种文学形式。电影实际上是一种视觉媒介，很难展现文学创作中的内心思想、情感、精神世界，剧本必须在开端、中段、结局的三段式情节结构中，明确而细致地铺陈出各种角色及其动作、对白在不同场景中的发展。就是说，剧本的每句话都应能在摄影机前转换成观众看得见的影像，剧本就是电影语言的文字写作版。

如同优秀的剧本是精彩电影的前提和基础一样，经教师课堂“编剧”的效用发挥所铸就的流畅教学“剧本”，是丰实课堂的基石和支撑。课案设计强调教学环节的程式化和课堂构思的完整性，教学“剧本”则是课案设计的可操作性文本延伸，它是课堂教学从立意到成品的文字化转换枢纽。也就是说，教学“剧本”强调教学场景、参与主体、动作行为在现实课堂的客观存在性和意向呈现性；或者说，当人们在阅读教学“剧本”时，课堂教学图景应能在文本描绘中浮现于脑际。课案设计是教学“剧本”的意念基础，教学“剧本”是课案设计的素材拓展，两者使课堂教学的语言与视觉体系得以确立。

教学“剧本”一般运用非概念化描述手法，必须体现直观性、操作性、开放性特质。像教学目标、教材与学情分析等内容属于课案设计中的前期准备部分，不一定非在每个教学“剧本”里出现不可。一般而言，每个教学“剧本”的实际“演绎”时间就是一课时，数量不等的教学“剧本”所呈示的教学主题内容往往组成一个教学单元，所以，教学目标以及教材与学情的分析等还是以教学单元为单位去进行更科学，这样能使单一课时的教学“剧本”紧紧围绕同一单元主线展开连续性“演绎”，并且始终专注于“剧本”本身的流程实施，课堂教学由此而更显整体性、效率性和细腻性。

教学“剧本”是基于课案设计中教学过程预设部分的立体化展开，实际也就是从课堂教学第一分钟开始到第 40 或 45 分钟结束这段时间内所有课堂操作行为的文本描述，它可以让任何一名同课程教师据以执教，甚或能起到不在现场的其他教师据以“闻其言，见其行”的观课作用。因而，教学“剧本”着力于“怎样做”而不是“做什么”，相对于课案设计的总纲性（做什么）而言，应突出其具体、明晰、准确的运作程序。

导演的理念和观点通常在剧本里就能体会到，比如这部著名的群戏电影《高斯福德庄园》，采用“全知观点”叙述，摄影机实录性地兼顾所有人物的行为反应，让观众自己去观察评判。

优秀的课案设计往往奠定课堂教学成功的基石，同时也常常为更多教师借鉴，或引发教学反思与研究。

比如，在课案设计中如果明确了在教学过程中准备采用的某种策略或手段，那么在教学“剧本”中就不能概念化地点到即止，或者只是解释该教学策略的理论定义，而是应具体到该堂课的教学内容和学生实际中，去描述策略方法的使用步骤与操作要领。又如，如果预备在某节课中运用现代教育技术，那么课案设计中的这一构想转换至教学“剧本”中时同样应该清楚翔实，而不是简单地以“应用计算机多媒体课件、视频播放”之类的泛化文字予以应付；“课件素材包括哪几部分？分别在课堂教学的哪一环节使用？视频材料是什么主题？据此提出哪些问题？是学生还是教师提问？意图达到什么目的？投影幕的摆放在课堂的哪个位置更恰当？播放课件时教师在哪个方位？需要做些什么或说些什么？”类似于这样的细化描述才是教学“剧本”中应该出现的，它显然为执教者提供了有关教育技术方面在当堂教学进程中运作的依据指南。课案设计中的其他种种思考或想法，在教学“剧本”中的形象直观和细致全面的表述基本与此相当。

教学“剧本”对课堂教学构思的详细描述，很大程度上便利了教师的课堂执教和引领行为。它让教师做到事先心中有数，对所有教学环节的脉络发展、行为状态、场景衔接和言语动作等方面的可操作性内容胸有成竹。我们来看看下面随意从教学“剧本”中抽取的片断里，教师作为课堂“编剧”是如何将课案设计转换成一个个可供现场执教的行为场景，或者说教学“镜头”的。（注：学科背景予以淡化）

在经过旧知回顾、对学生在将要学习的新知上的期望了解、新知主概念的初步呈现后，课堂教学到达1/3阶段处，教师顺势将教学进程推进到下一场景。以下是教学“剧本”中的一段：

学生课堂视角——课件视频情境观看，现象感知

学生抬头观看教室左前方墙壁上的投影屏幕，教师操作播放后，站于讲台右侧，和学生一同观看。情境现象演示（内容：略）结束，屏幕上打出源自该现象的探究思考题（内容：略）；教师提醒，现象、课堂新旧知、问题的结合。

教师课堂视角——学生分组探究学习，问题思考

将学生分成六个学习小组，要求每个小组围绕现象、问题展开合作探讨，组长负责汇总归纳组内成员富有新意的思路以及本组达成共识的观点（或解决方法）；教师观察各组讨论状态，并在有限时间内选择某一组学生（可以是对问题探讨存在困难或是留有疑问的小组）予以点拨或共同分析。

第三方课堂视角（潜在观课者）——师生分享问题解决的成果，展示与点评

每个组的组长代表本学习小组向全班介绍问题探讨的结果，教师根据学生回答状况适时地插话，或进一步提问，或作即时简评；其间，学生可在黑板上将本组解答成果或主要观点进行展示；教师在各组组长交流完毕后，可同学生一起进行提炼小结，达成对本课新知的共享与巩固。

教师课堂视角——学生体验活动，学习的深入与问题的创新

教师鼓励并要求学生各自在小纸片上写出针对本课主旨知识的其他希望解答的问题，或自己曾感受到的其他相关情境现象及其思考；所有学生将纸片折叠（不署名）交由组长收齐。

第三方课堂视角（潜在观课者）——师生分享体验的感悟

教师将汇总的各组学生所提问题或所述现象，相互交错地由其他小组予以解答；在展开的纸片上，每个学生都能针对他拿到的问题、现象进行分析，并简要地写上自己的回答、说明；同时，各小组分别选择一个最具价值或水平的问题，对此由小组成员予以集体点评，写上感悟要点；教师在此期间并不知晓六个小组的学生所提的问题或现象，最终可以让每个小组拿到那个获评最具价值问题的学生，代表本组向全班交流感悟；教师亦予以点评，并请出各自写出最具价值问题或现象的原创学生，让他谈谈在其他组学生予以解答后的想法。教师让各组学生将写着问题或现象解答与说明的纸片分别归还原小组相关同学。（该活动应能让学生在活学活用中巩固和深化课堂新知学习，教师引导学生创新发挥，应较少干预。）

显然，类似于这样的描述，优点在于其清晰明了的课堂操作行为，能提供给教师原始素材实施教学。教学“剧本”就需要达到这样的效果，就要能实实在在地设计出用于建造教学“大厦”的精确“图纸”。当然，这并不是说在实际课堂中，教学“剧本”里的任何内容都必须不折不扣地完成，而不能有任何改变。

教学“剧本”在不同课堂的“实拍”中，都可能会因学生的思维、个性、情绪差异以及课堂装置差异而有成品效果的差别，所以教师在实际运作中是可以或有必

要根据当堂课情状况作灵活调节的。这就如同导演有时候会在现场拍摄时对剧本的某些细节作修改，或者是摄影角度的变化，或者是人物对白的改动，或者是布景的修饰，以取得导演认为应该得到的效果。对于课堂教学而言，教学“剧本”无论是完全依照施行还是在实际运作中稍作变化，最终完成的就是40或45分钟课堂教学成品，而忠实记录这一成品完成过程的文字描述就是课堂实录。

教学“剧本”不同于课堂实录，即使有不少课的确依据教学“剧本”照实运作。两者不同的原因，首先在于“事先”和“事后”的区别，即教学“剧本”必须成文于课堂教学开始前，课堂实录则只能完成于课堂教学结束后；其次在于目的、作用的区别，即教学“剧本”作为课案设计范畴中实施构想的文本，主要用于课堂教学操作依据，而课堂实录作为课堂教学全过程的纪实文本，主要用作教学反思与课例研究等方面；再次在于表现形态与方法的区别，即教学“剧本”虽是课案设计的具体细化描述，但仍属于预设性文本叙述，并且也不可能详细到写出教师每句课堂用语，其间留有生成性表述的文字空间，而课堂实录则是课堂全貌的动态性描述，包括教师执教的所有话语、神态、动作和学生的所有活动、回答、情绪等，相当于全程摄像的文字版。因此，像提倡或要求新任教师写“详案”（包括写出上课要说的每句话）的做法本身就是错误的，这种做法同时违背了课案设计和课堂实录的特质，是混乱逻辑程序的产物。当然，很多熟练教师基本上都是写“简案”（只包括教学目标、重难点、方法、简要步骤等课案设计的常规部分），这种几乎千篇一律的流水线式的文本根本不是教学“剧本”，这种做法是很多课堂僵化生硬的重要原因之一。

电影编剧在长期的剧本创作中，往往在对白、动作描写乃至主题构思上带有了个性化特征，尤其是当他的一些剧本是为特定的明星量身定做，或经常为某个导演撰写剧本时，这种特色化痕迹会更明显。以此观点来看教学“剧本”，情况又怎样呢？一方面，作为课堂“编剧”的教师在进行课案设计时，必然会在教学主题内容和学生实际状况的联结中予以综合考虑，教学“剧本”中学生学习活动和师生互动行为的设置必须是切实可行的。教师最有可能以自己所执教学生或所熟悉的学生为参照，在对其知识、思维层次和学习品质进行评估的基础上撰写教学“剧本”，于是这些学生的情况特点会对教师构思教学“剧本”的习惯产生一定影响。另一方面，教师作为课堂“编剧”在构想教学“剧本”时，同样要设定执教者的参照人，这个参照人一般就是教师本人，当然也可能是其他某个所熟悉教师的教学品质、观念、形象等因素的代表性综合。这些特点同样会在教学“剧本”的操作性描述中打下烙印。

总体而言，教学“剧本”个性化是作为课堂“编剧”的教师课案设计思路积淀下的惯常化体现。如果教师自己编写教学“剧本”并自己执教，这种个性化特征会尤其显著，并可能发展为个人风格。如果教师自己编写的教学“剧本”由他人执教，或自己执教由他人编写的教学“剧本”，则可能有个适应问题，或者说课堂状态和教学效果会有误差。这又涉及教学“剧本”的原创和改编问题了。

教师既是课堂教学的实施者，又是课堂教学的企划者，或者说是课堂“编剧”，其执教思路与流程基本上需要在教学“剧本”里予以体现，这样其实际的教学运作就能胸有成竹。

编剧以自己的故事创意为基础所创作的剧本是原著剧本，据此拍摄的很多电影都较成功。而另有许多电影则由文学作品或舞台剧改编而来，其编剧创作的剧本就是改编剧本。有时候改编剧本比原创剧本更加辛苦，而且原著成就越高，改编的任务就越艰巨。例如，《傲慢与偏见》被多次改编成电影，然而成就均有限。由此很多人认为，根据二流小说改编的电影受到的困扰较少。当然也有不少改编的电影作品比原著还优秀或影响更大，比如《教父》（美，1972）、《爱情故事》（美，1971）、《乱世佳人》（《飘》；美，1939）、《阳光灿烂的日子》（中国，1994）、《活着》（中国，1994）等。电影剧本成功与否，关键还是在于其中有没有编剧的崭新创意，无论该创意是完全的抑或是部分的。

就教学“剧本”而言，同样包括原创和改编两种。教学“原创剧本”在字里行间渗透的是教师自己的课案设计理念，在有关课堂布局、教学操作的行文表述中体现的是教师的个性化特征。教学“原创剧本”编创路径的不断重复或想法的叠加，可能会由此形成模式化的教学思维。当然也不绝对，比如有些教师常在自己的教学“剧本”里注入不同的设计观念，从而导致每次课堂格局、运作形态都有变化，这可能反映出教师刻意求新求变的观念，让人看不出其有什么固定程式。这实际上也可视作一种个性化的表达。

教学“改编剧本”的主旨在于如何在保留原有素材的基础上，通过教师自己的意向性创编，独立发展出新的教学“剧本”。这里所指的原有素材，包括从原课案设计各部分到课堂操作全过程各环节的内容要素。教学“改编剧本”并非是教师推倒原“剧本”，实行百分之百完全改编，否则那就是“原创剧本”了。事实上，很多优秀的教学“剧本”里都有值得其他教师借鉴参考的素材要素，但也有因学生层次、人数、习性不同，和教师性格、年龄、性别甚至语速差异，以及教学工具不同而形成的某些原素材要素，会具有不确定性或非普适性，此时就该有必要的改编。

有时在对原有教学“剧本”的改编中，教师会保留富有深意的教学目标和重点、难点的设定，而根据学情重新设置学生探究题；或者会保留新颖教学策略，而根据主题内容重新编排教学顺序；或者会保留学生合作学习活动，而根据课堂容量重新制作教学课件；或者会保留课堂教学总体框架，而重新构思课堂操作细节；甚或只保留原创者的某个意念，而对教学目标、结构、过程、步骤等方方面面均予以重新设计，等等。教学“改编剧本”没有定式，只要能适合新的学生、执教者和课堂就是成功的。

教学“改编剧本”还有另一种情况，即根据某个教师的课堂实录进行改编，这是基于课后反思和课例研究的迁移或改编。作为“改编者”的教师往往会从中找寻或假设自己执教的影子或结果。由于课堂实录是某节课的完整纪实，所以在此基础上的教学“改编剧本”更有针对性和目的性。当然，如果只是照搬“事后”实录并简化为“事前”课案，那么这已不是真正意义上的“改编”，而只能视作课堂教学的“无修饰模仿”。

教学“剧本”无论是原创还是改编，都是作为课堂“编剧”的教师，在课案设计上的可操作性文本的延伸。课案设计包括在教学目标和重点、难点，教材地位和意义分析，教学策略和方法运用以及教学流程方面的构想安排，它属于统领性课堂教学纲要，而将原本条目式“教学流程”项从课案设计里单独延伸出来，并在微观操作层面上予以内容细化，从而就形成内涵拓展的教学“剧本”。可以这样理解，课案设计包括教学“剧本”，教学“剧本”是课案设计的具体化和丰富化，而这些则是教师作为课堂“编剧”的职责所在。

2.3 教学构图

导演在电影拍摄过程中，常透过景框对画面元素予以设计安排，就像画家顾及形状、色彩、线条、质感等绘画元素一样。导演如果要在电影中表现或暗示协调和秩序的感觉，往往采用平行主义设计原则，将位置、姿态、表情相似的两个或四个角色，人为地安排在同一画面里，特意制造某种效果，由此通过平衡构图表达和谐与相互强化的关系。

教师在进行课案设计时，脑海里实际上也在描绘着教学构图。学生视界里的教师教学操作行为，教师视界里的学生学习操作行为，第三方或潜在观课者视界里的师生互动行为以及教学工具与学习工具的操作行为，这一切构成了流动的课堂教学画面。教师经由教学“景框”对课堂教学画面元素进行重组安排，从而在动态的教学构图中表达其课案设计的理念。

一般而言，教学秩序性与祥和性氛围的营造，有助于良好课堂走势的形成，而教学构图的平衡性在其间发挥着重要作用。在相关课堂要素的置位安排中，数量的平均分布、空间的对称平稳、视觉的中央定位、形态的趋近联结，都能带来课堂教学画面的协调、宁静、平实。由此而铸就的教学构图，在其前后场景的融入衔接中，形成教学的稳定与和谐。

教学构图是课案设计的组成部分，从中往往能看出教师建构教学格局的设计思路和意向。教学理念常蕴藏于教学构图中，教学构图则能在丰富多彩的变化中展示教学理念。

从坐在课堂里的学生的角度看，前方那块几乎横过整面墙的黑板，黑板正前方的讲台，以及站在讲台与黑板之间的教师，这些元素很自然地形成了平衡的教学构图。当然这并不是说，教师要带给学生求知的安定感，就非得固定在讲台后不可。实际上，教学画面的这一平衡性构图，对学生而言极具心灵象征意义。虽然民主、平等、开放的师生关系是课堂教学的必要保障，但教师在学生眼里依然是知识化身或至少是课程代言人形象。

教师在中心讲台的就位，很自然就成为全体学生课堂视觉的焦点，教学构图的平衡代表了课堂教学的规范、公正和严谨。视觉中央定位的教学画面，一般在教师进行主体性知识呈示和当堂内容小结的环节中出现，这样能帮助学生在课堂学习的奠基和夯实阶段，实现注意力的集中、思维力的汇聚。如果教师并非出现在课堂视觉中心焦点，比如说站在远离讲台的教室前端两侧，或者教室纵排的学生座位旁，那么学生视角里的教师对当课主干知识的呈现就显得过于随意或非正式了。也就是说，当大部分学生在汲取最基本知识过程中，还要不断转过头去追寻教师身影，甚至只闻其声，难见其人，教学构图的平衡就打破了，这可能会影响到学生的专注性和课堂知识传递的整体性和连贯性。

在教学构图的平衡中完成的课堂主体知识的呈现，带给学生沉稳厚实的学习感觉。伴随着主体知识的课堂呈示而来的，是知识运用的强化与推进，这往往在师生互动和学生拓展活动中予以实现。教师同样可以通过教学构图的平衡，达至在此过程中的课堂和谐运作。比如，教师通过与学生在情境问题中的对话，帮助学生巩固和深化对当堂课基本观点的理解，是师生互动的重要内容。教师在进行课案设计时，固然要考虑问题设置的精确性、可信度等因素，也需要注意基于问题的对话教学场景内相关元素的构图设计。虽然不是二维平面构图，但三维场景在教学距离与区域空间的因素作用下，同样能体现出教学构图的不同效果。教师如果和学生在个人距离内展开教学对话，那么师生二人实际上成为全班学生的视觉焦点，由此形成视觉中央定位教学画面，对话中的观点、思路交接，如教学聚光灯般向课堂内所有学生辐射，平衡的教学构图通过师生间个人距离下的近景区域而展开，并且在教师与不同学生之间的互动场景中铺陈出流畅的教学画面。

学生课堂活动是课案设计的重要一环，学习小组的安排、合作探究的内容预设、学习成果的展示等，是教师组织学生课堂活动的重心所在。这些活动需要有与之适应的课堂氛围的烘托，由此能取得既生动又深刻的效果。比如，学习小组的数量、人员编排和形态、区域设置，经由教师作为学生活动的要素进行重组后，实际上就是通过教学构图传达出教师的课案设计理念，以及对学生课堂活动的引领作用。在讲台中央教师的视角下，学生前后、左右之间两人或四人相对展开讨论，在整个课堂空间内形成了数量均等、形态近似的学习小组。如果将每个小组的成员增加，并且按照学习能力、思维习惯的不同予以平均组合，学习小组数量相应减少，那么一般可以在课堂空间内编设六个或八个学习小组，同时在教室纵向和横向方位上保持小组的两两相对。无论是较少还是更多的学习小组，在课堂空间基本上呈对称的“井”字形或“田”字形布局，加上每个小组内不同层次学生的均匀分布，使得各组都能展开合作探究，不会出现组际之间“冷热不均”的现象。学生小组学习的课堂画面由此呈现出平衡的教学构图。

小组合作是学生常用的课堂学习形式，学生人数可以由单数或双数组成，而教师的适时加入，可能不经意间形成某个小组的平衡或不平衡的教学构图，这既是师生教学民主关系的体现，又是课堂动态演进的过程表现。教学构图的定格也是教学“景框”对课堂元素调配的结果，而它又会融入下一个教学构图，由此形成教学运动中的流畅教学“画面”。

教师也可以根据课程性质、课型特点、班级人数、教室形状等差异，设计合作学习活动的其他平衡教学构图。比如，组织学生进行主题辩论时，将学生按教室中轴线纵向偏排成左右两方，同时设置学生主持台，和辩论的正方、反方之间形成空间“品”字形教学构图。组织学生进行情境演示与感悟活动，则可让学生将课桌排列成圆周形或四方形，留出中间空地作为学生演绎、展示的空间，这是一种闭合型教学构图。又如，教师让学生上讲台面向全班分享学习体会，或者让两名学生同时在黑板左右两边书写解题观点，这是视觉中央定位下的“T”字形或“个”字形教学构图。这些平衡性教学构图中体现出的平等、均匀特质，有利于营造出朴素和谐的课堂氛围。

板书作为必要的教学呈示行为，是不可或缺的课堂基本元素。黑板的视觉中央定位性决定了教师的板书设计及其展现，在教学构图里的效果重要性。条目纲要式板书格式为相当多的教师所习惯性地采用，这虽然也体现了教师对教学内容的概括性思考，但这种归纳式小结实际上充当了教材内容“传声筒”的角色，并带有一定的强制性色彩。在学生课堂视角下的教学构图里，条目纲要式板书显得比较生硬，缺乏灵动的协调美。教师往往从黑板左侧开始板书，有时候一堂课下来，整个黑板右半部没有内容；或者，教师有时也从黑板中间开始板书，但又由于内容过多，就在左、右两侧随意延伸，等等。这就使得板书的教学构图显得松散、凌乱或脱节。

板书应该是教师连续性教学场景的文字化衔接，是教师课堂引领作用的中介式体现。图文框架式板书结构既凸显当堂知识体系的逻辑关联性和动态演进性，又在教学构图上表现出活泼形象的直观性、互动对称的协调性、循序渐进的一体化特质。比如，基本观点在线段、箭头间的因果式连接，衍生知识点在横框、竖框或线格里的对应排列，相关内容在表格、图标中的有序对照等，为学生带来理解上的清晰感和视觉上的舒适感。

当然，平衡性在课案设计里并非是教学构图的唯一原则，这就如同平衡原则也不尽为电影拍摄的真理一样。有时候，导演通过刻意制造不平衡的电影画面去追求某种戏剧效果。比如，当有些影片里出现极端事件或偏执角色时，导演故意违反和谐的构图原则，或者把某些场面有意设计成歪斜的，或者将场景摄成不稳定画面，带给观众摇晃感，或者将画面中某些角色的肢体等身体部位故意“切割”在景框之外，造成视觉上的混乱感。又如，在有些电影的全景画面中，原本把角色置于中央即是平衡画面，但导演却可能将其放在景框边缘，造成影像不对称，另一边空着的空间就使视觉不平衡，从而达到某种心理效果。

教师也可以通过教学构图的不平衡设计去寻求特殊的课堂效果。比如，教师让学生就某个问题进行思考并作回答，原本可以采取分组交流或轮流作答的形式，以使问题回答的覆盖面更广或学生回答的机会更均等，但教师只让教室最里侧一组学生依次作答，其他所有学生只是坐听这同一组学生的回答，看上去显得不太协调或过于偏向；而实际上教师接下来却请其他各组学生对刚才那组学生的解答予以点评，这样反而以一种不平衡的教学场景带动起更深刻、更广泛的课堂学习图景。又如，教师在黑板上进行板书时，故意在最右侧写出当课的主观点或论点，但却不置可否，留出左侧大片空白处，看上去同样很不对称，这让学生感到好像有什么内容没有说明或缺少了什么；而教师正是期望通过这种非平衡的悬念设置，引导学生自己去探究、论证观点或结论的由来经过，并可让学生在黑板左侧予以过程演示，进而使左右两侧联结成完整的知识结构图。

教学构图的平衡与否是不固定的，一切视教师的教学意念和效果表达而定，即要看教师到底希望学生先后关注教学画面的哪些部分。这一点从电影构图中能得到相关借鉴性启示。观众看电影时实际上是很敏感的，眼睛能同时观察到画面里多种构图元素的应用，并迅速作出先后顺序的观看选择，当然这些都在瞬间发生，事实上观众的眼睛一直看着画面。于是，导演常会借助光线、色彩、形状、质感等方面的对比，从中突出倾向性强烈的焦点目标。一般而言，观众的眼光会在上述因素的鲜明对比中，先后主要被指引到对比最强区域和对比次强区域，接着才是画面其他部分。比如，画面中有两个角色人物，若导演希望观众先看到左边的人物而不是右边人物的话，那么打在左边角色脸上的灯光，或者体现在其身上的色彩会比右侧角色更强烈。又如，在一个有好几个人物的影像画面里，其中一个角色正握着一把手枪，我们知道手枪所占画面比例很小，但由于它在戏剧中的重要性，尽管其所在位置不一定明显，然而仍是观众的视觉焦点。

在教学构图里运用强弱对比原则，有时能帮助学生强化对特定教学环节或知识观点的关注与理解。比如，化学教师用试管、烧瓶、溶液、烧杯、化学药品、酒精灯、集气瓶等装置、材料做演示实验时，或者物理教师用天平、弹簧测力计、注射器、玻璃水槽、玻璃管、金属块、小木块、平面镜、温度计、凸透镜、凹透镜等器材做演示实验时，或者生物教师带领学生用放大镜、显微镜、镊子、碘液、洋葱鳞片叶、生理盐水、植株、广口瓶等材料用具进行实验活动时，到底要在这么多内容要素里向学生先后强调什么、希望学生先后注意哪些，不同的教师可能会通过器材摆放位置、材料介绍顺序、操作步骤程序、使用时间频率等方面对比，来体现对学生实验观察体悟缜密性的不同角度的引领与强调。

又如，教师在作当课知识体系的框架式板书时，通过在相关观点上不同的图标、线形、框格以及字体及其颜色的加注，同样能在对比状态下向学生明示侧重性或关键性知识点。再如，当教师手上拿着教材时，学生基本上不会注意那本教科书，而会专注于教师的讲解，但如果教师手上拿着一盒印有周杰伦代言照片的“伊利优酸乳”，或者一听印有古天乐、蔡依林、黄晓明、罗志祥等明星代言图片的“百事可乐”，或者一听印有林俊杰代言照片的“雪碧”，那么学生的视线会首先被吸引到该物品上，然后才会转到教师身上，强弱对比同时还会引出教学悬念，更激发学生的猜想与思索；原来这是教师准备进行的有关“知识产权、肖像权、经济制度”等主题教学内容的引导式开局。另外，像多媒体视频播放本身就具有类似电影的一些特点，教师完全可以通过课件制作中的素材取舍与安排，运用强弱对比效应，实现多媒体课堂教学中对特定凸显性教学内容的强调。

许多导演常在电影中用动作场面吸引观众的目光，这是因为在强弱对比原则中，动作往往是极富感染力的主导对比元素。观众在对画面中戏剧性动作的追随注视里，深化着对角色和影片主旨的理解。这在教学构图里亦有相似的作用体现。比如，教师邀请几名学生走上讲台，在全班面前展开情境英语对话，或进行生活情景短剧表演，或开展角色模拟话题访谈，相对于绝大多数学生在座位上的静态观看行为，进行活动演绎的学生通过言语、表情、体态等较强烈的动作吸引力，展现出课堂元素强弱对比下的中心教学画面，并由此带动起全班学生的思考和感悟。

又如，教师自己走下讲台，主动参与到学生的小组讨论学习中，或有目的地选择不同学生进行对话交流，或对某些需要帮助的学生予以适当点拨指导，或将教学器具用品拿到学生中间去共同演示探讨，那么教师在用富于亲和力的教学动作去汇聚学生注意力的同时，也在和学生一起营造着和谐互动的课堂氛围。在课堂相关元素的主导对比中，教师或学生的特定动作在教学构图里渲染着教学画面。

我们在看电影时有时能感觉到影像画面线条、数字形状的巧妙运用，悄悄带给观众微妙而奇特的心理效果。有些导演在电影构图里用水平线和垂直线分别给人造成稳定的从左到右和自上而下的感觉，而用代表动感的斜线使观众产生角色浮躁不安的感觉。同时，导演也喜欢用S、X、三角形、圆形等弯曲的线条表达构图意念。例如，当以二、四、六等偶数为单位的角色人物共享一个空间时，这种双边对称的构图一般强调平稳、安定、均衡的关系。反之，以三、五、七等奇数为人数单位而形成的构图则较具动感和不平衡感觉，象征角色人物之间变化不定的关系。

线条和数形结构在教学构图里的应用往往也能产生异曲同工之妙。比如，当教师将几个问题交给学生思考后，可以交替采用让学生以纵向或横向逐一回答的方式，调动起课堂探究的线性推进的教学气氛。在学生分组合作学习中，教师可以尝试设定每小组三人、五人或七人，并且将三张课桌拼排成三角形位置的学习形态，这种三角结构强调三个、五个或七个学生之间的主体学习元素的互动，同时由奇数学生组成的小组也体现了问题讨论的公平表达性和民主决定性。除每个小组奇数学生构成性外，有时也可以将整个课堂内的小组数量设置为五个、七个或九个，这和前述表现出平衡特性的双数组别排列相比，较强烈地体现了非平衡性下的交错互动的教学构图。

如果巧合地出现偶数小组数量及小组偶数成员的“双偶”教学构图，则整个课堂会呈现出动态学习中的“静态”平衡场景。另外，教师如果让各个小组内的学生排列成圆形围坐，或让组与组之间亦连排成圆形结构，那么无论是小组内所有学生，还是所有的小组，实际上都是圆周中参与学习的平等一分子；这种圆形教学构图一般都暗示或传达了安定、公平、和谐的特质。

就像电影景框提供给观众暂时性的真实定格画面一样，我们经由教学“景框”所设计的教学构图同样处在不断的变化中，每个教学构图通过课案设计的环节连接，很快会溶入下一个教学构图中。我们需注意各个构图间的衔接合理性，比如不能在安排课堂元素时，由很轻松、很和缓的教学构图突兀地接入一个构图很拥挤且具有视觉压迫感的教学画面，反之亦然。教学构图本身是课案设计的一部分，它的画面营造思路事实上是作为课堂“编剧”的教师，在编创教学“剧本”过程中自身教学理念美学式外现的方式。教学构图在教学“剧本”中的渗透，同样为教师提供了课堂操作的依据，它营造着教学“剧本”与课堂教学之间的动态视觉张力。

教学构图有时也会随课堂实际发展状况而即时生成，呈现出富于变化的动感课堂"画面"。像教师的教学操作、站位、行动路线，学生的学习行为、小组编排、座次调整，师生间的教学距离、区域空间所形成的位置关系，以及课堂装置、学习环境、教学资源等，都能经由教学"景框"描绘出课堂运行过程中特定的教学构图，并带来各不相同的效果。

2.4 教学主张与愿景

教师通过一节课或者一系列课，甚或一段较长时期的课，要向学生彰显怎样的教学愿景，抑或向观课者表达怎样的教学主张呢？显然，教材知识向学生的无衰减传递或者说学生学习成绩的强势提高，不应该是教师的至高追求。相对于教师而言，这些实际上属于"他者愿望"，即教科书编著者希望体现国家教育意向的教材知识能原汁原味地被学生吸纳，学生则希望所学到的教材知识能有益于自己的进步，而这些都是"他者"的价值寄托，并不能代表教师的教学心愿和意志。

教学主张与愿景必须源自教师自身，不应借助"他者愿望"去衬托或拔高。这就好比一部电影在不同的人眼里承载相应的价值愿望：观众希望从中看到一个精彩流畅的故事，得到精神享受，付出的一两个小时要能有超过票价的回报；制片人希望电影能为公司带来名声和利益；投资人希望自己的钱花得值，电影要能产生丰厚的利润回报；发行商和影城院线希望从中分取相应的商业利益；而编导则希望电影的每个镜头能刻上自己的"作者痕迹"，从中体现艺术创作价值。也就是说，一部电影在发行放映前的制作阶段，主要反映编导的观点意愿，而在成品公映阶段，主要反映其他各方的意向态度。虽然编导拍摄电影时也应考虑投资规模、观众口味、卖座效应，但完成一部好作品主要还是有赖于自身的电影理念和追求。编导的创作热情、专业支撑、作品建构等意愿，不应在"他者愿望"的左右下摇摆不定。编导的主要职责就是把电影拍好，其观点意愿的全部释放都在影片制作过程中，而不可能在成品后的发行放映阶段。电影编导的主张与愿景决定影片的质量，同时能够但并不必然影响"他者愿望"，也不能通过"他者愿望"予以肯定或凸显。

教学主张与愿景是教师通过课堂积淀所形成的关于教学实施思想的纲领式表达，

以及达成教学理想的效果意愿图景。如果单就某一节或某几节课而言，也许我们更多看到的是教师对学生的知识传递表象，而一旦以长远和整体的眼光去审视一系列课时，我们更可能发现内渗于其中的教师教学主张与愿景究竟是什么。就如同很多导演通过众多电影作品表达着同一的观点意向。电影大师卓别林一生拍摄了80余部喜剧片，他到底想表达什么呢？是对下层劳动者的深切同情和对社会弊端的辛辣讽刺。美国西部片大师约翰·福特一生拍摄了140多部电影，绝大多数是西部片，但他创纪录获得四次奥斯卡最佳导演奖的影片却没有一次是西部片，那他又向人们表达什么呢？是在文明与野蛮的夹缝中人的挣扎和勇敢开拓的精神。以慢工出细活著称的大师斯坦利·库布里克，一生总共只拍摄了13部影片，其中战争片、科幻片、恐怖片、古装片、文艺片等一应俱全，他每次拍片类型都不同的电影之路又到底想表达什么呢？是对人性阴暗面的深层剖析和对人类前途命运的哲学式思索。

每部电影都有一个故事依托，但导演的重点并不在故事本身，而在透过故事外壳所传达的观点意向。那些导演们即使有的拍了大量单一类型影片，而有的拍了类型不一的影片，电影数量和内容都只是表象，最终奠定其地位或体现其成就的则是透过影片所架构的电影艺术主张与愿景。就算有些导演拍片多产而卖座，但如果仅仅是对同一类型电影的变相重复，或者说只是凭借熟练技巧进行流水线式的产品加工，那么这种工匠型导演也许能在“他者愿望”的烘托下获得职业满足感，但却很难在电影主张与愿景的贫乏中享受事业内涵的充实感。

同样，每一堂课都是依托特定课程实施的，课程是教师表达教学主张与愿景的载体。课程自身的类型特征与目标性质，决定了课堂意识形态明显程度的高低，由此对教师教学主张的形成和教学愿景的设定也会产生相应的影响。当然这也不绝对，就如同上述一些电影大师无论拍何种影片，都能从中呈现其观点意愿一样。教学主张与愿景虽带有一定的课堂意识形态渗透化痕迹，但两者并不等同；前者强调教师对教学本身规律、目标、成效、希冀的纯然追寻和表达，后者则侧重教师在主观和客观层面上对课堂教化功能的诠释。无论课程的特质和教材的版本如何不同，承载于其间的教学主张与愿景，应是教师始终不灭的追求。

教学主张积淀并释放于教师对学生的当前课程教学，而在学生的后续性发展中铺展为教学愿景。教学主张与愿景作为教师教学理念和教育理想的融合，关注课堂的内涵发展和学生的持续进步。知识与技能、过程与方法、情感态度与价值观的提升或发展，属于特定课程下特定课时的教学目标，这在很大程度上是“他者愿望”的被动表现。教学主张与愿景则是教师在超越教学目标基础上的整体化教学构想的主动性表达，它不拘泥于几堂课的得失，而是注重系列课堂教学里观点意向的全程化和体系化表达，因而也是课案设计的内质核心。

教学主张与愿景并非如教学目标那样以条文化格式书写或明示出来，它不是课堂操作的规范性依据，而是渗透于教学“剧本”和构图里的教学心向，是舒展在师生课堂实践与反思中的教育态度。教学主张与愿景基本不是“说”出来的，而是“做”出来的，或者是在教学行动中的观点述说。教学主张与愿景是教师的“本我愿望”，源自教师的眼睛、头脑对教学事件与意念的观点铺陈，同时也通过教学行动参与者如学生等的叙述意识予以反映。这就如同电影中摄影机的记录体现了导演的观点意向一样，摄影机的每一次移动，实际上就是导演向观众提供另一个新观点。

导演的电影理念和观点表达，大都通过不同的叙述者来推展。比如，像《战争与和平》、《高斯福德庄园》、《建国大业》、《金陵十三钗》等大部分剧情片均采用“全知观点”叙述，摄影机无偏见地记录事件，兼顾各个角色的行动和反应，让观众自行阐释；像《阿甘正传》、《情人》等影片采用“第一人称观点”叙述，摄影机代表主观介入者或客观旁观者讲述自己的故事，角色眼中所见一切均被记录，观众由此认同主角；像《肖申克的救赎》、《傲慢与偏见》等影片采用“第三人称观点”叙述，摄影机以某个剧中角色的观点叙述事件，观众能透析叙述者角色的内心和情感，但对其他角色的想法则经由第三人称中介叙述者来察知。

教师同样可以采用不同的观点叙述者来表达自己的教学主张，铺展自己的教学愿景。“教学全知观点”是对教学主张与愿景客观、写实、全面的叙述，也可理解为是在潜在第三方观课者（专业教科研人员、教学同行、教育行政领导、外来参观交流者、师范院校见习学生等）见证旁观下教师教学主张与愿景的公开化表达。“教学全知观点”叙述者包括教师本人和参与课堂学习的所有学生。就如同课堂里有一架游移穿梭的“摄影机”一样，“镜头”可以任意进入不同课堂角色（教师及每个学生）的意识中，透过虚拟“摄影机”的无形之眼，将他们的思想、看法、情感、态度、立场等原汁原味地传递给潜在的第三方观课者，由此提供观察、判断和评析的全知课堂运行素材。这些素材既有教学主张渗透其中的教师对课堂的布局和对学生的引领行为，也有对单一学生学习反应的专注和多数学生学习反应的兼顾，还有教学因果关系下的师生平行互动场景。“教学全知观点”避免课堂内容的扭曲，力求在全知“镜头”下实现教师教学主张与愿景的“他者”体悟。

“教学第一人称观点”主要是教师对教学主张与愿景的主控性、本体化叙述，这种叙述一般通过这些内容予以呈现，即能将学生的解答引向特定结果的问题预设，学生自主学习活动的指向性组织，师生教学与学习行为的目的性交接，教师在课堂环节和教学时间上的控制，课堂学习资源的倾向性选择应用，课堂教学语言的明示和符号的暗示作用等诸多方面。教师在“第一人称”课堂教学的行动叙述中，在“本我”的中心视角下，建构以教师教学主张与愿景为支撑面和辐射源的衍生式观点体系，从而奠定课堂格局趋向。

“教学第三人称观点”主要是立足学生视角，对教师教学主张与愿景的回应性、评判性、旁征式叙述。学生作为叙述的角色，通过自身观点和问题见解在课堂的表达与共享，在基于师生与生生交流而搭建的反射性沟通平台上，向教师提供即时课堂反馈素材，从而让教师据以对其教学主张与愿景进行反思性评估。每个学生都可以是“教学第三人称”叙述者，如果教师刻意挑选叙述者，使“教学第三人称观点”产生偏向，则其教学主张不具有涵盖性，教学愿景也欠缺真实性。虽然在某堂课的每个问题上，每个学生不可能都成为叙述者，但放眼长效性的系列化课堂教学进程，则每一个学生都能且都应该成为“教学第三人称观点”叙述者。这种叙述者及其观点的广泛覆盖性，使课堂教学在非预见、非设定状态下体现出教师教学主张的普适性和教学愿景的真诚性。

总体而言，每个课堂里都在进行着师生之间围绕着教学目标而展开的操作活动，其间呈现出“教学全知观点”、“教学第一人称观点”和“教学第三人称观点”的互动交流，由此熔铸成贯穿课堂教学全程的教学主张与愿景，并提炼为基于课程而又超越课程的教学理念，这一切又通过课案设计行文于教学“剧本”的字里行间，渗透于教学构图的景域细节，从而在课堂“编剧”层面奠定了课堂教学良好走势的基础，提供了学生优化学习的规划性氛围。

教师的教学主张和愿景，往往通过“教学全知观点”、“教学第一人称观点”和“教学第三人称观点”的互动交流而在多重视角下得以熔铸，这些经常依托教师的教学理念渗透于教学“剧本”里，同时又在课堂教学案例反思与研讨中不断升华。

第三章　教学过程：承载教学的“制片”与“放映”

当导演、演员、摄影师、灯光师、录音师、美工等组成的剧组在片场就位后，一部电影的拍摄与制作过程就开始了，而当来自四面八方的观众们在电影院就座时，一部电影的放映或者说对一部电影的欣赏过程就开始了。这两个过程在时间上是不对等的，电影制片过程在耗时上显然远远超过电影放映过程。这两个过程的很多运作原理对于课堂教学来说，实际上有着异曲同工之处，而且教学“制片”与“放映”具有重合性，两者的同时运行构成教学过程。

教学过程同时承载教学的“制片”与“放映”，它在教学语言的浸淫下存在于特定的教学时间与空间。教学“镜头”是构成课堂教学的基本单位，课堂符号是在教学“镜头”里的进一步细分，它和教学“镜头”一起成为建立与划分教学结构的重要元素。教学“镜头”基于教师教学理念的意向性组接形成了教学“剪辑”，由此保持着课堂连续性。教师与学生视角下的教学“运镜”，形成课堂“运动感觉”，从而实现教学运动的有序推进。

3.1　教学时间与空间

40 或 45 分钟，60～80 平方米的教室，分别作为课堂教学的时间与空间，将每一个教师、每一位学生和每一门课程联结起来，铺就成实施课堂教学的基本载体。也就是说，常规教学过程在教学时间与空间的衔接交融中架构并推展。这就如同，一幅幅流动的影像画面在大约一两个小时或更长的时间里，通过在二维空间银幕上的呈现，向影院中的观众讲述一个生动的故事，这就是电影放映过程。电影制作过程则是另一番情景，那是在数月的时间里，经过三维空间的片场拍摄和精细的后期加工而成的复杂制片过程。

电影拍摄的长时间和三维空间性向银幕演绎的短时间和二维空间性的转化，表明了电影制片和放映过程的非同一性与非重合性。课堂教学过程既是教师与学生合作产出教学“产品”的过程，又是教师与学生共同向潜在第三方观课者展示教学成果的过程。教学“制片”和教学“放映”同在 40 或 45 分钟的时间和 60～80 平方米的三维空间内完成，即课堂教学是教学“制片”与“放映”的时空统一，教学“制片”和教学“放映”具有过程的同一性与重合性。

可能也有例外情况出现，比如有些教师出于执教公开课并希望取得较好效果的目的考虑，进行事先的试教即教学“彩排”或“预演”。虽然教学时间的长度和教学空间的大小，在预先试教和最终执教时大体相当，但由于试教时“制作”的教学“产品”并非最终执教公开课时“出品”的教学“产品”，所以教学“制片”与“放映”在此过程中也许就被视作非同一性和非重合性，教学“预演”或“彩排”就是为了完成向最终教学“产品”的转化。不过，从非目的性角度看，如果不考虑试教课同最终公开课的联系，实际上在试教课堂上，教师的教和学生的学，同样在特定时间和空间内构建并完成了教学过程，因而其间的教学“产品”则既来自教学“制片”又来自教学“放映”，这仍是过程的同一性和重合性。

在固定的教学时间里如何体现教学效率和课堂容量？或者说教学时间怎样表现更恰当？是用特定教学时间内完成的教学内容多少来衡量，还是用特定教学内容在多少教学时间内完成去判定？从电影时间的弹性化里我们能够得到一些启示。这里的电影时间有两层含义，一是指电影本身放映时间，二是指电影里镜头的转切所代表的时间变化。这就不露痕迹地表现出电影时间相较于舞台剧时间的伸缩性。比如，舞台剧的每一幕场景演出时间基本和其情节发展时间长度吻合，如要表现长时间跨度，则只能用幕与幕之间的转换去暗示。显然，电影时间的弹性化表现就有不少优势。有些电影也类似舞台剧里表演与情节发展时段的一致性，例如《正午》放映的80多分钟时间也基本和片中内容情节的发展时间一致，而像《夺魂索》和《俄罗斯方舟》这样在一个多小时里几乎用一个长镜头一拍到底的影片更是如此。当然，更多的电影是由数百个镜头组接而成，每个镜头都只有几秒或十几秒时间，但镜头与镜头之间的自由切换就很巧妙地把情节发展中的时间延长或缩短了。比如，上一个镜头是主角坐上飞机离开城市的情景，下一个镜头里主角就已到达另一个城市，这是电影时间的“缩短”；又如，坏人启动了爆炸装置，将在半分钟内爆炸，主角和坏人殊死搏斗并关闭了装置，原本真实时间只能是半分钟，但电影里却通过各种多角度镜头及慢镜反复表现相同的搏斗场景达数分钟之久，这是电影时间的“延长”。通过镜头转换实现时间的延长或缩短，在一定程度上丰富了电影的内涵。

电影的拍摄是在三维空间，电影的放映则在二维空间，电影的制作时间远远长于电影的放映时间。电影故事发生的时间长度借助电影的镜头剪辑与衔接可以伸缩自如。当然，也有像美国经典影片《正午》这种故事情节发展时间与电影放映时间相一致的电影出现。

一节课所公认的教学时间是不是我们普遍经历的那40或45分钟呢？是否我们在课堂上所看到的某几项教学任务的完成，就代表一堂课教学时间的呈现呢？在表面上由各项课堂操作所累积的时间，是否就是实际的教学时间？事实上，教学时间同样具有弹性化特质。特定的教学时间有可能体现出不同的长度效果，比如表面上的45分钟教学时间，或许能达到60分钟教学容量效果，也或许只有30分钟教学容量效果。教学时间在固定课堂时空里所表现出的相对伸缩性，会赋予课堂教学不一样的内蕴。

40或45分钟的课堂教学时间，更应被视作显性教学时间，我们对其间师生课堂操作行为及其时间段对应的感受是直观明显的。而在课堂进程中，有可能某个环节或某项教学任务的实施条件，已在课外实现了先行组织及准备，这样该环节或任务就得以在课上较顺利地完成。来自先行组织及准备的教学条件，原本应该或可以在课上进行，现在则在课外做完，于是这部分工作所花费的时间在课上就被节约了，但它作为和课堂教学任务密切相关的时间的确事先消耗过，这称为隐性教学时间。隐性教学时间与显性教学时间的叠加构成实际教学时间，但呈现给我们的只是课堂上那公开的能被体验的时间，这就是教学时间的相对延长。

例如，教师组织学生课前分组进行本市阶段时间内气温变化值调查，或空气质量资料收集，或机动车保有量调查，或个体私营经济情况观察，或汉语与英语词汇相互渗透在日常生活中使用情况调查，或不同阶层人士对某个问题现象的看法调查，等等，这些学习实践活动中学生所汇总的数据、报告等，可以成为地理、数学、物理、化学、政治、语文、英语等课堂教学的丰富素材。这些内容大部分也能在课上通过网络查阅获取，但这要花上十来分钟或者更多时间，而且缺乏体验性。于是，教师让学生将原本属于课堂探究学习组成部分的“现象体验与问题发现”环节，放在课外先行完成，课上则直接进入探究学习中的“问题研究与结论分析”环节，这样整个课堂探究学习部分的效率有所提高，课堂内完成的教学内容有所增加。教学时间在此由于常态课堂显性教学时间与学生课外实践活动所花费的先行隐性教学时间的累加，而得到了实际的相对延长。当然也须考虑到，隐性教学时间应在合理限度内适当安排，应是课堂教学内容或环节先行组织和准备之需要。否则，隐性教学时间的过度增加，反而会影响常态课堂教学的实施，甚至使得有效教学时间产生负增长，进而对教学效率产生消极作用。

在课堂教学过程中，来自课堂内部或外部的非预测性干扰因素有时是难免的，并可能造成教学环节的暂时性中断，比如像教师对课堂偶发事件的处理，对违纪学生的批评以及对课堂秩序的维持，对影响课堂的教室外人员或事件的即时应对，在某些非课堂话题上情绪化、倾向性的展开，等等。在显性教学时间内发生的这些行为所耗费的时间属于非教学课堂时间，因而实际教学时间应为显性教学时间对非教学课堂时间的扣除，这就是教学时间的相对缩短。虽然不一定能在每节课上绝对避免非教学行为的发生，但在显性教学时间固定的前提下，尽量减少非教学课堂时间，从而相对增加实际教学时间，的确是课堂效益的必要关注点，也是教师常态教学习性的改善点。

在某些时候，课堂教学中也会出现这样的情况，即由于教师主观上对某项教学内容阐释过多，或学生客观上对某个学习问题的理解参差不齐，导致全部教学任务未能当堂完成，于是，教师将某项教学内容顺延至下一次课上，或让学生课后继续完成。这不同于显性教学时间之内实际教学时间的相对延长或缩短，而是显性教学时间之外绝对教学时间的延长。这样做或许有时能深化学生对某些知识的领悟力，但除非有不可抗力因素，否则这会割裂课堂结构和知识体系的完整性，并增加学生负担，也不利于教学效益的提高。

我们在观影过程中常感受到，很多电影在数百个镜头的顺序连接中流畅地讲完剧情故事，这是电影时间的连续性。而有时镜头之间则不按照剧情顺序排列组接，由此让观众感受到剧情的张力，这是电影时间的倒叙或插叙。例如，影片《泰坦尼克号》先通过海底沉船的打捞过程牵出相关线索，再让那位老人以回忆叙述方式带出整个剧情，情节发展在过去与现在间穿插，这种插叙、倒叙性电影时间赋予影片一种凝重厚实感。教学时间亦可达到类似效果。

比如，教师按照“问题的发现与提出→问题的研究与解决→结论的获取与运用”思路去布排课堂教学格局，既符合学生学习规律，也能通过教学“制片”与教学“放映”的顺序性重合表现出课堂运行的流畅感，这就是教学时间连续性。反之，教师如果索性以结论的呈示作为教学序幕，并架构起“怎么会有该结论”的课堂悬念，引领学生在探究中反推问题，又回归结论的内涵及其实践应用，从而在首尾呼应的布局中，强调课堂学习的过程和重心，给人以正向知识与逆向求索的交错感，这是教学时间倒叙。就像《拯救大兵瑞恩》开场即是老年瑞恩在阵亡军人墓地沉思的镜头，这就已告诉观众瑞恩始终活着，由此通过倒叙将观众的观影重心拉向瑞恩获救的过程，从而凸显本片的英雄主义主题。所以，教学时间的连续性和倒叙，在不同的课堂教学及其课堂格局中具有不同的意义。自然科学课程由于其结论的公认性，可能在教学中采用倒叙方式，深化对推论过程的理解更适宜些；而人文社会科学课程由于其结论的开放性，可能在教学时间连续性上顺序推进课堂过程更好些。当然这些并非是固化的标准，如何选择教学程式当以教学效果为依据，但要视实际课堂教学状况而适时调整。

电影时间与空间架构起一个个影像故事，在流淌的电影时间里，随着镜头在各种方向上自由的推拉移动而形成的远景或特写画面，通过二维电影空间生动地呈现给观众。但电影在拍摄中则表现为真实的、可触及的人与物，在三维空间里向导演的呈现。这种电影空间变化的伸缩性和虚实性差异，在一定程度上为我们提供了在教学空间上的借鉴意义。不同于电影在三维空间拍摄和在二维空间放映之间的非一致性，课堂教学始终在三维空间展开，并具有教学“制片”和教学“放映”的一致性。也就是说，教学“制片”与教学“放映”同进同退，教学“产品”在哪里制作，也就在哪里同时展示。

教学空间可以在“内景”课堂与“外景”课堂之间实现整体移动与转换。无论是60～80平方米教室空间内的日常课堂，还是出于公开课目的而在观摩大厅等空间内的临时课堂，“内景”课堂一般都通过知识传递的规范性、复制性和密集性，表现出内层教学空间的闭合式特征。另一方面，教师可以引导学生以特定学习项目的设定为枢纽，将课内的学习活动迁移至教室之外相应的生活拟景或社会实景区域，即通过“外景”课堂中知识运用的实践性、真实性、有效性，展现出外层教学空间的开放性特质。“内景”课堂与“外景”课堂是同时并存于教师和学生周围的教学空间，需要怎样的教学“产品”，就在相应的教学空间里转换，并实现教学“制片”与“放映”同步。

从某种意义上说，如果“内景”课堂向“外景”课堂的空间迁移是教学空间的“嵌入式”转换，那么“外景”课堂向“内景”课堂的空间迁移则是教学空间的“覆盖式”转换。就好比景框是电影框架搭建的基础，它能使电影把许多不同空间的影像片断组合起来，还能对同一空间中各种不同部分予以特殊观照。这就是我们经常能在电影中看到不同场景镜头之间，以及同一场景中远景与特写镜头之间来回转切的原因。观众的确能从中体会到动作节奏感、信息全面性和画面层次感带来的电影魅力。

表面上看，“内景”课堂由于教室的封闭性结构，而呈现出教学的限定性和压抑感，实际上课堂教学通过师生的外部空间信息输入，能促进“内景”课堂与“外景”课堂的互动共鸣，由此实现教学空间的延展性、联动性、广博性。教师和学生除了在学校、在课堂里的角色定位外，还在其他平行空间领域里拥有不同的身份，比如他们还扮演着家庭成员角色、朋友角色、消费者角色、游客角色、社区居民角色、社会公民角色等。师生在其他空间的所见所闻、所感所悟，在当时状态下会被有意无意地吸纳入“记忆存储器”，成为体验性素材的一部分。当教师和学生进入“内景”课堂后，经由课程性质、教学主题、问题情境等课堂“开关”的触发，潜藏于记忆里的源自其他空间场景的素材信息，会在选择性提取中外现为课堂教学的特定资源。这也就是外层教学空间的不同片断，在内层教学空间的主题式重组，或者说是“外景”课堂在“内景”课堂的“覆盖式”转切。

比如，在人文语言和社会科学类课程的“内景”课堂里，一个结论、一组观点或一段表述，或许能激发起学生多重空间角色感。在街道广场上所见到的市民的某些行为，在新村小区里亲身经历的一件事，在购物、游览、参观时的现实体验，在与身份各异的人交往时的不同感受，甚或在家里通过电视看到的新闻事件等，都能在向课堂教学的资源输入中，连接成一个个基于学习主题的空间结点，并能让学生在外部空间切入点的随机性里，保持思维的开放性和观点的独特性。在自然科学课程的“内景”课堂里，情况也基本类似。一个科学原理，往往会唤起学生平常对很多现象事实的观察注意力，有时学生在不经意间接触到的某件事或物品，被从来自外部空间的记忆中撷取出来，成为夯实课堂基础的鲜活学习资源。

空间浸润着时间，时间支撑着空间；教学时间与空间融为一体，教学过程由此而铸就。或者说，教学过程是特定教学时间和特定教学空间的交叉重合，教师和学生的所有课堂操作活动，都有特定教学时间和空间的对应与承载，无论那段教学时间和那个教学空间是什么。这就如同，当多家影院同期放映同一部电影时，你看这部电影必然有特定时间段和影院相对应，或者你选择某家影院某个时段去观看的也只能是同一部电影，无论怎样，该部电影的自身放映时间和二维空间性及剧情是相同的，它当然不可能随着观影时间和地点的不同而有改变。所以，教学过程可以在不同时间段的“内景”课堂或“外景”课堂运行，而架构教学过程的教学时间和空间则是特定的，并由此诠释着特定的课堂教学内涵。

课堂教学发生在特定的时间和空间，教师和学生的每一个教与学的操作行为，以及双方之间位置关系和运作区域的表现，共同推展为教学时间与空间。这是教学“制片”与“放映”在教学过程上的同一性。

3.2 教学语言

教学语言是教师实施课堂教学以及同学生进行课堂交流时所运用的特定语言。它有这样几个特点：(1) 民族性，教学作为民族文化与价值观的传承行为，带有鲜明的意识形态色彩，民族官方语言往往顺势成为教学语言，比如汉语是中国大多数课堂里的教学语言，当然也有少数民族教学语言；(2) 普适性，要能让课堂内所有学生听懂，那就是说在民族性基础上还要顾及规范化，比如不单是使用汉语，还应注意普通话标准性应用，尽量避免方言发音；(3) 专业性，这并非指不同课程中的专业术语，而是基于教育规律的严谨科学的语言表达，或者是教育学和教育心理学下的课堂表述技艺；(4) 功效性，教学语言要能引导学生的学习状态，激发学生的学习热情，并避免随意性、低效性。

教学语言一般是指口说而非书写的形式，它不是教学“剧本”里的文字表达或是课案设计里的书面蓝图，它必须是伴随教师的教学操作而同时述说出来的。这如同电影与文学的搭配融合所赋予电影语言的延伸意义，即影像、音乐、声效和角色对白的并置，架构起电影语言的叙述方式。比如，同一句人物话语和喜悦的神态、忧愁的神态、惊恐的神态、坚毅的神态或一个特定场景、一件特殊物品并列呈现，其电影语言的意义表达都是不同的。实际上，电影重视觉而戏剧重对白，也就是说电影的美学效果可以自如地通过各种视觉元素在摄影调度下以全景或特写的方法来表现，而戏剧的美学效果主要源于人物的对白和动作，剧场舞台相对于观众是全景或远景，所谓舞台戏剧特写基本上要靠语言来表现，例如在《哈姆雷特》中，观众从哈姆雷特的大段独白和对白中，知悉了他对杀害其父亲而篡位的叔叔克劳迪斯的态度。当然，很多情况下，电影语言是影像和对白的并置统一。

教学语言其实也应视作叙述语言和动作语言的交融并置。课堂教学作为知识的呈现、传递行为，总要在教学语言的运用下进行，或者在清晰详尽的讲解阐释中，用叙述语言让学生汲取知识，或者在条理严谨的动态板书、直观明确的展示演绎乃至生动形象的体态变化中，用动作语言让学生理解知识，或者在两者兼顾中实现教学的效益优化。教学语言是课堂信息传达工具，由此提供学生更多的自由学习空间。

通过口说的教学语言如果能精确地传达信息，完成知识的课堂叙述，则不一定再借助动作语言予以重复，这往往也是节约时间，并达至教学时间相对延长的需要。而有时情况相反。比如，教师已通过一个课堂实验的公开演示，向学生描绘了该实验过程的细节，嘴里就没有必要再字字句句地进行重复了；或者，教师通过多媒体视频播放，向学生展示了一个现象、事件、活动等的来龙去脉，也就不必再口头重复说明了；或者，教师通过醒目的板书归纳，向学生强调了某个重要观点、结论，同样不必反复予以述说了。在这些形态下，叙述语言应尽量让位于动作语言，达到一种“此时无声胜有声”的学生注意力引领效果。

叙述语言和动作语言各有相应的优势去体现教学语言的功效，它们就如同戏剧的对白特色和电影的视觉特色分别向观众传达信息和剧情一样。很多情况下，教学语言通过叙述语言和动作语言的交叉并置，更大程度地发挥其推进课堂教学的作用。当教师在用动作语言向学生呈示知识、现象、事实时，同步并置的叙述语言当然不应是这些内容的“传声筒”或“复述机”，而应就这些内容的背景信息、后续发展、设疑释疑等拓展方面进行恰到好处地表达，这就相当于教学“音画同步”，提供学生多重学习信息，赋予课堂浓厚、生动的探究氛围和动感色彩。比如，一个物理实验的操作演示伴随一个原理定律的介绍，一段扣人心弦的视频新闻的播放和一个发人深省的社会问题的提出的并列，一首动听的音乐融入一段深情的诵读，或者手势、步态、站位、表情的动作变化配以知识诠释时的轻重缓急，等等，都能让叙述语言与动作语言在并置中产生不同的意义，教学语言因此而丰富多彩。

一般来说，课堂实录能较忠实地记录教学语言，甚至把教师说的每句话都记下来，以供课例研究所用，但却很难或不能书面还原教师使用叙述性教学语言时的语气、音调、节奏、情绪等。这就如同电影潜台词一样。事实上，电影的语言运用要比文学以及剧本化的书面文字更细腻复杂。电影演员常能通过声音的抑扬顿挫、高低起伏甚或断句、停顿、迟疑、含糊等变化，造成各不相同的效果。即使书写语言里可以用不同字体、标点、发音记号等强调某些文字或语句，但总没有渗透口语韵律的口说语言来得蕴涵丰富。同一段电影对白或独白，不同气质、嗓音、情感的演员完全可以演绎出不同的银幕效果，甚至一些电影和戏剧表演都精通的演员，能在一个看似简单平淡的句子里变换出多种意义。

比如，电影《建党伟业》中有这样一段情节，中国代表团出使巴黎和会，原想收复山东的目标落空，列强将原德国强占山东时的权益全部转让给日本。镜头先后两次表现了中国代表顾维钧（陈道明饰）在会场的举动。先是他为中国据理力争时说的话：“中国不能失去山东（强音，激昂）！就像（长音，停顿）——西方不能失去耶路撒冷（清晰，平实）!”其后的镜头是反映中国外交失败，各国代表在和约上落笔签字，顾维钧拒绝签字，缓缓扫视会场内各国代表，并说出下面这段话：“尊敬的各位代表（坚定，平缓）！你们凭什么把中国的山东省送给日本人（一字一句，清晰，长音）?！我很愤怒（缓慢，低沉）！中国人（停顿），永远不会忘记（停顿）——这沉痛的一天（低缓）!”这些都是该片呈现给观众的实际影像画面。如果换成另一种方式，即这些话语全由演员用高音和较快语速慷慨陈词般地倾泻而出，或许也能表达爱国情感，但这种同一语调、节奏和音律的台词表述，带给人们更多的是刻意而为之的略显做作的情绪宣泄，而不是悲愤民族情感的自然流露和不卑不亢民族尊严的有力表达，实际上此时此处需要的正是这种真情实感的叙述，这赋予影片极大的张力，并由此衔接起波澜壮阔的五四运动的系列镜头，构筑起电影丰富的层次感。

影片《建党伟业》里中国代表顾维钧在巴黎和会上的一段独白，通过语气、节奏、音律的变化，赋予该场景震撼人心的张力。语言对于电影的意念表达作用很大，当然不仅是口说语言，也包括动作体态语言等。

教学语言的表述同样如此。教师在通过板书或多媒体屏幕显示向学生作知识点的归纳、小结时，可以利用斜体、粗体、不同颜色字体或画线、加框等方法，强调其中的重要词句或关键概念，这种视觉调动性教学语言自有其特色，但这需要学生及时记录予以配合才能达到更好的效果。教师亦可以把凸显关键词句时的字体、线框，用整体叙说与诠释中的发音变化和节奏调控来取代，这种听觉调动性教学语言通过特殊微妙的语言符号，明示或暗示某个知识点、某个观点结论的内核所在。所以，教师在对一个事实、现象进行叙述时，特意在某个细节上停顿、放缓，可能就会触发学生的思考；或者，教师在读到文章中有关某个人物性情描述的语句时，明显变换语调、音高、速度，可能会让学生有身临其境的体验感；或者，教师在说出某个观点时带有些许模糊、质疑语气，可能就会引发学生的学习悬念并激发其探究热情。

教师对教学目标设定的不同，对教材解读视角的差异，对课堂氛围营造目的的不同，对学生学情分析定位的差异，以及对教学环节与步骤设置的不同等因素，往往也会影响到叙述性教学语言的效果。即使是同一课题中同一知识点的教学，甚或是同一概念、论点、素材、资源的叙述，教师基于上述不同要素而作出的语言处理是不一样的。有时候这位教师用中等语速和稍高语调一气呵成地说出一段话，并用相同方式重复数次，而那位教师则在起伏的音调和字句的拖长音产生的间隔里说出同一段话；或者，这位教师对一个重要概念、一段材料的表述是用重读音强调了某个词汇、句子，而那位教师则用另一个词汇、句子的停顿强调表述了同一个概念、同一段材料，等等，不一而足。这些都是特定教师通过叙述语言的不同手段，传达给学生的不同思考侧重点，由此带来他所需要的课堂效果。因此，是教师在叙述语言中赋予教学内容特定的教学意义。

教师对教学内容的讲解、诠释类似于电影语言中的独白技巧。独白经常用在纪录片中，即画外音旁白，由解说者（实际上是导演思想表达者）通过叙述向观众提供依附视觉的事实信息，当然这种旁白需要避免对画面影像的变相重复，而是要传递补充信息。观众由此获得两种信息，即具象的视觉信息和口述的抽象信息。也就是说，教师可以通过教学“旁白”，实现教学主体知识呈现和教学延伸知识补叙之间的统一。赖以承载课堂教学目标的教材主干知识，是教师用叙述性教学语言呈现的“主画面”，而类似于背景、来源、变化、发展等方面内容，则是依附于主干知识的延伸。教师根据教学“主画面”的影像发展，适当地予以同步信息补充，是课堂教学具有深度和广度之需要。

剧情片里有时也恰到好处地运用独白。内心独白就是极具感染力的电影语言工具之一，它能向观众表现角色的思想。例如劳伦斯·奥利弗版《王子复仇记》中，哈姆雷特那段著名的“生存还是死亡”的内心独白，将个人的沉思和内心想法的表达完美地结合在一起。旁白在剧情片里则常常有叙述者（可以是剧中某个角色，也可以不是）的主观色彩，有时也出于浓缩事件和时间的目的。例如，《肖申克的救赎》中，自始至终都是瑞德这一角色在作旁白叙述，由他的主观态度说出整个故事情节，尤其是带出悬疑，从而引出最后主角安迪的惊天计划及奇情转折，使影片极具冲击力。独白或旁白的这种主观性特质，往往表达出角色的评论意向，而常常也是导演自身的意向传达。

教师可以通过教学“独白”，实现呈现知识的真实和看待知识的真实之间的融合。作为人类文明发展成果的各科知识，教师理应以严谨求实的教学态度传承给学生，这是呈现知识的真实；同时，每个教师由于教学风格、思维视域、观念意向等方面的不同，导致对学科知识在应用价值、效果、前景、方向等问题上的不同看法，因而可能在课堂上向学生表达评论性观点，这对教师而言的确是其真实意念的表述，这就是看待知识的真实。当然，对于知识的这两种“真实”，教师应在教学语言的运用上，恰当处理好绝对性与相对性、主导性与次生性、引领性与开放性的关系。

我们看不同类型的电影时，常会感到角色的对白和其行为表现、生活状态较匹配，就是说对白的风格化处理同影像的格调相吻合。比如，像《低俗小说》、《落水狗》这样的黑帮电影里角色对话的粗俗语言，《金色池塘》、《秋日奏鸣曲》这类表现家庭亲情电影中角色的温馨对话，《少林足球》、《功夫》这些喜剧影片里人物对话的疯狂搞笑，各自就显得很对味，否则错位的电影对白就会使观众感到困惑及不和谐。

同样道理，教师使用教学语言并非要求每堂课从头到尾甚至在所有课上遵循同一格调，或者一味强调规范化、严肃性等所谓“原则”。有时在一堂课的不同环节，或是目的指向各不相同的课上，教师与学生之间展开的课堂对话，可能是较理性的话题，也可能是感性化更突出些，又可能是生活化的幽默话题，还可能是具有争议性的敏感热点问题，于是，师生之间互动交流的叙述性语言，就该随着主题内容的变化而灵活调适。无论是理性的言辞、随和的话语、轻松的玩笑还是审慎的措词等，只要和师生对话题材相适应就是合理的。教师运用教学“对白”实际上也就是在叙述性教学语言与学生学习性语言间建立语言的课堂连接，在基于问题探讨的互动对话中，既展现语言韵律下的课堂魅力，又铺就师生思维伸展的空间。

有些电影故意摒弃官方语言，而采用方言去表达一些特殊含义或意义。电影中的方言传达人物颠覆的意识形态，因其说话方式不合官方标准，被视为下层民众所流通的缺乏权力和威严的语言。如果放在课堂教学角度看，除非有不可抗力，如师生从未接受过官方语言培训等因素，或有特定目的，如某节课正是以方言文化为教学主题等外，教学语言采用方言是不妥当的，无论是教师“独白”还是师生“对白”，方言的使用让人恍如置身市井街坊的境地，这种怪异的感觉非但不会形成生活化课堂环境，反而使课堂传播社会文明的圣洁氛围荡然无存。如同作为大众娱乐艺术的电影，若全用方言则只能服务小部分受众，而排斥了绝大部分观众。我们很难想象《辛亥革命》、《建国大业》等影片中的历史人物全用方言对白，会是什么样的荒谬景象，历史的沧桑感、影像的震撼力将被语言和场面的滑稽感取代，电影会变得不伦不类。就像不能一味追求真实而让电影人物用方言对白，从而使影片脱离广大观众一样，课堂教学也不能在方言的随意性使用中，失却应有的民族文化精神力和内涵底蕴发展力。

教学语言之于课堂类似于电影语言之于电影，具有较明显的风格化、标签化特征。当然，语言并非仅是指口头语言或书面语言，它涵盖了能将人的内心思想或看法反映出来的各种表达方式。电影语言是这样，教学语言也是如此。电影语言虽然偏重视觉信息，但也通过声音信息的融合，共同向观众表现更佳的音画效果。电影语言实际上是由摄影调度统合而成的影像和声音（包括对白、独白、音乐、声效等）两大部分的并置，是一种广泛意义上的电影信息表达系统。

教学语言同样是广义层面上的课堂信息表达系统，并非只是狭义上的口述化语言。由教师的口头表述语、口语韵律应用下的话语效果以及师生对话交流等构成的叙述语言，和由形态举动、板书与媒体演示以及直观场景展示等构成的动作语言，在相互适切的并置中赋予教学语言更丰富的蕴涵。教学语言的运用既不能过于随意，也不应墨守成规，它既是教学工具化体系的基本部分，又是课堂人文性内质的重要基石。如同观众观看不同影片需依赖电影语言的信息传递一样，学生进行课堂学习同样依托教学语言的信息呈现与意向表达。特定教学时间和空间的交融铺陈出特定教学过程，而教学语言则是支撑、充盈特定教学过程的课堂生长素，也就是说，教学语言的灵动性赋予课堂教学蓬勃的生命力。

生动丰富的教学语言能焕发课堂的生命活力。教师的口说诠释、师生对话等叙述语言，和体态动作、板书表达、场景演示等动作语言，都是教学语言的组成部分。

3.3 教学“镜头”

镜头是电影构成的基本单位，它是摄影机在一次开机到停机之间所拍摄的连续画面片断。一个个单独的镜头被合乎逻辑、富有节奏地组接起来，就能产生连贯、联想、对比、衬托、悬念等效应，由此向观众讲述故事情节并表达主旨思想，从而形成一部易于理解的流畅生动的影片。镜头组接成为电影的基本构成方法和独特表现手段。

课堂教学奠基于教学“镜头”，它经一个个各具特色的教学“镜头”组合衔接，构成富含深意的完整教学过程。课堂教学在通过教学“镜头”传递各种信息的同时，表达着渗入其中的教学理念。教学“镜头”由此成为课堂教学赖以实施、推进的基础单位。单一教学“镜头”强调课堂局部或特定操作行为的目的、作用，并置或连续性教学“镜头”则彰显课堂整体的宏观效果和愿景追求。

教学“镜头”可以理解为某个课堂操作行为从启动到结束之间的各种持续性内容表现。课堂操作行为包括教师的教学行为、学生的学习行为和师生的互动行为，教学“镜头”由此相应分为教师主控性“镜头”、学生主控性“镜头”和第三方视角“镜头”。

教师主控性“镜头”是由教师的教学意向所决定，并在教师主导控制下完成的某个课堂操作行为的连续性内容呈示。这些“镜头”包括知识表达、资源选配、实验演示、观点诠释、问题设置、板书演绎、示范引领等丰富多样的内容，也就是说，一个个单独的教师主控性“镜头”，在一堂课里连接成完整有序的教师教学行为“画面”，实现向学生的系统化知识传递。实际上，教师主控性“镜头”就是学生视角下以教学为核心的教师课堂操作行为的展现。

学生主控性“镜头”是在学生的学习意愿支配下，并由学生主导完成的某个课堂操作行为的连续性内容显示。它既包括由学生自己触发并实施的内力推动型课堂学习场景，如学生向教师的疑难提问、相互之间的自发性讨论、对学习素材的自觉读解和学习问题的自然求解等内容，也包括由教师安排而由学生实际运作的外力促进型课堂学习场景，如小组合作探究、分组课堂实验或课外调查、组际交流或学习成果展示等内容。也就是说，无论是学生内力还是教师外力去启动某项课堂操作，该操作的连续性“画面”是经由学生个人或群体的意向行为“摄取”并表现的。学生主控性“镜头”实际上就是在教师视角下，以学习为支点的学生课堂操作行为的显现。各不相同的学生主控性“镜头”，构成学生学习行为的多彩“画面”，实现指向教师的即时课堂学习反馈。

第三方视角“镜头”是在实际或潜在观课者视角下，经由不同观察位置所“摄取”的师生课堂操作行为的“画面”片断。所谓“当局者迷，旁观者清”，教师和学生身处课堂场景内，各自以自身视角看待对方的操作行为，而缺少一个全局视角支点去架构师生互动全貌的课堂“广角镜”。也就是说，当教师和学生的互动课堂操作行为在同一教学“画面”中并存时，能将该“镜头”完整“摄取”的并非执教者本人，而是环绕于课堂四周不同方位的实际或潜在观课者。比如，教师在执教公开课时，往往有不少同行或教研员坐在课堂不同位置，从他们的视角里可以看到师生互动的课堂整体面貌，以及师生分别基于对方操作行为的即时反应与跟进，这种第三方视角“镜头”能通过对课堂全局和部分伸缩自如的观察，向观课者展现在课堂任何一个教学环节或任务上，师生之间共同完成的场景效果。即使没有观课者，那种设想课堂内存在观课者的潜在感觉，实际上犹如一架或数架机位不同的教学“摄影机”，从不同角度“拍摄”着教师和学生课堂操作的每个细节。第三方视角下的“镜头摄取”，在一定程度上能引领、帮助教师调适教学距离、区域空间、互动操作等场面调度因素，从而通过教学“深焦镜头”的“广角摄影”，同时捕捉师生行为的远、中、近距离，并维持课堂空间的完整性。第三方视角“镜头”提供教师全程、整体、深度反思课堂教学的“画面”素材。

镜头作为电影的基本单位，其长度根据所摄内容而定。一般而言，平均每个镜头长 10～15 秒，而短的甚至放映不足一秒钟，长的放映数分钟，极端的甚至可达数十分钟之久。一部一个半小时至两小时的电影，一般由 400～900 个长短不等的镜头组成。像动作片、喜剧片、歌舞片、恐怖片、武侠片等电影的镜头相对数量多一些，平均每个镜头的时间较短；而像伦理片、历史片、爱情片、剧情片等电影的镜头相对数量少一些，平均每个镜头的时间较长。当然并不绝对，有时也要视导演的风格或观念而定。在电影片长基本一致的情况下，如果大部分镜头的时间都较短，则镜头数量就多，那么影片的节奏感会较强，画面转换快速凌厉，视觉冲击力强，给人以紧张、兴奋、随动的感觉；反之，如果大部分镜头的时间都较长，则镜头数量就少，那么影片的节奏会较舒缓，画面转换缓慢朴素，视觉效果平和，给人以沉稳、抒情、淡定的感觉。电影的内涵尽在镜头语言中。

一个个镜头构成一部电影，每个镜头都有其含义。剧中角色本身可以形成动感，比如《罗马假日》里公主与记者共舞的镜头，摄影机对着他们拍摄，观众也会在银幕下跟着分享男女主角的喜悦。不同镜头之间的衔接同样能带来电影画面的运动感，由此向观众讲述故事。

同样，教学“镜头”的长短为课堂注入不同的个性，为教学带来不同的质感。在课堂时间同为40或45分钟的长度下，教师一般在新课导入、新知呈现、当堂巩固、拓展提升、课堂小结等环节或板块的衔接中完成一节课的教学任务，当然，不同教师在教学板块设计上有所增加或减少也是可能的，总之，教师会经他认为适当的教学环节走过40或45分钟的课堂时间。教学环节或板块并不等同于教学“镜头”，它类似于电影中的情节构成，就像一部电影在讲述一个完整故事的过程中会包含数个或数十个情节，而每个情节在拍摄时又会由数个乃至数十个镜头组成，因而既可以说一部电影由数百个镜头组成，也可以认为由数十个情节构成。

任何一堂课都由数个教学环节组成，每个教学环节也都由数量不等的教学“镜头”构成。根据决定教学“镜头”长度的某个课堂操作行为从启动到结束的“摄取”内容，教学“镜头”或者较长，或者较短，其伸缩度是很大的。有些教学“镜头”短到只有数十秒甚至数秒。比如：教师对某个概念的简释，教师的课堂提问，单个学生的发言，师生就某个问题的简短交流，几幅图片或某项实物的展示，等等。有些教学“镜头”则有数分钟、十几分钟乃至更长时间。比如：教师在某项知识点呈现上的阐释或对某个问题的详解，课堂实验的演示或课件视频的播放，学生的分组讨论，学生进行的当堂巩固练习或测试，等等。

教学“镜头”的长短除了和课堂操作行为“摄取”内容有关外，还和教师的教学个性与观念密切联系。比如，有的教师在基本知识呈现、问题设置或情境演示、与学生互动交流等环节上，给人以清晰、稳重、平缓的感觉，表现为语言表述慢条斯理，操作演示不紧不慢，和学生对话耐心平静并留有余地，总之各方面都是丝丝入扣，显然在这样的课堂里处处都有教学“长镜头”，虽然耗时长而显得数量不多，但却赋予课堂舒缓的节奏。而有的教师在上述环节中则给人以雷厉风行的感觉，教学语速较快，表述简约集中，不是只和少数几个学生进行内容过多的对话，而是和尽量多的学生展开频繁但不一定过深的交流，演示或操作简洁利索，这些耗时少的教学“短镜头”在课堂上就显得数量多，一个接着一个使人目不暇接，赋予课堂酣畅的韵律。当然，也有些教师在课堂上交替使用教学“长镜头”和“短镜头”，让课堂在张弛有度的节奏中彰显教学风格与个性。

教学“镜头”无论是长是短，抑或中规中矩，并无优劣之分，它归根到底是课堂操作行为各具目的与特色的内容显示。这位教师在新课导入环节的一个教学“长镜头”运用，有可能被另一位教师作为几个教学“短镜头”处理。或者那位教师在课堂巩固环节，通过连续提问众多学生而频繁应用快速多变的教学“短镜头”，让学生在情绪紧绷的氛围中始终处于紧张思索状态；有可能这位教师处理成只面向全班设置一两个深度问题，通过细水长流般的少而精的教学“长镜头”，引领学生在和缓的气氛中开放学习思维并获得整体提高。

在40或45分钟课堂时间一定的前提下，教学“镜头”的长度越短，相对数量则越多，课堂节奏一般较快，学生的个体参与率和感性认知率更高一些；教学“镜头”的长度越长，相对数量则越少，课堂节奏一般较慢，学生的整体参与率和理性认知率更高一些。教学“镜头”的长短或多少主要受课堂操作行为和教师教学风格的影响，它与课堂容量、效率之间无必然联系。教学“镜头”的长度或数量处理，只要同课程的内在需要、学生的学习特质、教学的实际目标相适应，就是可取的。就如同香港动作片大师吴宇森那部著名电影《辣手神探》里，既有令人应接不暇的短镜头间的凌厉组接，又有一段长达近三分钟一气呵成的走廊枪战长镜头，给人以酣畅淋漓之感。很多电影镜头运用的道理与此相当。

电影镜头除长度的不同外，还有景别之分，即摄影机在距摄影对象的不同距离或用变焦镜头所摄成的不同范围的画面，一般分为远景、全景、中景、近景和特写。远景主要表现远距离的人物和广阔范围的空间环境，全景往往表现人物全身及周围环境，中景用于表现人物膝盖以上部分，近景则表现人物胸部以上部分，特写着重表现人物、物体或环境的细微部分。各种景别功能不同，但相互依托，共同架构起层次分明的影像世界。远景多半是外景，且可以显现场景所在，并为较近镜头提供空间视觉参考，常见于史诗类电影。全景在电影中较复杂，一般范围大致相当于观众与剧场舞台的距离。实际上远景和全景都能整体展示人物行为与精神气势，在描绘人物与广阔环境的关系以及意境气氛等方面具有突出表现力。中景常用作延续运动、交流对话等说明性镜头。特写、近景表现内容集中、描绘细致且具有突出与强调作用。尤其是特写镜头，虽然很难显示其场景，但能将对象放大很多倍以上，由此夸张事物重要性，暗示其象征意义。

课堂教学可以形象地视作是基于课案设计，并在课堂“场面调度”运作下进行的教学“制片”过程。课堂“摄影机”潜藏于教师、学生以及第三方观课者的头脑里，并随教学距离和区域空间的不同而游历、架设于课堂的不同位置，经教师主控性“镜头”、学生主控性“镜头”和第三方视角“镜头”的交融并置，从多重视角展开、推进并完成教学“摄影”。在此过程中，教学“镜头”的“景别”效应通过教学“远景”、“全景”、“中景”、“近景”和“特写”的“摄取”，赋予课堂教学清晰的层次感和丰厚的意蕴。

教学“远景镜头”一般是从较远距离对课堂操作行为的“摄取”。它可以是在“外景”课堂里，教师引领学生对远离教室的现实社会场景，予以观察、感受、体会、认知等学习行为的体现。它也可以是在“内景”课堂里，教师与大部分学生之间处于公众距离上的教学呈示和学习内化行为的表现。教学“远景镜头”可以在整体上展示师生的课堂精神风貌，并建立起课堂教学的基调和框架。

教学“全景镜头”主要突出教学“景框”内师生以及各项课堂元素的齐全或并行，而不一定是教师与学生或学生与学生之间在教学空间里的相对远距离。教学“全景镜头”是基于实际或潜在观课者等第三方视角下的课堂操作行为的“全景式”客观记录。也就是说，教师及其每个教学细节，每个学生及其所有学习细节，以及课堂装置、环境氛围等内容，都能在任何课堂时间内置于第三方视角下的教学“景框”里。教学“全景镜头”可以发挥导引教师完善课堂布局与进程的潜意识效应和隐性作用。

教学“中景镜头”一般用于展现师生之间在社会距离中的互动交流行为，或者不同学生相对于其他学生的课堂学习操作行为。课堂里随处可见教学“中景镜头”，比如教师走下讲台到学生中间进行知识呈示或师生对话，学生之间进行分组实验或小组探究，学生学习成果或讨论结果的课堂分享与交流。各种课堂操作行为的正常运作与延续、课堂教学内容的充实以及课堂各环节或板块之间的顺畅衔接，很大程度上通过教学“中景镜头”予以实现。教学“中景镜头”往往发挥着课堂逻辑纽带作用。

师生之间在社会距离上的互动行为，以及不同学生之间的学习操作行为，往往通过教学“中景镜头”展现。当然，教学“中景镜头”也可以在特定的第三方视角“镜头”下，成为受关注的主要部分，这因人而异。

教学“近景镜头”常用于表现个人距离或亲密距离下的讨论、演示、观察、认知、示范、交谈、检查、帮助、合作等师生课堂操作行为。这对提高学生学习的投入度、重视度、细致度，增强教师教学的反馈性、针对性、民主性，具有积极意义。教学“近景镜头”凸显教学距离的拉近、学习资源的贴近和教学对象的靠近，它实际上是每个课堂参与者，以心理近距离视角看待或感知其他人课堂行为状态片断“画面”的外现。

由于课堂参与者方位的不同，教学“镜头”可以在相对视角下转化为教学“近景镜头”，它可以表现个人距离或亲密距离下的师生课堂操作行为。

教学“特写镜头”主要强调课堂视线在教学或学习环节细微之处的聚焦。当然，这种聚焦并非真如电影特写般将镜头内的物体或人物细节无限夸大或放大，给观众以紧张压抑的情绪不稳定感。教学“特写镜头”是在教学时间运行的某一段或某几点上，集中调动起学生或师生对特定课堂操作行为及其重要细节的导向式视觉与思虑关注。比如，对某个重要知识点或基本结论通过语速、语气、语调、表情或板书、图表线格等方式的强调，对某段图文视频的集中播放、观看或分析，对某个易错题的集中纠正或重点说明，对某个热点或争议问题的共同讨论，对某项操作技能的多次示范或练习，等等。实际上，教学“特写镜头”更多发挥的是课堂演进过程中的细节强化与互补跟进作用，既保持教学“画面”的逻辑流畅性，又兼顾课堂局部“影像”的特殊意义。这就如同一部电影的同一段情节中，既用全景、中景交代事实经过，又用近景、特写描绘细微之处，使观众不会感到画面枯燥乏味，而是生动丰富。

教学“镜头”的运用对不同的教师而言是不一样的，就像电影镜头的差异从根本上说并不是由摄影机距被摄对象的远近决定，而是由电影景框内所容纳的素材的多少决定的。某个导演拍摄的中景有可能被另一个导演处理成特写，或者某个近景镜头在那位导演看来是适宜的，而在这位导演手里则拍成远景镜头。这样的例子在电影里是非常普遍的。

同理，教学“镜头”应用的差异归根到底由教学“景框”内并存容纳的教学元素所决定。每个课堂参与者都可以用内心的教学“景框”对课堂素材进行合理选择或取舍，形成教师主控性“镜头”、学生主控性“镜头”和第三方视角“镜头”共同“摄取”下的教学“制片”过程，并在教学“远景”、“全景”、“中景”、“近景”和“特写”的“镜头”转换中，以及教学“常规镜头”、“短镜头”和“长镜头”的组接中，表达各种教学意向和学习愿望，从而在丰富多彩的教学“镜头”中同步完成教学“放映”过程。也就是说，课堂内涵通过教学“镜头”的流畅衔接，释放和外现于“制片”与“放映”同一性的教学过程中。

无论在教师主控性“镜头”还是学生主控性“镜头”下，教学“远景镜头”往往都是表现教师与大部分学生之间在公众距离上的教与学的行为。如果在第三方视角“镜头”下，教学“远景镜头”实际上也是教学“全景镜头”。这基本上是在整体展示课堂面貌。

学生成为教学构图的中心焦点，能够借助教学“景框”的调度，实现教学“镜头”从“远景”、“中景”到“近景”、“特写”的转化，带动学生的学习热情。

3.4 课堂“运动感觉”与教学“运镜”

电影通常被视作影像传播的媒体和语言系统，而电影的运动意义则是其最重要的支撑和依附。电影的运动和影像类似，既可以是纪实性的实体表现，也可以是风格化的抒情表现。电影通过镜头运动和被摄对象运动的结合，来增强画面的视觉动感和美感，使影像表现力更富艺术气氛与节奏，并传达出动作的象征意义或隐喻。

课堂是传播文明的场所，很多人视知识传承的严谨性为课堂秩序的严肃性，过于强调课堂教学的纪律化、规范化，认为学生就该安静地坐在各自位置上汲取知识，或者教师就应坚守自己那一方天地稳妥地传授知识，即使有双方的教学和学习行为，那也只是孤立的动作表现，而非知识的自然流动带给课堂的“运动感觉”。在这样的课堂里，知识的获取即使丰富，也不见得是好事，知识的汲取应该是能力发展的载体。所以，教学与学习的僵硬，常常造成日后学生进一步成长中的“后劲不足”。

当然，“静态”课堂不一定就没有教学的“运动感觉”，或者“动态”课堂不一定就有教学的“运动感觉”。课堂“运动感觉”归根到底是知识运动串接下的师生思维互动带来的动感学习氛围，它并不是师生各自课堂操作行为的平行叠加。有时候，看上去教师的讲解和学生的讨论很热烈，但如果这样做只是为了推导出一个知识结论，那么“动态”课堂并没有“运动感觉”，因为这是用刻意的“动”去获取“静态”的固定知识。反之，有些课堂看上去很平静，实际上教师和学生都在进行主题思考，那是用已知的“静态”知识去引导师生进行新的拓展学习，这就形成了“静态”课堂的“运动感觉”。

课堂“运动感觉”源自教学的运动，它不是知识目标指向性的学习追求，而是由知识教学与学习过程所铺就和推展的思维互动与思想历练的课堂表现形态，并由此传达出动感课堂的意义。教学的运动是用以表达课堂内涵的，无论是如实呈现实体知识的纪实性课堂操作，还是专注表现课堂意念的个体风格化举动，都应该是服务于学生成长的率真目标和课堂升华的本真愿望的。也就是说，所有的课堂动作都不应为追求动感而采用，否则就是杂乱无序的“盲动”，那也会失去课堂“运动感觉”中跃动的深意。

师生课堂操作行为在教学时间与空间里的运作，可以看做是课堂的“自然运动”，这种“运动”更多的是在教学时间的自然流逝和教学空间的自然置衬中教学任务的完成过程。在此过程中，“静态”课堂和“动态”课堂是相对的，它随教师和学生处理教学环节时的“意向运动”的程度和方向而转化。课堂的“意向运动”一般是教师相对于学生以及课堂装置之间的距离、区域和关系的动态变化，表面上看是人与人之间的活动，实际上是思想与思想的互动联系。教师意在通过“行”动牵引“心”动，有时看似不露痕迹的动作行为却渗透着带动学生学习思维的目的，就像在教室里不经意的走动路线、学生分组讨论及交流发言的安排、师生话题探讨与对话的位置关系等等，都可以反映、传递出教师个性化、特色化、风格化的教学观念和课堂期待。

从学生的视角来看，教师的课堂动作及其与课堂装置的联动关系，实际上形成了教学“景框”内的“场面调度”意义。比如，有的教师喜欢以讲桌为中心，在讲课过程中两边来回走动，这可能和习惯举止、情绪释放等因素有关，但过于频繁也会影响学生的注意力。实际上如同电影景框内上下左右的动作布置所潜藏的含义一样，教师对某个知识点的诠释伴随着自左至右的适当的行走动作，或者在黑板上用从左到右的板书演示同步相伴，这会让学生在心理上感到自然。教师让多名学生回答问题时，也可以适当采用自左至右的顺序，假设课堂里学生共有纵向八个小组，随意让每组第三个学生，按从左往右的方向依次作答，这可能要比单个小组从第一个学生到最后一个学生依次回答的做法，心理压力相对小一些。总体来说，这些根据课堂态势合理运用的动作方向，比较符合人们从左向右的视线习惯，同时在教学“景框”里产生学生视角下的舒适感。

教师有时候在上课伊始就以生动新鲜的多媒体视频引入课题，然后按部就班地实施教学过程。视频播放会吸引学生视线并活跃课堂气氛，也带有一定的动感特征，学生从黑板上方投影幕上看完视频后，眼光回落到教师身上，进入相对“静态”的学习场景。当然反过来也会产生另外的效果，比如教师先以问题或疑问引起学生的思考，再以直观素材如视频播放拉动学生的探讨活动，学生的视线焦点是从讲台、教师到屏幕、视频，实际上也是从问题悬念到现象感悟，形成符合逻辑的思维运动。也就是说，表象上学生看到或关注的内容顺序，比较符合人们由下往上看的视线习惯，这也就反映出教师微妙的教学动作所传递的课堂“运动感觉”，这就如同电影景框里垂直向上的动作象征自由、希望、权威等意义一样。

除了上下左右运动性外，教学动作也可通过前进或后退表现一定的意义。就像我们在看电影时，眼睛基本上认同于摄影机镜头，角色动作的移动实际上代表着与观众的关系。比如，较吸引人的角色靠近我们时一般代表亲切、友善等感觉，反之则可能是富有敌意或紧张感；不过总的感觉是，面向摄影机前进的动作常体现动作者的力量和自信。而无论是角色走远，还是镜头拉开，自摄影机镜头后退的动作常常代表压力减轻或张力减少，不少电影结尾往往这样表现。

如果将师生课堂操作行为比作教学“制片”或“摄影”，教师和学生心中就相当于各有一架“摄影机”从不同视角看待课堂动作及其特定关系。以学生“摄影镜头”来看，当教师提出一个问题或给出一个现象，要求不同的学生予以分析回答时，学生会感到某种思维运动通过问题呈现从教师处传递过来；尤其是当教师从讲台走下来，要求某组学生从前往后逐一作答时，随着教师向每一个学生座位的逐步靠近，学生更会觉得有一股知识纵深推进的力量感和多重学习思维互动的自信心。当然，在此教学运动过程中，如果学生对该门课程或其执教者比较喜欢或有好感，那么当教师不断靠近时，学生可能更有期待感以及思考问题的激励性，反之则可能产生紧张不安情绪或希望逃避回答的侥幸心理。另外，当教师近距离同一名学生进行完关于某个问题的对话或讨论后，自学生的座位退回讲台位置或走向其他学生时，该名学生可能会有压力缓解后的情绪放松感。有时候，即使不是在让学生回答问题，只要教师在边阐释边在学生座位间前后进退，都可能会使学生产生类似上述的心理变化。

课堂“运动感觉”来自教学主题内容中蕴涵的自然表达，而不是课堂动作的刻意追求。“动态”课堂和“静态”课堂是相对的。比如教师融入学生中，同学生一起体验与感受，就显得动感十足，这是知识学习的“动”引领课堂氛围的“动”。

电影中角色动作的平行移动和纵向移动效果是不一样的。平行移动显示角色决心强、效率高，比如在电影景框里，角色从一端到另一端只需很短时间，就像片刻间从银幕横向而过。纵向移动意味着角色往背景景深大的远方移动，从后到前显然用时较长，就好像摄影机在前方耐心等候，因而显得缓慢、迟滞。当然在课堂里并不能这么绝对，因为电影放映毕竟是二维空间画面，而教学“放映”则是三维空间“画面”。

不过，教学运动中的平行移动和纵向移动多少还是产生着一定的课堂效果。比如，教师在讲课过程中从教室前端向后部走动，这既可能是无意识的习惯动作，也可以是通过动作对部分学生的有意识提醒，而这种纵向移动在学生而言具有一种潜意识等待感，就像他在听课过程中可能还用目光关注着教师的渐近动作，似乎心中隐约希望或不希望教师继续走近。而平行移动较少有这种感觉，比如，教师无论是自左而右还是从右往左，学生心理上都较平和，专注于教师的讲课；当然，平行移动亦不能过于频繁，否则也会对学生的听课产生干扰。

电影不同于舞台表演，其动作感是相对的，很大程度上要视镜头的运用类型而定。幅度较大的动作如果用远景或全景拍摄，在画面上可能不太明显，而幅度较小的动作如果用近景或特写镜头的话，反而在银幕上显得很突出。例如，近景中一个人的手部动作就要比全景里一个人的奔跑动作明显得多，或者以特写描绘两行眼泪流过面颊的镜头几乎跨过半个大银幕，这显然要比用远景所拍的伞兵从高空降落的镜头更具动感。也就是说，某些时候动作本身不一定大，但其动感更强烈。所以，偏好大场面、多动作的史诗电影常用远景，强调深度和细节的心理剧电影常用近景，但后者的动感不一定就不如前者。另外，某些电影中在表现受限制空间中的动作情节时，比如在飞机机舱内、火车车厢内、电梯里描写胁迫、打斗等动作时，常通过向被摄者靠近的镜头、剪辑及短镜头组接等方式，巧妙地使原本相对静止的小空间顿时动感十足。

由此看来，课堂“运动感觉”的表现方法是多种多样的。体育课上，教师带领学生在相对开阔的操场空间进行动作练习或项目锻炼；音乐课上，教师指导学生进行视唱练习；化学课上，每个学生在教师指导下同时进行着实验操作，等等。这些方式固然使课堂充满动感活力，而其他相对动作不多的课堂同样能用恰当的手段表现动感。比如，数学课上，教师让几个学生上黑板演示解题过程，其他学生在自己做的基础上予以评判，这是通过凸显台上的“动”来拓展台下的“动”；英语课上，在全班学生练习准备的基础上，数对或几组学生分别上台进行情境对话或小品演示，这是用台下的“动”去提升台上的“动”。又如，语文课上的单人朗读、小组齐读、全班共读的交替进行，政治课上的分组辩论、热点探讨、焦点发言，物理课上的问题探究、小组合作、成果展示，等等，都是以局部的“动”引领或激发整体的“动”的常用方法，并且不少方式都可以在不同的课堂借鉴使用。这些方式实际上就是通过局部教学动作“特写”，去彰显“全景”课堂的动感张力，营造课堂“运动感觉”。

电影的动感和场面调度息息相关，同样也依靠摄影机的镜头。被摄主体自身的移动和摄影机的运动都能造成电影的动感。摄影机通过丰富巧妙的运动方式，在移动摄影中形成流畅、连贯、完整的镜头画面，使电影的动感更显大气、更具艺术表现力。在课堂教学中，教师视角下的“摄影机”在课堂不同区域和距离间的移动，实际上就相当于教学“运镜”；同时，学生视角下的“摄影机”亦在学习活动支配下，在课堂内进行着“移动摄影”。

横摇是摄影机运动的重要方式。它是指摄影机架在三脚架上，主轴不动，镜头作水平移动。横摇镜头为避免影像不清晰，一般在摇摄时平稳圆滑而缓慢，并且要使主角一直留在景框内。远景横摇镜头在史诗电影中很有效，观众能随镜头移动体验广阔场景。中近景摇镜常用于表现反应镜头，比如镜头由一个说话者转至另一人，专注其反应，由此维持两个或数个主体的关系。另外也有快速横摇的处理方法，往往用于转换镜头，虽然速度快使影像较模糊，但由于替代了硬切和剪辑，从而形成两个镜头的同时性，并且还能用于连接不同场景，让观众感到不太遥远。

横摇镜头对空间统合及人与物完整连接性的强调，对课堂中的教学“运镜”具有可资借鉴的意义。课堂内教师和任何一个学生之间、位置远近不同的任何学生之间、教师或学生同任意课堂装置之间，都存在着潜在的联系。当某个预设性或程序化教学意念付诸实施时，某种特定的人与人或人与物的联系就启动，从而使相对静态的教学元素转化为动态的课堂操作行为，这时就相当于课堂“摄影机”在学生视界中，用“横摇镜头”来回“摄取”两个或多个教学元素之间的互动行为。比如，站在讲台附近的教师和某个处于教室中段的学生，从原本相对静态的位置关系中，通过问题对话建立起动态联系，其他学生的视线在两人之间的置换以及思绪在两人之间的巡回，即在类似“中近景横摇”的“运镜”过程中参与到两人间的课堂操作行为中；这时，如果教师又请出后排某位学生，或者教室侧后方另一位学生主动提问，那么其他学生对该话题讨论场景的关注就类似于“快速横摇”，“镜头”在多个主体间转换并保持连接性，由此带动更多学生的多向思考和学习参与面。

又如，教师在课上用多媒体实施辅助教学，他在课件中设计了多个影像或图文素材，分别同教学推进的相应环节或时间结点对应。教师的每一个问题提出与随之播放的视频，或者某一段画面材料演示与随后教师的设疑，每相对应的两者之间就此形成教学元素的联动，学生的视线、思绪同样也会在教师和多媒体视频之间来回移动，这实际上类似于“全景横摇”，而该课堂操作的主导者教师往往一直在“横摇镜头”的教学“景框”内。课堂“横摇镜头”在连接起不同教学场景的同时，使“摄取者”自身也更投入地参与到课堂教学的方方面面中去。

推轨镜头作为摄影机运动的另一常用手法，是将摄影机架在推车上或汽车、火车上乃至任何移动物体上，在被摄物的前后或侧面移动进行拍摄。推轨镜头往往在表现主观行动和心理效果方面较有利，比如摄影机向着被摄物前推或后拉，常被用来强调角色行动的过程，同时景框外的内容也会随着镜头推、拉而显现。逐渐向角色靠近的推轨镜头，通常暗示将有重要的事发生，也是渐进不明显的发现过程。

课堂“推轨镜头”可以由教师或学生作相对于某一静止教学元素的目的性移动，在此过程中能随距离和区域的变化，实现基于不同视界的对课堂操作行为或教学现象的关注、审视、提示、发现、反馈等作用。比如，站在教室前端的教师想请某一位坐在中后排的学生发言，他有多种选择。他可以直接让那位学生站起来发言，师生之间隔着很多学生和大片区域进行交流，其他学生相当于用“横摇镜头”在分别倾听两人的回答。教师也可以在学生开始回答时，向其所在位置平缓移动，同时边走动边视学生发言状况进行补充或跟进式提问，这样教师相对于静止的那位学生之间的“推轨镜头”，伴随着师生间的话题交流，较舒缓地展现于其他学生面前。发言的学生回答问题的深入感和倾听的学生思考问题的参与感，往往随着教师向学生方向的缓慢移近而有所增强。

教师还可以这样处理，当他提出一个深度问题或呈现一个素材现象后，不是立刻点名让学生回答，而是走下讲台，在不同位置的学生之间缓缓移动，这实际上是相对于不确定的静止学生的“推轨镜头”，能让教师既留给学生一定时间思考，又随着教学“景框”容纳区域位置的变化，而较全面地留意学生们的反应或动作。这有利于在平和的动感氛围里提高更多学生的准备程度和思维力度。然后，教师根据“摄影机运动”所“摄取”的细节情况，可以向某位学生作意向性的“推轨镜头”，不动声色地起到暗示或提醒发言的作用，从而串接起一段教学“画面”。当然，教师也可以在个人距离或亲密距离内与学生完成问题讨论后，以“推轨镜头”的“后拉”方式平缓地离开学生所在位置，在学习情绪上给学生以完成一项任务的成就感或结束一项操作的轻松感。

课堂“推轨镜头”同样可让学生去“运镜”。比如，教师请学生走上讲台发言或展示，学生相对于静止的教师的“前推”移动，或相对于静止的其他学生的“后拉”移动，可能在心理、情绪、信心上有所差异。教师还可以让学生上黑板作书写、解答、呈示等演绎操作，但距离的远近对个人的操作感受并不一样，这时让学生以相对静止的黑板为“被摄物”基点作“推轨镜头”的“后拉”，他会以“全景”或“远景”视角重新审视自己的演绎内容，有可能就会有新的发现，或看出先前在“近景”、“特写”视角下没能注意的细节等。

一般来说，课堂“推轨镜头”在教学“运镜”的方式里是一种自然的表现，当然它也可能随教师个性、习惯的差异，而在移动的速度、节奏上有快慢不同，进而带来效果上的微妙变化。但课堂“推轨镜头”，无论是以教师视角还是学生视角去看待，抑或无论是以教师主体还是学生主体去“运镜”，都能在动感学习氛围的营造中，为课堂注入流动的思维韵律。

手提摄影属于摄影机运动里较少具有抒情美感但却更具现场真实感的方式，导演一般能借助此种方法获得在摄影空间的更大自由度。手提摄影也可被视作跟拍，即摄影机跟随一个或数个运动对象进行拍摄。在课堂教学而言，教师希望更多学生取得发展与进步，他势必要关注学生的课堂学习态势和行为，当然也不可能在一堂课上了解、注意到所有学生的各种细节表现，因而教师可以有意识地在不同的课上，对不同状况的学生分别有所侧重地予以关注，比如集中一段时间观察其学习启动、听课神态、答题思路等课堂行为，这就类似于教师的课堂“摄影机”始终紧随某位或某几位学生的学习行为进行“跟拍”，即视觉焦点对象一直留在教学“景框”里被“摄取”着。这就是课堂“手提摄影”的全程性、真实性和常态性。

事实上，课堂“手提摄影”、“推轨镜头”、“横摇镜头”等教学“运镜”方式，都源自教师和学生视角下对课堂教学目标的意向性理解。师生课堂操作行为通过教学“运镜”的多角度“摄取”，形成不同距离、区域的教学“镜头”，它们将课堂“摄影者”即师生进行教学“制片”的过程，与同样作为“摄取对象”的师生进行教学“放映”的过程巧妙地融为一体，或者说教师和学生不仅作为教学“运镜”主体，而且作为“被摄主体”，使两者的运动结合起来，赋予课堂丰富、流畅的“运动感觉”，从而使教学“画面”更具活力、魅力和张力。

教师可以在教学距离和区域空间的调度中，在走近学生、走进思想的教学“运镜”里，通过课堂“推轨镜头”等方法，带给学生学习的亲近感。

3.5　课堂连续性与教学“剪辑”

单个镜头作为构成电影的基本单位，其本身虽然具有特定的画面含义及其作用，但电影基本上需要将所拍摄的多种镜头进行选择，依据人的生活逻辑、认知习惯和美学原则等予以条理化组接，使之成为连续性叙事整体。也就是说，除了类似于《俄罗斯方舟》这种全片仅有一个超长镜头完成叙事的单镜次电影外，绝大多数电影都会通过多个镜头的组合并置表达新的意义，这就是电影的剪辑。剪辑是经由导演的意向，连接两个镜头或两个场景的电影艺术再加工和再创造行为。正如著名的前苏联导演和电影评论家普多夫金所说，电影艺术的基础就是剪辑。

电影由数量不等的镜头组成，经过剪辑将不同镜头连接成向观众放映的流畅影像，但也有极端如《俄罗斯方舟》这种全片仅由一个镜头一拍到底的实验性电影，实际效果也很不错。

单个教学“镜头”作为构成课堂“制片”和“放映”的基本单位，自有其内在意义。它是某个特定课堂操作行为的内容表现，提供教师、学生实施即时教学、学习意念的载体，由此展现即时性课堂效果，并给予教师第一时间的反馈，从而更好地导入下一个教学“镜头”。于是，教学“镜头”之间的合理组接就成为课堂教学赖以顺畅推进的基础。

每堂课的教学“镜头”数量不一，都需要在其中予以优化选择，教师往往依据课案设计思路、自身教学主张与愿景、学生当堂反馈与课堂进展状况等要素，将课前预设的、即时导出的各种不同的教学“镜头”，进行富有逻辑内涵的合理取舍，也就是通过教学“剪辑”表达教学“镜头”并置的特殊意义，从而创造性地实现基于课堂连续性的教学价值或效益。

如果教师在教学中一讲到底，或者说学生完全在教师主控性“镜头”下按部就班地学习，这一般表现为教学“远景镜头”的长时间运作，不过通常情况下极少出现。另外，这种第三方视角下的教学“全景镜头”可能也显得呆板中庸。

当今很多剧情电影仍沿用20世纪初即已发明的连续性剪辑方法，这种实用的剪辑法简单地说就是在两个镜头的连接中，尽量使动作维持连续性。例如，一段警匪追逐的情节就可以通过剪辑组接成这样几个镜头：（1）歹徒边跑边向警察射击；（2）警察持枪还击并追赶；（3）歹徒上了一辆电车；（4）警察奋力赶上从电车尾部跳入车内；（5）歹徒慌乱中挟持一名乘客作人质并威胁众人；（6）警察果断击毙歹徒。这些在现实中可能持续数十分钟的动作，在电影中只有一两分钟甚至几十秒，这是银幕时间相较于真实时间的浓缩。同时为使动作看上去连贯且具逻辑性，所有动作往往会保持同一方向，并清晰地表现因果关系。比如，在上一个镜头里歹徒的逃跑方向是由左向右，下一个镜头里警察的追击方向也应是由左向右，如果接下来的镜头里，警察追击歹徒的动作是从右向左，那么观众可能会认为歹徒又向原路逃窜。或者，如果歹徒用枪胁迫人质时突然中枪倒下，导演就需要补入一个警察开枪的镜头，以使观众看明白缘由。

同理，教学“连续性剪辑”强调两个相邻教学“镜头”之间明确的因果关系，通过相关课堂操作行为的顺序连接，实现课堂教学运动的连续性和教学环节的内在完整性。前一个课堂操作行为对后一个课堂操作行为具有牵引、导出、设定等作用，后一个课堂操作行为则对前一个课堂操作行为具有延伸、解释、反应等作用。或者说，在课堂进程中的某个连续性教学场景中，任何一个教学“镜头”既是下一个“镜头”的必要准备，又是上一个“镜头”的必然结果。教学“连续性剪辑”在赋予特定教学场景动感意蕴的同时，带给学生课堂学习的整体感和逻辑性。

教师在课堂教学中意图让学生就实际问题开展讨论探究活动，这在一堂课中可以视作其中一个教学板块或段落，类似于电影中某段情节。教师可运用教学“连续性剪辑”将这样几个教学“镜头”组接成以学生探究为主题的连续性教学场景：(1)教师通过多媒体或演示手段呈现情境现象；(2)教师设置源自该情境现象的探究题，并向学生提出讨论要求；(3)学生分成若干小组进行讨论探究；(4)各组在多数成员意见得以发表的基础上进行结论汇总；(5)各组推派代表进行全班交流；(6)教师对学生的探究情况予以点评，并可以补充追问；(7)教师鼓励学生对探究结论进行引申或拓展提问，教师答疑。这里每个教学“镜头”都是承上启下的，也就是在这个连续性场景中，前后相连的每两个教学“镜头”之间都具有特定而鲜明的因果关系。哪怕少一个“镜头”，这个教学场景的连续性都会出现断层，教学板块会因为“镜头”间的脱节而显得单薄、无序。

当然，不同的教师在同一教学场景的“镜头”组接上可能会有不同的安排，但无论如何，各个课堂操作行为不仅本身具有明确用意，而且相互之间的连贯性和逻辑性必须是清晰无误的。比如，教师在学生分组讨论结束后，如果临时取消各组结果汇总和代表交流的教学“镜头”，那么他就需要以一个合乎逻辑的教学“镜头”迅速跟进，从而保持这一教学场景的因果连续性。在这里，教师通过在各组间随机与学生就问题探究结果进行近距离互动对话，可以有效取代各组代表交流发言和教师点评小结的课堂操作行为。也就是说，这个教学段落在整个课堂进程中的目的作用基本不变，而构成这一段落的教学“镜头”则可以在多种选择中合理取舍，由此在教学“连续性剪辑”中表达教学“镜头”的差异化组接所产生的课堂意义。

在电影的剪辑中，如果镜头之间的组接显得太突兀，造成观众的困扰，就变成了跳接。导演为避免这种转场中的唐突感，往往在某个场景或故事的开头，用全景或远景建立镜头，在该段场景确立后，再切换至中景、近景、特写，其间也可以再建立镜头，重新向观众展现另一段场景脉络。这就使不同镜头间的时空转接显得柔和自然。教学也是如此。比如，教师在课上突然抛给学生一个问题，接着就要求学生予以回答，问题的提出和学生的思考都缺乏铺垫或过渡，即使教师的问题设置很有深度，但该教学场景仍会显得低效，因为课堂操作行为或教学“镜头”之间的衔接比较唐突、随意。

如果教师以情境现象导出问题探究，并告知学生探究活动要求，即在该教学场景的开场明确清楚地架构起整个教学板块的基调，或者说完成“全景课堂镜头”的建立，然后很自然地在这一教学段落内将学生的小组讨论、教师的参与、学生的交流展示、师生互动对话等课堂操作行为予以推展，也就是进行基于学生探究学习主题的“中景”、“近景”和“特写”教学“镜头”的切换。这样，既有教学主旨“镜头”的宏观支撑感纵贯始终，又有教学平行“镜头”的微观细腻感充溢其间，而且在不同教学“镜头”的平缓组接中，课堂操作行为亦可以灵活地延长或压缩。

在特定教学时空内，教学“镜头”的流畅运作形成课堂连续性。这里既有非教学“剪辑”下教学“全景镜头”所体现的课堂连续性，又有特定观课者即第三方视角里教学“镜头”的“剪辑”，它使教学“镜头”借助在“远景”、“中景”、“近景”和“特写”之间的切换，体现出课堂连续性。

被称为电影之父的格里菲斯开创了另外一种比连续性剪辑更进一步的剪辑风格，电影学者称其为古典剪辑，这是一种强化某些细部胜于其他元素以解释某动作意义的剪辑手法，其剪辑目的在于加强戏剧性，由此强调情感而不仅是简单的连续性。比如，在一段四个角色人物身处同一情节场景的戏中，导演在两人对话时先剪辑出一个说话时的主观镜头，再接上一个第三人倾听谈话的反应镜头，再跟上说话者的两人镜头，最后又剪入一个第四人的特写镜头。当然，这场戏原本也可在较远镜位用一个镜头将两人对话和两人倾听的场景全摄到底，这种从客观角度长时间记录主要、中心事件的镜头被称为主镜头或段落镜头。显然长时间对准某被摄物的镜头较单调，因而在古典剪辑里会有较多插入镜头，弥补主镜头缺陷，动作戏常被分成零碎镜头，通过远景、中景、近景和特写的合理安排，使更多细节被交代和注意，并用对比、连接、强化、平行等方法不断改变观众的观点。这种剪辑不是镜头的功能性连接，而带有鲜明的戏剧化目的，且极具感性色彩。

在课堂教学中借鉴运用这种方法，则成为教学“风格化剪辑”。如果说教学“连续性剪辑”是通过强调教学“镜头”之间基于因果关系的有序组接，而凸显课堂教学程序与规律的普适性的话，那么教学“风格化剪辑”就是通过突出教学“镜头”之间基于主题发展的意念衔接，而彰显课堂教学风格与特色的个性化品质。教学“风格化剪辑”旨在课堂教学的某个主题场景或板块运行过程中，通过对围绕该主题而联动的多种教学元素中特定细节的强调，对相关课堂操作行为予以内涵诠释，并同时达成对学生主观学习反应的即时关注。

也就是说，针对课堂进程中某个教学场景，教师需要建构一个教学“主镜头”，以使该场景的中心议题得到师生的确认，并作为贯穿这一教学板块的主线，既勾连起师生课堂操作行为，又与另一个教学场景的主线相衔接，而那属于教学“段落镜头”的组接。教学“主镜头”一般起到为教学场景定调的基准性作用，而教师在教学“主镜头”运作过程中，可以随时根据反馈情况，将他认为适当的表现任意课堂参与者操作行为的细节或局部动作，作为类似于电影中的“反应镜头”或“特写镜头”予以插入，从而使教学场景在这种“风格化剪辑”中显得张力十足。

比如一堂英语课，教师设置“情境语言操练”教学板块，由学生自己先行准备、创设情境，然后选择数对学生上台进行对话演示，这就是教学“主镜头”，该教学段落内的课堂操作行为均围绕这一“主镜头”展开。如果几对学生轮番上台演示对话，而教师和其他学生在下面就这么看着，则这段时间的教学“主镜头”会显得单调，既然台上几对学生成为课堂“摄影机”的“拍摄”焦点，那其他学生学得怎样或反应如何也不得而知了。于是，这时可运用教学“风格化剪辑”在“主镜头”里通过转换视角，插入其他学生的“反应镜头”，从而在教学“镜头”的来回切换中扩大学生活动的参与面。这里，教师可以让其他学生就情境对话的真实性、熟练程度、语法运用等进行点评，也可由台下学生创设情境让台上学生即时对话演绎，或者教师自己就学生对话演练情况予以简评并指出注意点，抑或给机会让英语学习有困难的学生很自然地回答一个情境对话中的问题，等等。这些数量不定的“中近景”或“特写镜头”引导着其他学生关注度和反应性的增强，语言训练就成了广泛参与的事。

又如，语文教师在课上进行文本分析与解读，学生在听课过程中吸取语文的思想和养分，这就架构起该教学场景中的“主镜头”。其间，教师适时穿插着以下一些教学“镜头”：生字词的板书强调，文本段落的学生朗读，文章情境的媒体演示，美文句段的师生分享，等等。这些视角变化下的教学“镜头”切换，避免了教学“主镜头”持续不变的枯燥感，做到学生学习反应的细节关注。

教学“风格化剪辑”对课堂细节的特殊关注必须以教学“主镜头”的设定为基础，并非在课堂教学的任意环节或时段去任意地强调某个行为，否则就会让人感到生硬凌乱或者肤浅做作。无论是给学生展示的机会还是善意的提醒，无论是学生讨论的触发还是师生对话的开启，教学“风格化剪辑”下的“镜头切换”夯实、拓展着教学“主镜头”。往往一次视线的转移、一次睿智的提问、一次角度的改变，都可能让某个学生、某段资源、某种学习方式等置于课堂“聚光灯”下，成为大家关注的即时课堂焦点，而这些“镜头切换”中所凸显的课堂操作行为，不仅是教师教学智慧的临场体现，更是教学理念积淀下教师课堂引领力的惯常体现。教学“风格化剪辑”决定着谁或何种教学元素在“主镜头”里的哪个时段或切入点被强调，而“镜头”插入的选择实际上是特色化课堂蕴涵和个性化教学风格的结点。

前苏联电影导演库里肖夫用非职业演员做了这样一个有趣的实验：把一个面无表情的演员特写镜头，分别与一碗汤、一副棺材和一个小女孩玩耍的镜头相并列；然后将这三组镜头分别放给三组观众看，结果大家的反应各不相同，演员的表情根据组别分别被解释成饥饿、忧伤和快乐，并且都认为演员很有表达能力。可见，导演若将合适的人、物、事放在一起，就能形成情感上的特定意义，也就是说，有时演员甚至不一定要会演戏，仅是做到镜头的并列，即可凸显电影画面的戏剧性效果。

例如，在著名电影《战舰波将金》里被誉为默片史上剪辑经典的敖德萨阶梯片段中，前苏联著名导演爱森斯坦将沙俄士兵端枪走下台阶、惊恐的妇女、婴儿车、士兵的脚步、奔逃的人群、摔倒的妇女、向台阶下滚落的婴儿车、沙俄骑兵对人群的冲击、悲愤的市民、挥刀的士兵、被击中的群众、混乱的驱赶等镜头，通过远景与特写、长拍与短拍、纵向与横向、静止与运动等多种对比拍摄手段实现镜头并列，鲜明地表现出沙俄政府及其士兵对人民的残暴无情。又如，在名片《2001：太空漫游》中，著名导演库布里克将远古时代猿猴抛向空中的骨头，和飘浮于 2001 年太空中的一艘宇宙飞船的镜头相并列，以剪辑手法造就的惊人隐喻效果，传达出人类智慧在数百万年间飞跃进步的象征意义。显然，这些通过镜头并列所产生的电影画面带给观众无穷的震撼力。

电影史上的经典之作《战舰波将金》，通过其中著名的“敖德萨阶梯”场景描绘，淋漓尽致地展现了镜头剪辑造就的电影张力。150 多个镜头在数分钟里不断地切换，使观众身临其境地体会到沙俄士兵屠杀民众的残酷、惊恐、混乱的感受。

电影《2001：太空漫游》中的经典剪辑段落为人津津乐道。远古时代，人猿部落用骨头作为武器相互争斗，获胜的一方向空中抛出一根骨头，骨头在空中不停翻滚着，它和下一个令人惊叹的镜头相接。

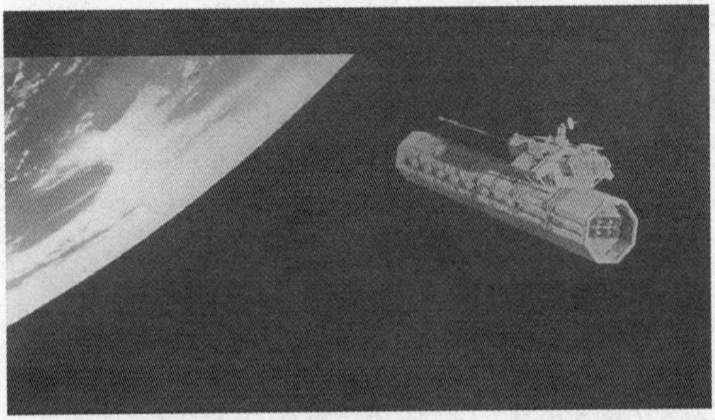

一艘航行于2001年太空中的宇宙飞船出现在镜头里。骨头和飞船都是人类改造自然的工具，这两个镜头经过剪辑相衔接，极富创意地表现出人类智慧和文明在数百万年间巨大飞跃的象征意义。镜头剪接的魅力以及电影运镜形成的运动感觉由此而尽显。

苏联电影大师普多夫金和库里肖夫将电影当做镜头与镜头间构筑并列的艺术，认为每个镜头都应有新的意义，而剪辑两个镜头“并列”意义大于单个镜头的内容。简单而言就是，电影剪辑常将两个不同意义的镜头并列，从而形成第三个意义。这对课堂教学的借鉴价值意味着，前后两个课堂操作行为分别具有其本身的内在目的作用，而两者的衔接则能产生和其原本的后续结果均不相同的新的教学效果。也就是说，教学“镜头”A加教学“镜头”B不等于AB，而造就出C的意义。教学“剪辑”担负着选择并列教学“镜头”，并构建其衔接性新意义的功能。

比如，教师向全班学生设置课堂思考题，这一课堂操作行为视其为教学“镜头”A，当它与各不相同的教学“镜头”B并列时，就会产生相应的教学效应C；如果教师直接将该题作为范例向学生进行解答演示是教学“镜头”B1，教师即刻要求并指定学生回答是教学“镜头”B2，教师让学生进行分组讨论是教学“镜头”B3，那么通过输入式讲授告知学生知识点就是教学效应C1，通过直白式问答突出解题答案就是教学效应C2，通过思路碰撞强调问题探究能力就是教学效应C3。

又如，多媒体课件视频的播放作为教师的课堂操作行为，即教学“镜头”A，在很多情况下它往往和紧随其后的教学“镜头”B1并列，即教师让学生分析回答视频资源所反映的结论或观点这一课堂操作行为，这就可以表达出教师对学生现象解读能力关注的意向，即产生教学意义C1；有时它也和教学“镜头”B2并列，即对某个知识点或结论进行验证，这就会形成教学意义C2，即让学生试图用特殊素材反向对应已知观点，这可能在某种程度上限制学生的思维；教学“镜头”A还可能和教学“镜头”B3并列，即学生依据视频素材自己提出问题或设计学习项目，并自主完成或相互评估、解决对方问题，这形成的教学意义C3，强调学生自己发现问题、自己设计方案、自己解决问题的开放性学习方式。

再如，学生解决问题这一课堂操作行为作为普适性教学“镜头”A，假设和教学“镜头”B1（教师设置相较于学生能力过难的问题）、B2（教师设置相较于学生能力过易的问题)、B3(教师设置与学生能力相适应的问题)相并列,那么分别产生的教学效应 C1 很可能是学生因认知层次与答题要求出现断层而无能为力,教学效应 C2 则可能是学生因解答内容与知识获取之间缺乏促进性而无所事事,就可能在时间的无效消耗中降低学习积极性,而教学效应 C3 往往会是学生在问题内涵与知识外现相匹配的状态中,故而能增强学习积极性,有效实现认知与应用能力的提升。

教学"剪辑"通过在各个教学"镜头"之间的取舍选择功能,导致相邻的两个课堂操作行为在连接中产生碰撞融合效应,从而确保教学"镜头"的顺畅组接,能有效带动课堂连续性。这就如同电影镜头组接或称蒙太奇,在画面影像的逻辑性运动中带给观众叙事连续性感受一样。电影剪辑是在所拍摄的众多镜头中予以选择并衔接的过程,它属于电影后期制作,也就是说,电影剪辑和拍摄必然是不同步的两个阶段,或者理解为电影拍摄的结束就是剪辑工作的开始。但教学"剪辑"与此不同,课堂教学过程中发生的一切都在特定教学时间与空间内,无论某堂课的教学"镜头"之间如何组接,均包含在教学"摄影"过程中。教学"剪辑"实际上和教学"摄影"、教学"放映"同属一个阶段,它不可能存在于课堂教学结束后的时段。从一定程度上讲,不同教学"镜头"间的并列,即各个课堂操作行为间的排列组合,构筑起一堂堂各具特色的课,或者说,教学"剪辑"影响课堂走势。

当然,并非所有电影均由剪辑造就,一些电影理论家和导演强调电影尽量少用剪辑,而用深焦摄影和长镜次在同一画面中完整呈现实际场景。例如,电影《角斗士》中极具真实感的镜头,令人同情的男主角被饥饿的老虎和敌对的巨人困在同一画面中,两者都要攻击并摧垮他;如果采取剪辑手法,运用特写或近景将三者分开凸显,那就没法传达出巨大危险感,观众会直觉地知道这一切是假的。的确,若同一场景内有两种以上因素在同时运作,那么电影就应尽可能维持真实时空连续性,比如在同一景框里用远景、全景、长镜头、摇镜、推轨镜头等,向观众客观展现完整而连续的时空。这样显得比较民主,导演不会用主观镜头和专制态度强迫观众接受何种观点。正如意大利战后新现实主义著名导演罗西里尼所说:"事情就在那儿,为什么要操纵它?"也就是说,所有东西都已囊括在大银幕里,不必再用剪辑去补充信息。而观众在此种状态下反倒显得更积极主动,他们会去观察、评价以及选择并删除非必需因素,由此创造性地形成观众自己的想法或在理解人与物关系时的观点。

课堂教学有时可以借鉴这种现实主义电影传统下的非剪辑做法。比如,学生分组讨论就是一个可以处理成"全景"课堂操作行为的非"剪辑"教学"镜头",教师将全班学生分成若干学习小组,让各组学生展开问题探究,教师可以在各组学生之间来回巡视,但不予以干涉。教师给这个课堂操作行为预设多长时间,各组学生就拥有共同的探讨时间,这个教学"镜头"也就延续相同的时间。在同一教学时空内,各组学生怎样讨论、发表什么见解、形成何种结论都是他们的自由,所有学生都有平等的讨论机会并分享同样的讨论过程,这一切细节都同时并行。若以潜在第三方观课者视角来看,这就是一个未经"剪辑"的教学"长镜头",并且是教学"全景"

或“远景”。在教师视角下同样如此，当他在课堂内巡视时，就如同课堂“推轨镜头”下对各组学生的“全景式”兼顾一样。而如果教师参与某一组讨论，或者某组学生在讨论中向教师提问，那么在同一教学“景框”中的该课堂操作行为，多少都会吸引部分或更多人的注意力，这就相当于以教学“近景”或“特写镜头”突出某个课堂局部细节，或者说是在用教学“剪辑”主观性地向大家表达某种态度和意向。

各种课堂操作行为之间如何连接，或者各个教学“镜头”是否需要“剪辑”以及怎样“剪辑”，其实并没有固定标准，一切依特定课堂教学的目标和教师的教学思维而定。围绕教学主题而展开的课堂操作行为是多种多样的，同样在其间进行的选择取舍与排列组合也是多种多样的，于是教学“镜头”经过教学“剪辑”或非“剪辑”而构成各不相同的课堂“制片”效果。也许在这堂课上或这位教师手里，教学场景内的课堂操作行为是通过教学“剪辑”而衔接的，而在那堂课上或那位教师手里，则更多采用非教学“剪辑”即教学“长镜头”或“段落镜头”予以整体表现。

总体而言，课堂连续性在这两种教学“镜头”的处理方式下并不受影响。就像学生探究学习这一教学场景，既可以由学生分组进行问题讨论和各组代表分别进行全班交流这两个先后并置的教学“镜头”组接而成，又可以在学生分组探讨的过程中即由各组代表上黑板予以结果汇总展示这两个同时并行的课堂操作行为予以表现，就是说一种是在教学“剪辑”下教学“镜头”的顺畅组接而形成的课堂纵向连续性，一种是在非教学“剪辑”下全景式教学“镜头”内并行动作所体现出的课堂横向连续性。事实上，特定教学时空内课堂操作行为的意向连接，无论是否由教学“剪辑”达成，都奠定了课堂连续性的建构基础。

3.6 课堂符号与教学结构

一般而言，镜头被认为是电影的基本建构单位。但一些符号学理论家主张用更精确的单位即“符号”，认为一个单一的镜头内可能包含了许多不同符号，从而形成复杂的意义。比如，远景、全景、中景、近景、特写、深焦镜头等就是镜头这一主导符号下细分的符号；摄影这一主导符号又可分为角度、灯光、色彩、镜头运动等符号；另外像空间符号所包含的场面调度各元素，语言符号下的复杂细目，表演符号下因演员不同的演技而再细分的次符号，音乐符号，节奏符号，等等。这些都表明一个电影镜头或画面可能包含数量众多的具有象征意义的符号。观众看电影时，往往会本能地辨识和解释这些符号。

电影符号是一部影片用以传意的记号，一般可将符号分解出首要符号和次要符号，或者主导符号和次符号，分别传达出内容的意义。这有赖于导演在同一画面里凸显不同元素时的轻重缓急，或者观众对画面符号观察时的主观态度和意愿。比如，在电影《辛德勒的名单》中有一段情节是纳粹士兵在城里四处搜捕犹太人，而辛德勒在远处的山坡上旁观着这一切。在该场景中，镜头为什么在表现纳粹搜捕犹太人的远景、中景和表现辛德勒表情的近景、特写之间不断切换？在全片黑白摄影基调里，为什么在这个混乱恐怖场面里，安排了一个红衣小女孩在押解犹太人的队列旁穿梭行走的情景？黑白阴暗中这一抹唯一的红色有什么意义？在红衣小女孩进入楼上房间躲入床下时，红色为什么又消隐不见，变回黑白色和整个画面融为一体？伴随这一全过程场景的童谣伴唱有何意义？在一个全景镜头里，画面左下方（约占画面 1/4 处）描绘了几名德国士兵将一些犹太人拉至墙边随意枪杀的情景，画面其他部分都是德军押解犹太人以及一片混乱的景象，这个枪杀镜头没有用近景或特写予以表现有什么原因？在这整个情节场景结束后的一个转场镜头里，黑白画面里再次出现红衣小女孩时，却已是她躺在运尸推车里，其后是辛德勒震惊表情的特写镜头，这又有什么意义？

这些符号在电影里比比皆是，且具有其内在用意。红衣小女孩以及黑白主色调中的那抹红色，是该段场景里的首要符号或主导符号，它在音乐、表演、镜头类别、摄影运动等次符号的衬托作用下，更显其强烈震撼的对比效应。这种表意符号还能在电影中带来结构设置效应。上述场景出现在该片约一半稍过处，前半部分基本上就是叙述辛德勒作为投机商人发战争财的过程，直至红衣小女孩的出现让辛德勒看到了纳粹暴行及战争的残酷，触目惊心的场面撞击了辛德勒的灵魂，逐渐使他的行为发生转变，影片后半部分就表现了辛德勒如何利用他的工厂保护犹太人的过程。红衣小女孩的出现及其惨死实际上成为辛德勒的思想和行为变化的转折点，作为表意符号的红衣小女孩及黑白色中的亮红，由此将该片整体结构分为两部分，成为影片由“人性的沉沦”向“人性的觉醒”过渡演变的节点。其他次符号同样可以在某个镜头或某个场景中，形成镜头结构或场景结构的细分。当然，不同的导演会有不同的符号运用及其结构表现，观众看电影时也会产生自己的符号解读内容，两者可能一致，也可能不一致。

在基本是黑白电影的《辛德勒的名单》中，那个红衣小女孩作为表意符号，极富寓意地将影片结构分为两部分，成为影片由“人性的沉沦”向“人性的觉醒”过渡的节点。

教学“镜头”作为课堂教学的基本构成单位，同样可以通过其内含的课堂符号表达进一步的意义，或者说借助课堂操作行为中的细节表意记号，更有效、更巧妙地推展课堂教学蕴涵。课堂符号并非是单独或刻意存在于教学过程中而作为孤立的特殊记号发挥作用的，它往往自身就是课堂装置的一分子或者教学与学习行为运作元素之一，因而它融于课堂操作行为的各个层面，经教师不同的课堂意念和教学愿景的触发而浮现出来，成为课堂细节的切入点或教学环节的结构点。

构成课堂装置的所有元素既是确保课堂教学顺利运转的“零部件”，又是特定条件下传达课堂意向目标的符号表征。课堂装置种类多、用途广，基本体现为教学器材、装置设施、教学工具、学习工具等固性物品。时时、处处存在的课堂装置以其不可或缺性，已经成为充溢课堂时空的教学“血液”的重要组成部分，也正因为如此，课堂装置的很多元素在师生眼里渐渐变成“视觉疲劳”下的惯性化“饰物”，有时人们甚至对其“熟视无睹”。实际上该现象反而可以成为巧设课堂符号、重构教学环节的契机。当某项一直在同一形态或条件下使用的课堂装置物，被延伸或迁移运用于另一形态或条件下的教学场景时，就会因错位效应而凸显为具有新意义的课堂符号。还有一种情况，如果曾长期处于应用状态并在相应教学场景内应该继续使用的某项课堂装置物，“一反常态”地没有被运用，这属于反向或“负面”强调，由此也能突出为具有特定意义或态度的课堂符号。

假设教室里课桌椅原本是按六个小组纵向排列，教师在课堂教学中也是让学生以纵向前后两人间或前后左右四人间实施相互讨论操作行为的，学生亦习以为常了。一旦教师让学生重新排列课桌椅，改纵向六小组为数人围坐的圆周形或四边形“圆桌会议”讨论小组，各小组呈“井”字形在课堂空间内均匀布位，这时课桌椅作为课堂装置要素在新形态下的重置，就转变为明示或暗示性的课堂符号，即提醒学生所要进行的讨论学习更深入、更广泛、更持久的一种表意信号。同时，这一课堂符号也表达出对课堂“视觉疲劳”下定点课堂装置的相对变化所体现出的动态感和鲜活性，所以，固性的课桌椅在此成为具有意蕴的灵性课堂符号。

多媒体常被不少教师用于播放图文和视频，以此让课堂生动有趣，并吸引学生注意力，但如果仅此而已，多媒体至多只能算是教师的教学工具之一，而且往往给人以硬性插入教学过程而非自然融入的断续感。当教师把教学环节、问题设计、素材准备、知识提炼等内容纳入课件中时，多媒体课件的演绎就成了串接教学“镜头”的结构主线，教学流程设置尽在其中，多媒体在这里实际上成为一种引领教学进程，并在教学各个场景或板块发挥作用的课堂符号。同理，像某些实验器材或学生手中的实验用具，原本只是用于学习某个知识原理的，如果将整堂课的知识学习环节均以该实验用具为共同载体，那么以往作为教学或学习工具的实验物品就成为特定的课堂符号，巧妙地架构起课堂教学各个环节及场景之间的有效衔接。

反之，某堂课如果黑板上没有写过一个字，那么未被使用的黑板就成了“负面”课堂符号，向人们反向强调着某种态度或传递某种信息。上课用黑板原本是公认的基本课堂形态之一，或者说是课堂教学的必备举措，而这一重要且显眼的课堂装置被“冷落”一边是不合常理的，人们会隐约产生一丝异样的感觉。教师实际上以此暗示这堂课教学手法的变化或者与常态课堂的区别，果然，我们常发现在不少课上由多媒体课件“包办”代替了板书结构和黑板内容，或者也常在各类公开课上见到这样的场景。当然凡事不能一概而论，有时“负面”课堂符号会因对传统教学因素的改变产生积极意义，有时则可能带来一些消极影响。

教学语言也可以作为课堂符号表达意义。教学语言本身是课堂教学启动的钥匙、运转的枢纽和润泽的养料，其表现方式和变化形态能展现丰富的符号效应。就教学口说语言而言，语速快慢、语调轻重、声音高低、句式用词、语气节奏等方面的差异，都可以视作一种信号，或者说是用以标注课堂教学风格样式的标签。例如，说话语速较快、语气急迫的教师和语速较慢、语气平和的教师，分别通过语言符号表现出对课堂教学是紧凑还是舒缓的定位。或者，以往上课一直讲得过多的教师，突然注重语调的抑扬顿挫和词句表述的精练，这可能就是一种符号表意的变化传达，即追求课堂节奏的控制和引导学生较多阐述。

就教学动作语言来说，教师体态语言、情景演绎、媒介呈现形式等方面的区别，也作为特殊语言符号发挥着表意功能。比如，教师在讲课过程中伴随口说语言叙述的身体形态举止如何？是否有手势动作？如有，频率和幅度如何？表情动作有何特别之处？有没有情绪情感的表现？这些都说明教学动作语言如体态语言等，是否作为一种课堂符号在表达着教学细节化意向。另外，像怎样向学生展示教学情境，运用何种媒介如何呈现教学内容等方面，也成为体现教师教学表达风格的课堂符号。

课堂符号还可通过教学距离与区域空间予以表意传达。教师与学生之间教学距离的远近，相应地反映了教师与学生在课堂内控制区域空间的多少，这些在一定程度上影响着教师的教学心理和学生的学习心理以及师生课堂互动的效果。如果教师讲课时基本站在讲台上，或者始终在讲台附近走动，那么教师与大部分学生之间的社会距离和公众距离，以及主控教室前部区域空间的状态就成为一个明显的课堂符号，清晰传递着这样一种态度：教师就是教师，学生就是学生，教师的教与学生的学是泾渭分明的，教学就是知识传递在课堂内的程序化运行，学生只管在下面远远地听讲并按部就班地回答问题即可。教师由此在自己的教学世界里悠然自得，和学生的学习世界缺乏沟通交集。

教师如果走下讲台，步入学生中间，在讲课过程中保持能和任何学生进行即时交流的状态，那么教师主控的区域空间相对缩小，并和学生拥有的区域空间处于对接、互渗和融合的变化态势中，由此使教师与学生之间的个人距离或亲密距离，在教学距离与区域空间的联动关系中得以形成，这就作为一种鲜明的课堂符号表达出这样的态度：教师和学生是同一教学时空里相互依托并互为影响的共同课堂运作者，教师的教与学生的学是一体化互动过程，师生间的近距离沟通交流为课堂构筑平等共进的人文氛围。教学距离的远近和区域空间的大小作为课堂符号，以师生之间显性外在的距离和空间关系，实际反映了隐性内在的心理距离和情感空间，即表达了教师是否愿意视学生为沟通合作伙伴的教学心理，和是否希望主动平等地融入学生或将教学融入学习过程的教学情感。透过这一课堂符号，我们能感受到教师的教学观念、学生的学习情绪、师生的地位关系以及课堂的内涵质感。

课堂符号既可以来自课内要素，又可以源自课外内容。当某项在课外时空或特定场所发挥作用的惯常行为或物品被重现或应用于课堂教学时，该课外元素就会因场景异位的焦点强调效应而成为一种课堂符号。这一课堂符号说明，课外元素自身的功能、作用与课内知识的本质意义是有机统一的，两者的交集是“内景”课堂与“外景”课堂相互渗透和影响的产物。比如，洗衣粉原本是家庭洗涤衣物的常用品，当洗衣粉被从课外带入课内时，它就借助交错的情境成为化学课或科学课的课堂符号，它自身的用途及其原理通过学生在课上的亲手洗涤获得了体验，化学知识的学习和生活技能的实践基于“洗衣粉”这一课堂符号得到统一。

又如，教师让学生将课外的手电筒带到课内，指导学生在拆装的过程中学习电路知识；把电视英语频道的节目内容和英文报刊带进课内，让学生在回看视频和阅读报刊中掌握英语知识；将一些印有明星代言照的产品外包装、食品包装盒乃至小商品实物等带进课内，让学生在实际接触中理解肖像权和经济常识，等等。在此，像“手电筒”、“电视英语节目和报刊”、“商品和包装”等就成为物理课、英语课、政治课上的课堂符号，这些课外元素实际上也是串接教学环节或场景的线索。所以，只要选择应用得当，外源性资源要素都可作为特定的课堂符号，有效表达教师教学理念和课堂教学愿景。

如同电影情节结构奠基于镜头及其组接，并由电影符号的传意予以完善一样，教学“镜头”及其衔接架构起课堂教学的内容格局，并通过内含的课堂符号使教学结构更显张力。教学结构体现出教师对教学主题的个人理解和内容的处理态度，它可以在课案设计阶段预设，一般会包括课堂导入、教学呈现与高潮、课堂小结等部分，属于宏观层面教学板块或环节之间相联结的方向性思路，但实际教学流程还需要通过微观层面的课堂操作行为，即教学“镜头”的合理化衔接予以构建。也就是说，教学结构既可以在教学环节的设置中建立，也可以在教学“镜头”的衔接里变化。在此过程中，潜含于教学“镜头”里并贯穿于教学过程中的课堂符号，在发挥其表意作用的同时，使教学结构在课堂元素的动态组合里得以完善。

课堂符号自身的细节表意往往附着于来自课内或者源于课外的教学运作元素中，像课堂装置、教学语言、教学距离、区域空间、日常用品等课内外元素，在充任特定课堂符号承载物的过程中，能通过对课堂操作行为的引导、串联、提示、强调、定位、互动等形式，实现教师教学行为与学生学习行为之间关系的重构、教师教学理念与学生学习心向之间的相通性。比如，前述“洗衣粉”或“手电筒”等外源性课堂符号，直观生动地将化学或物理知识的学习熔铸于教学流程，使原本比较生硬的新知导入、呈现、小结等刻意划分的环节变得一气呵成，整个教学结构环环相扣、流畅自然。

课内外元素借助课堂符号的承载传意，实际上起着调适教学结构的作用。教师基于课堂实际状况，将即时目的、意图、主张等透过课堂符号，合理插入教学进程的适当位置，使其作为承上启下的结构支点，实现前后课堂操作行为之间的逻辑性衔接，也就是在教学“镜头”的较优化配置中保持教学结构的动态演进。就像那个黑白画面中的红衣小女孩，作为震撼人心的镜头符号极为精巧地设置了《辛德勒的名单》的影片叙事结构，让该片的悲怆和人性反思主题伴随那一抹移动的红色、透过那个深邃的符号走入观众的心灵一样，课堂符号在实现教学理念和愿景传意表达效应的同时，也通过其在教学过程中的节点设置作用，有效架构起浸润并丰富教学内容的教学结构，从而带动课堂蕴涵的实施与拓展。

课堂符号发挥细节表意作用，它可以由包括教具、器材、影像、物品等在内的几乎任何课堂元素充任，关键是教师要巧妙地借助特定课堂符号，灵活生动地布设教学结构并推展教学进程。

“内景”课堂以外的任何物件、事物等，都可以成为课堂符号的来源。“外景”课堂实际上是“内景”课堂的延伸或教学时空的拓展，课堂符号由此发挥了枢纽作用。

第四章 教师与学生：引领教学的“导演”与“表演”

课堂教学的实际状态和效果有赖于教师和学生的共同铺展，教师和学生是引领教学的“导演”与“表演”。教师和学生作为课堂显性元素，分别通过导演式执教和表演性学习，架构起课堂“戏剧舞台”里教与学的一体化格局，在课程实施的过程中向人们诠释与表达教的内涵与学的真谛。教师的教学风格与气质往往能带动起学生的学习理念与基调，从而在很大程度上铸就课堂走势，并构筑师生走向未来的专业发展和生命成长之路。

4.1 导演式执教

教师与学生是推动教学运动的主体性课堂要素，或者说是教学“片场”里主控教学“拍片”的“幕前人员”。教师作为教学工作的承担者和责任人，其传递知识、传播文明、塑造人格的使命必须以学生为指向性目标，学生作为学习任务的完成者和责任人，其道德生成、知性发展、生命成长的愿望必须以教师为方向性依托。这就如导演的影像构图和电影理念需要依赖演员的表演予以体现，以及演员的角色饰演和演技诠释需要凭借导演的执导予以展现一样。教师与学生实际上可以视作引领课堂教学的“导演”与“表演”。

有一种普遍性的观点，认为导演作为负责场面调度者是电影“真正的作者”，其他像编剧、摄影师、剪辑师和演员等合作者，都只是这位电影作者在技艺上的助手，这就是电影作者论，它强调了导演在电影艺术中的重要性，并突出了导演的权力重心。例如，我们常在一些著名导演所执导电影的演职人员字幕表上见到这样的醒目标注“张艺谋作品”、“陈凯歌作品”、“徐克作品”、“A FILM BY STEVEN SPIELBERG（斯皮尔伯格电影作品）”、“A JOHN WOO FILM（吴宇森电影作品）”等等，这足以证明导演对一部电影的强大号召力和掌控力。

教师之于教学就如同导演之于电影。虽然不必刻意模仿电影那般“冠名式”地凸显教师对教学的重要作用，但每个教师在课堂都会留下特殊印记，并在个人化痕迹里体现出其对课堂的掌控性。“以学生为主体，以教师为主导”，这是提到基础教育课程改革时人们耳熟能详的一句话，然而这句话到底有什么实际意义？你能从中分辨得出究竟谁在主控课堂？原本想强调学生的作用，结果成了类似“文字游戏”般的模糊表述，即两者都说了等于两者都没说。事实上，教师就是课堂的核心，全面控制课堂教学。就像导演作为片场的主导者，通过合理的场面调度为演员提供良好演出氛围，并利用“说戏”方式表达自己的电影思想和意图一样，教师在教学语言、课堂装置的运用中呈现知识、指导学生，就是课堂“导戏”的过程，由此渗透自身的教学意念和目的。教师的职业使命是教学，而教学的本质特征是导演式执教。

导演是电影拍摄的统领，尤其是知名导演的号召力和掌控力足以保障一部电影的成功。比如，美国著名导演斯蒂文·斯皮尔伯格是电影工业里最具威望和影响的人物之一。

导演式执教既可以看作是对教师职业身份的概述，也可以视为是对教学特性的表述。教师就应该也必须是课堂的主控者，这由以下因素决定：教师与学生之间存在知识、经验、阅历落差，教师是课堂的诠释与实施者，课堂教学管理要求以教师为中心做好协调工作。这和导演作为片场“总管”的道理类似，导演不仅要编排指导演员拍戏，还要做好摄影、灯光、服装、音响、化妆、布景等方面的调度。导演式执教是教师在学生学习指导、学科课程诠释、课堂元素安排和教学秩序维护等课堂实施内容方面的综合体现。也就是说，教师并非只管对学生的课程教学，而对其他课堂事务不闻不问。导演式执教意味着教师是课堂教学的“总管”。

导演式执教对教师而言是大教学观的树立，即在广义课堂教学层面，教师在立足引领学生学习的课程教学基础上，实现围绕这一核心内容的辅助要件的合理调配，促进和谐有序课堂氛围的形成与发展。教师作为特定教学时空内的课堂主控者，发挥引领、调度、协调、整合等作用，而不应是生硬专制的操纵作用。只要这些作用发挥得好，课堂教学的各相关要素作为一个系统运转有效，一堂课就是成功的，或者说教师的导演式执教是成功的。教师执教作用的大小显然不是与教师“曝光率”的多少成正比。一堂课成功或具有亮点，可能同时将教师也推至成功光环的中心，但也不一定，甚至有时候还相反。

这就如同电影一样。像获得过奥斯卡最佳影片奖的《阿甘正传》、《勇敢的心》、

《美丽心灵》、《国王的演讲》，同时也分别令影片导演罗伯特·赞米基斯、梅尔·吉布森、朗·霍华德、汤姆·霍伯获得奥斯卡最佳导演奖。而像获得过奥斯卡最佳影片奖的《蝴蝶梦》、《哈姆雷特》、《角斗士》的导演希区柯克、劳伦斯·奥利弗、莱德利·斯科特却没有同时获最佳导演奖，难道他们不优秀吗？《肖申克的救赎》曾获七项奥斯卡提名，结果一奖未得，然而随着时间的推移，该片越发获得影迷肯定，现在已完全成为影史经典，甚至超过了许多奥斯卡最佳影片获得者，但弗兰克·达拉邦特作为该片导演并不为人们熟悉，难道他作用不大吗？

一般而言，电影取得成功往往也反映了导演作出了重要贡献，电影若不成功则体现出导演的平庸。如果说一部电影除了导演手法外，其余样样都好，那么这一说法似乎是矛盾的。当然，是否获奖并非根本评判标准。一部电影获最佳影片表彰，但未获最佳导演予以肯定，或者一部电影得到最佳导演奖，却没有获最佳影片奖，甚至什么奖项都没有，都不必然代表电影的质量和导演的水准，关键是看导演是否很好地发挥了场面调度作用，将各种弹性化元素及演员的表演整合揉捏成一部顺畅的影片。比如，《魂断蓝桥》也没有获得什么奖项，却成为一代代观众心中永恒的经典，原因在于导演将催人泪下的悲情、费雯·丽真挚感人的表演、生动流畅的剪接和动人难忘的音乐等电影元素精致地融合在一起；虽然该片导演茂文·勒鲁瓦的名望并非多么显赫，但他的电影技艺是杰出的，另外还打造出《鸳梦重温》、《出水芙蓉》等脍炙人口的名片。

并非所有的教师在任何课堂里，都能通过导演式执教发挥好主控协调作用，有时在这种情况下课堂效果也不受多大影响。这就好比我们作为观众可能会觉得一部导演很一般的电影很好看，或者喜欢看一部剧本很糟的电影，那是由于我们的注意力被演技、布景等次要层面因素所吸引，于是优秀的表演或风格化摄影等常让平淡的电影顿显光彩，这时演员、摄影师、美工师乃至电脑特效师的身手就可能盖过导演。例如，张艺谋在《英雄》里的导演水准其实不高，剧本也有漏洞，是李连杰、梁朝伟、张曼玉、甄子丹、章子怡、陈道明等众多明星的表演魅力和精美绝伦的摄影及音响视效挽救了该片，并改写了中国影史上的卖座纪录。另外，像乔治·卢卡斯在《星球大战》里的导演艺术几乎不值一提，完全是电脑设计、特技摄影造就了这一大受“星战迷”欢迎的系列电影。教学也是如此，理念并不先进或者执教艺术不佳的教师，有可能遇上能力很强的某班学生，也可能借助制作精美的多媒体教学课件，从而使课堂效果看上去不输他人。

艺术表现形式不同，导演的职责或手法亦有所不同，就像舞台剧导演和电影导演在做法上是有区别的，教师可以借鉴其有益课堂的内容予以融合运用，丰富导演式执教的质地。一般来说，舞台剧导演所受约束较多，他的主要职能是剧作诠释。由于剧本是戏剧的灵魂，剧作家实际上在剧本里已为舞台演出设定了限制，导演在此就成为剧作者和工作人员之间的桥梁纽带。导演的场面调度受到剧本场景的制约，他会基于自身对剧本的理解而确定总体格局方向，再引导设计师和演员等进行部门、环节的沟通，在和谐的配合中达到整体戏剧效果。导演在剧本排演阶段应是最有影响力的，而当幕布升起、正式开演时，导演则对舞台上的一切无法控制了。作为观众的我们如果看了一出很糟的《奥赛罗》或《李尔王》，一般不会责怪莎士比亚的剧本写得不好，只会觉得导演的诠释有问题。舞台剧导演的剧作诠释理念与能力，往往决定了一出舞台戏剧的最终效果。

教师作为课堂“导演”，负有在受限状态下体现教学效果、提升课堂效益的责任。教师实施课堂教学的主要约束是课程教材在内容、范围、难度、深度、目标等方面的限制。教师的教材诠释理念和能力，也就在很大程度上决定着课堂教学的走势与效应。教师与教材的关系类似于舞台剧导演与剧本的关系，教师相当于教材编写者与学生之间的桥梁纽带。教材编写者代表国家意志设定了课程学习的框架和要旨，在此制约下，基于对课程本质要求的理解，教师融教材编写意向和学生学情特征于一体，通过对教材主体思想的提取，建立起学生与教材编写者之间的无形对话机制和意念互动平台，从而实现教师作为课堂“导演”对教材体系内容的诠释。

一般而言，决定教师教材诠释水平的是教学理念，表现教材诠释效果的则是学生学习状态。即使相同学段不同区域的学生选配的教材版本不同，也不会从根本上导致教学效益或学习成效的落差。教师只要始终坚持在课堂教学中渗透自身教学理念，将其外现为教材格局解构与内涵表达、师生课程共享与意念互动、学生学习心态与能力引导，即以课堂“导演”的统合力完成课堂基于教材个性化诠释的整体建构，那么教学效果的优化呈现就变得水到渠成。于是，限定条件下的教学行为亦能取得非限定成效。

和舞台剧导演的发挥受约束性相比，电影导演对最后成品的控制力显然大得多。电影导演只要愿意，就可以完全依照其构想进行拍摄，不仅能反复排演而且能一再重拍。电影靠影像传递信息，导演的执导力就是其对所有视觉元素的全权决定，即镜头的选择、摄影角度、灯光、构图、摄影机运动、剪辑乃至服装、布景和外景选择等方面。导演由此借助丰富的场面调度和景框界定，自由扩展场景画面，实现情节叙事，传达电影意念，从而达至其希望的最佳效果。

如果以“舞台剧导演”的角度看，教师的课堂“执导”重心是如何从设限的教材里展现个性化解读和创造性诠释，并以此带动起学生良好学习态势的话，那么以“电影导演”的角度看，教师的课堂“执导力”则表现为，怎样通过教学“场面调度”和课堂教学“制片”实现课堂效益的较优化，包括教学环节或板块的设置、教学场景的衔接、课堂操作行为的细化、教学媒体与资源的选择、教学距离与区域空间的安排、学生课堂活动的开展、“内景”课堂与“外景”课堂的互动等。教师的导演式执教就是对多种课堂元素的整合，借以实现对课堂教学的主控作用，从而达到理想的课堂效果。

对课堂教学而言，作为导演式执教的教师运用各种元素“排演”的过程就是教学“拍摄”的过程，亦即课堂教学“成品”过程，这些都是同一性过程；如果不一致，往往可能是为公开课的试教或磨课经历，一般来说，这种从多轮磨课到最终成品的过程，不能认为是真正意义上有价值的课堂教学，教师在多次“排演”里虽然也“执导”着课堂，但却不能使该试教过程中的多个班学生获取优化的教学效益。所以，课堂教学应该是“一次性艺术”，教师在实施导演式执教的同时，也和学生一起承担着课堂“幕前人员”的互为依托的共同责任。

由此来看，课堂“摄片”与“成品”的统一性过程，开始于教材即编写者的意向，结束于学生的学习需求与意愿，教师在其中发挥着将教材转化为教学“剧本”并予以“执导”，从而实现课堂效益的职能。这就类似于电影导演把舞台剧改编成剧本时，常有种种基于个人化思维的编剧选择，有时甚至将原著改成让剧作家意料之外的版本，这些决定实际上使原著作品的普遍意义得到特色化延伸。因此，无论学生使用何种教材版本，只要教师以教材为依据，将教学“剧本”和教学理念、行为有机融合，就能构建起相应课堂格局。也就是说，由同源课程教材到个性化教学“剧本”，再生成演绎出各具特色与效果的课堂教学，即“同源异课”正是教师导演式执教的必然结果。

导演作为片场负责人，是庞大电影剧组和谐运转的总管，而作为电影作者，更是赋予影片价值蕴涵并引领其走向成功的决定性因素。导演的作用对演员来说尤其重要，因为导演无论怎样高明地借影片传意并刻上自己的印记，他都必须通过演员进行。优秀的导演往往能在其影片获得肯定的同时，也成就了其角色代言人即演员的熠熠星光。例如，美国著名导演威廉·惠勒执导《罗马假日》，在使该片成为经典名片的同时，也让奥黛丽·赫本凭借本片一举成名，获得奥斯卡最佳女演员奖，并从此一直成为令世人景仰的明星。威廉·惠勒在整个导演生涯里，一共获得 12 次奥斯卡最佳导演提名，三次获奖，有三部导演作品获得过奥斯卡最佳影片，他通过其执导的电影曾将 12 位演员送上奥斯卡影帝、影后的宝座。

巩俐作为中国著名女演员，拍片众多。她在《活着》这样的非主流影片里同样展现出自己鲜明的风格。事实上，她的表演风格很大程度上深受以往长期合作的导演张艺谋电影理念的影响，即使后来拍过不少国内外其他导演的影片也同样如此。

导演无论对电影还是对演员所具有的作用可以说是无可替代。导演发挥这一重要作用的基本途径是“导戏”或“说戏”，把自己的电影理念和愿望，通过演员与导演的思维碰撞及观念交接，传递给演员，并经由演员的角色代言即表演而予以表现。电影导演到底要“导”多少则因人而异，不能一概而论。有些导演和演员在事前沟通过角色状态后，拍摄时就几乎不再与其讨论，这属于极简主义者，意思好像在跟演员说：让我看看你能做什么？比如美国著名导演约翰·休斯顿就是这样，有次某个女演员在演某场戏时问他，到底该站着还是坐下，他回答：我不知道，你累了吗？另外有些导演则事事亲力亲为，比如西班牙著名导演佩德罗·阿莫多瓦常和摄影指导一起，在排演阶段一路调灯光和摆镜位，并不断给演员示范动作，甚至指导角色心理状态。看起来似乎有些干涉过多，但他却不仅是西班牙最成功的商业导演，而且是国际上极受人敬重的艺术家。演员都愿意听从他的要求，这种亲密合作关系能帮助演员全神贯注于思想和情绪的表达，因而他的电影里演员表演总是很到位。

詹姆斯·卡梅隆作为另一位美国著名导演，虽然拍片不多，但是其身先士卒、事必躬亲的敬业态度和执导观念确保了其每部电影的成功。例如他在《泰坦尼克号》拍摄片场，长时间泡在水里和演员说戏。

指导学生是教师作为课堂“导演”的最重要作用的体现。导演式执教意味着教师对学生担负的指导责任有：帮助学生学会解读教材、理解体会课程知识，借助合适的方法、途径促进学生掌握并应用所学知识，引导学生领悟课程思想和实质，通过师生互动树立学生的质疑、探究、创新意识，推动学生完善学习品质、提升学习能力，引领学生在知识的活学活用中培养和增强实践体验能力。教师的这些课堂“导戏”内容，在很大程度上影响乃至决定着学生的思维理念和人生意向的发展。

教师的课堂“执导力”或者说“导戏”能力，往往和指导学生的观念、策略紧密相连。教师指导学生到底达到何种程度，不应以教师讲得多少予以判断。在基础教育课程改革中，人们经常热衷于“少讲多练”、“精讲多练”，甚至硬性规定教师课上只能讲多少时间、而把大部分时间留给学生自己学；或者津津乐道于让教师退居一旁、让学生走上前台畅所欲言，以为这样做就是解放了课堂、提高了学生自主学习能力；或者认为教师多讲就是“一言堂”，就是灌输式教学，潜意识里视其为非正确做法。问题并非如表象那么简单，任何方式不能一概而论。比如，同样是教师在课上讲解内容多、时间长，但在解题方法上的“多讲”和在思维方法上的“多讲”是不一样的。又如同样是多讲，教师面对不同学情、不同学力层次或者不同区域的学生采用的“多讲”也是不一样的。

以教师是否多讲来判定课堂价值的做法实际上默认了这样一个前提，即教师运用语言表述是指导学生的唯一手段。事实并非如此。教学语言是教师实施导演式执教的重要载体，它既包括叙述语言又包括动作语言。也就是说，教师可以应用口说语言、体态语言、媒体语言、情景模拟语言等语言路径实现课堂“执导”，即对学生的学习指导。从另一方面看，我们不能将教师在课上讲得多还是少的教学形态，武断地作为其导演式执教水准高低的依据。

导演式执教可以表现为简约型，教师指导学生直达学习的内核，摒弃不必要的教学“附着物”和课堂“包装”，运用清晰明快的教学方法和近在身边的教学资源，帮助学生在去粗取精中理解、掌握课程的核心知识。也就是说，教师尽量用较低的教学“成本”获取较高的课堂“收益”，不特意突出自身的教学行为，着力彰显学生的学习行为，以简洁质朴的教学语言、手段和流程，引领学生学习的丰富和深刻性。

对教师而言是简约，对学生而言并不简约。简约意味着教师执教的返璞归真，但却反映出执教背后的素养底蕴，包括教师对教材的解读挖掘、对课程的悟性思索、对学生的真情实感、对教法的探究追求。教师在执教形态上的简约，表达出不简约的教学内涵，并通过向学生的传递激发出学生不简约的学习过程，包括对教师思路引导的即时跟进、对具有思维深度问题的独立解析、对实际现象的观察与思索、对疑难问题的合作探究等方面。

简约型导演式执教蕴含着教师对学生的这样一些潜台词：大胆地表达自己的观点！让我看看你学到了哪些，能做些什么？你有什么办法、建议？还有哪些问题？你是怎么看的？这些潜台词说明教师旨在通过课堂“导戏”，把学生推至前台即课堂学习“舞台”中心。教师简约的教学“执导”铺就了学生活跃丰富的学习场景，学生能从“简约”中收获知识和能力。

导演式执教也可以表现得较为细致全面，教师往往很注重课程知识的准确表述，有时是事无巨细的阐释，甚至是反复的讲解和手把手的示范，同时也较在意教学手段的选择，希望以其吸引力能提高学生的学习关注度，另外还可能就学生的学习习惯、态度、方法等非课程知识性问题予以强调。也就是说，教师在教学“执导”上面面俱到，从课堂内容到包装都处理得细节化和程式化。这实际上反映了教师对学生的这样一些潜意识态度：学生必须全部掌握教材知识才是完成学习任务；学生必须按照教师的要求、思路、方法进行学习才能实现课堂教学目标；教师考虑越周到、讲课越多越扎实，学生的学习就越有成效。

这种事必躬亲的导演式执教，可能对学生知识学习的熟练度和细腻度产生积极作用，尤其对学习习惯有欠缺的学生和课程学习初始阶段的学生帮助更大。当然从另一方面看，也可能因为过于全面而显得干涉较多，容易限制学生的思路并约束学习行为，给人的感觉是对学生不够放心，事事必须指导到底。时间一长，教师自己的教学思维也容易固化，甚至就会变为教材知识和学生之间的“传声筒”，这就不利于学生自主学习能力的提高。总之，究竟采取何种“执导”方式，一切要以实际学情和教学内容而定。

教师和学生之间因各自课堂操作行为而构成的教学运动，决定了师生双方都是课堂的“幕前人员”。但在共同推进课堂进程时，教师真正发挥的是“导演”作用，因而又作为“幕后人员”通过课堂“导戏”，而突出学生作为“演员”的“表演技艺”即学习能力，这正是教师实施导演式执教的本质所在。也就是说，导演式执教虽然以教师对课堂的主导为外在表现，但归根到底必须以学生本位为教学的目标取向。

就如同电影导演作为片场的核心主导者，他无论在场面调度上权力多大，在剧组各部门之间的调配上威望多高，还是通过极简主义或亲力亲为在对演员指导上的影响力多强，最终都必须服务于影片的整体质量和效果。如果一节40或45分钟的课被视作教师的教学“作品”，那就意味着教师在以课堂“导演”的身份发挥主控作用的过程中，通过在教学设施设备、资源素材、时间与空间等课堂元素间的合理调度，以及对学生或者简约或者细致的指导，构建起以导演式执教为引领的整体课堂格局，并由此实现学生的知性发展、教师的专业成长和课堂的质感提升。

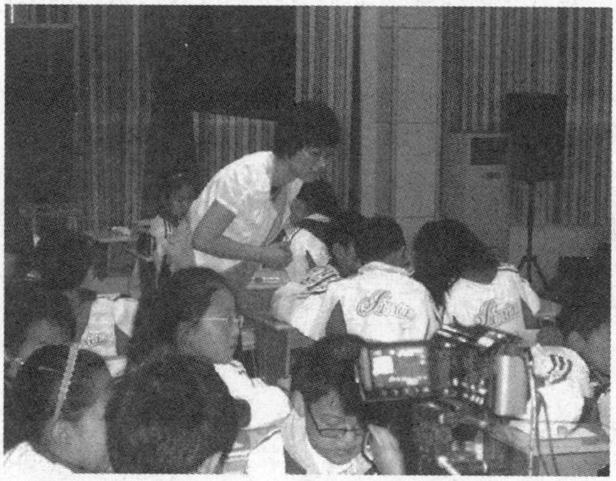

教师是课堂教学的统领，其民主亲和的作风以及循循善诱的态度往往能激发学生的学习欲望。教师通过其导演式执教引领着课堂发展进程。

4.2 表演性学习

一堂课上得精彩成功，谁更容易得到赞美的掌声，教师还是学生？一堂课上得枯燥乏味，批评埋怨的声音一般会更多地给予谁，学生还是教师？回答可能各不相同，这是问题视角的差异。如果从电影和戏剧的借鉴性来看，我们可以得到一些启示。“不管你在电影里怎么演，都是为了导演，演员并不能塑造角色，导演才是电影的艺术家，演员只有在舞台上才有得发挥。”女演员金·史丹莉的话也许代表了大部分演员的看法，甚至连卓别林都承认“电影表演无疑只是导演的媒介”。

一般而言，演员是导演用以沟通情感和意念的一种“语言系统”，其表演往往由导演决定，就算明星也不例外。如前所述，电影在很大程度上被视为导演作品。即使演员在拍摄过程中付出了辛劳、汗水甚至伤病的代价，电影的作者依然算在导演头上，而不是演员。但剧场表演则大不相同，幕布一旦升起，演员就可掌控全局，能在舞台上尽情发挥。往往一出戏的成功，人们将溢美之词归于演员，但同时观众也会因某出戏的无聊枯燥而怪罪演员。

基于这样的观点重新审视学生在课堂教学中的地位和作用，我们感到学生就如同电影演员和戏剧演员的身份相融合的课堂式体现，即表演性学习实施者。当然，这并不是说学生在上课时就在“作秀”，尤其在公开课上和教师相互配合“搭架子”故意做给别人看。“表演”在此处其实并非电影术语，只是通过外在概念的迁移运用，表达基于内涵共性的课堂学习特征，或者说是学生作为学习者的职责外现。

为什么一提到学生的地位和作用，人们就本能地想起“以学生为主体”的表述？尤其是当它和“教师为主导”并列时，我们更会感到它的矛盾之处。到底什么是“主体”？它意味着由学生主控课堂吗？显然不是。教师与学生间的知识落差以及教育的本质，决定了课堂的主控者只能是教师。学生是在教师掌控课堂过程中，通过汲取式吸纳实现自身知性成长的人。这就如同演员在导演的说戏中，通过导演对电影意念的把握，达到增强演技、诠释角色的目的。

表演性学习可以理解为学生在教师的指导下，通过对教师课堂意念的体会与内化，完成课程知识的学习，并实现自身理性发展、道德成长和能力伸展的有机统一。这就是说，学生的学习过程是教师课堂主控形态下的核心内容，这一过程既说明了教师的教学理念和愿景构想，需要依赖学生的表现去实现，学生的学习架构起课堂的目标和基石，同时也表明学生的学习需要依靠教师的系统化帮助才能获得成效。

从本质上说，学生的表演性学习是为了自己的发展，并不是为其他人进行课堂“表演”。就像演员的角色饰演表面上看是为了观众，实际上是出于自身演技水准提高的需要。不少演员大量接拍电影，往往期望从各类人物的扮演中，提升表演艺术水平。学生的表演性学习一般由教师的导演式执教引领和推动，这就基本在课堂框架范围内设定了学生的学习内容、思路、时间、程度等条件，使得学生的课堂学习走势按照教师的意向进行。当然，如果教师以简约型“导戏”彰显学生的课堂学习过程，那可以回归学生学习的本源需求状态，学生的表演性学习就犹如剧场中的幕布拉起后，由演员全权掌控舞台戏剧表演一样。

学生的表演性学习当然不是真的在表演给谁看，而是为了自己。学生通过表演性学习实际上是在强化学习观念和提升学习能力，同时也是教师教学理念的侧面体现。

与电影的时间表现不同的是，剧场表演一般同真实的时间保持一致，演员必须一场一场实实在在地将戏经营至剧尾的高潮，而不可能像电影通过剪辑去衔接场景画面一样。就课堂教学而言，教师实施导演式执教的时间与学生进行表演性学习的时间是一致的，因而教学“制片”的过程与教学“放映”的过程也是重合的。学生在教学场景“幕”与“幕”之间的逻辑连接中亲历着学习的转承起合，学生在此过程中不可能随意跳过某个环节，否则就会和教师的课堂“执导”不一致。这就好比在课堂“戏剧结构”中，学生的学习能量随着每场“戏”即教学场景而逐渐增强，直至达到学习高潮时，获取在课堂能量引爆点上的最大化学习收益，然后回落至课堂学习的尾声，以回顾总结式反思完成整个课堂“剧作”。在这个课堂“戏剧结构”里，学生在每一场不同的“戏”中，用不同的学习方法建构并充实着其学习能量，并使学习能量融合到课堂框架的各个环节中。所以，当课堂学习的“幕”一拉开，学生就身处学习“舞台”，独自掌控自己在整个课堂“戏剧”中的学习能量，并通过学习能量的不断积淀丰富着课堂学习蕴涵。

电影表演在很大程度上取决于导演的题材处理。如果导演越倾向于电影写实主义技巧，则越需要演员展示其表演能力。这种导演比较喜欢用长镜头，使演员能在一段不被打断的较长时间里连贯地表演；同时也喜欢用远景镜头，将演员的全身纳入景框，而这种距离往往和剧场内观众与舞台间的距离相似。在观众的视点和观感上，对写实主义电影的表演较易衡量，因为导演很少干涉或打断演员的连续性表演，摄影机的镜头拍摄纯为忠实记录。

拿课堂教学来说，学生到底学什么、怎么学、学习效果如何，总是和教师的课程诠释力密切相关。这在很多时候是通过教师的教材整合处理能力和教学悟性引导力实现的。教师如果能视教材为学生据以形成和发展学习能力的触发器，那就不会浅层化地把教材同课程画等号，去以知识灌输手段过于强势地干涉或主导学生的自主学习。教师此时就该和写实主义电影导演一样，将教材视作“剧本大纲”，以此对学生进行点拨式沟通和引导，也就是说，教师把自己对课程本质内涵的理解渗入到对教材的诠释处理中，而这种做法即是放手让学生接通教师的启动思路，并予以开放式后续学习。教师对学生在学习中的步骤设计、方法运用、知识解读、结论演绎等方面内容，不作强制性规定或统一的格式要求，也不随意中断学习进程。教师在课堂里进行教学巡视，就如同导演指挥着摄影机不动声色地进行全景拍摄一样。

总之，教师一般不干涉学生的学习，学生则如同演员在教学“长镜头”里不受干扰地尽情“表演”，将心中对知识的理解、问题的看法予以充分表达。即使学生在学习过程中存在不完善乃至失误之处，教师也不必立刻主观地予以“填漏补缺”，因为那还是一种变相干涉。难道放任学生的学习将错就错？事实上，只有“放任”才有“胜任”，即只有当学生在学习这个“项目”上发生谬误而进展不下去时，才能自己主动去查找原因并寻求新对策，也才能自己将自己的学习“项目”向前推进。不被打断的教学“长镜头”赋予学生全面展现学习真实形态的机会，这也正是学生经由表演性学习获取课程养分并学会学习的重要台阶，就如同演员在表演中的演技增长和观念更新一样。

形式主义倾向较强的导演则不太看重演员的贡献。像悬念电影大师希区柯克经常利用精妙的剪辑，而很少靠演员表演取得扣人心弦的效果；意大利电影大师安东尼奥尼也曾说过演员“像树、墙或云彩”一样只是他的构图部分，其作品常用远景将演员和暗示复杂心理层次的场景相并列。在这样的电影里，演员的确很难有用武之地。一些导演偏好非职业演员也是由于类似的原因，他们认为电影应该电影化而非舞台化，专业演员喜欢像舞台表演一样传达想法和情感，所以应忽略演员的想法，要表现其本质而不要他们的表演。

课堂教学中存在着与此相似的现象。一些课上，学生虽然在学习，并且有时还挺热闹，但实际上真正发挥的余地并不多，这主要和教师的态度有关。如果教师过于彰显自身执教技艺，在课堂上“全面出击”，既要教材讲得透彻，又要语言叙述生动；既要教学手段丰富，又要使之与众不同；既要多媒体课件做得精彩，又要知识信息包罗万象，这样学生在讲台下基本上是“观众”，其学习行为是从属于教师的指挥的，学生在学习上的自主想法和实际成效就较少有机会表达。教师越出彩，就导致学生越没得发挥，因为教师反而在“表演”了，原本通过表演性学习获得表达机会的学生，则在被动观看教师作教学“表演”。学生在此过程中也可能有看上去热烈的小组讨论和发言，但这根本上是附属于教师教学“镜头”的次学习场景，这也就犹如学生成为教师追求完美教学风采的“构图”元素之一。事实上，这也是相当一部分课堂上学生地位与作用的写照，教学公开课或观摩课活动中显得更突出。

出于演员档期、后期制作、经济因素等方面的考虑，电影很少按照情节先后顺场拍摄，有时反而先拍高潮戏，后拍低调戏。电影演员在片场就必须很专注，随时要能在很短时间内调整情绪，迅速入戏，并且得看起来很自然。至于演员所演的各种场景戏，将来怎样由不同的镜头组接成前后一致的表演，那就是导演的处理手法了，演员只管用心演好戏。

学生在实施某个特定的学习项目时，可以按照自己的思路构想、步骤计划自由地进行。一节课上这样的学习任务会有若干项，而各不相同的学习任务之间的衔接，却不是学生能够依照自身意愿自由掌控的。教师往往根据其教学设计和课堂格局的通盘考虑，去决定当课学生所要完成的学习任务在其间相应环节或先后顺序上的设置。这就如同电影制作，演员的戏份有若干，他在每场戏中的表演可以有自身特色，但他的各场戏拍完后，由导演通过镜头组接即剪辑实现叙事流畅，所以演员在剧情时空往来变化的表演任务中穿梭的过程，也就是演技伴随演员情绪、情感、语言、表情、心理、悟性不断调适与积淀而增强的过程。

表演性学习对学生学习能力提高的价值效应大抵如此。教师的讲解、呈示、设疑、对话等教学行为是学生各种学习行为的触发器，它可以引领学生在目的、要求、层次各不相同的学习任务间展开多样化学习。整堂课的若干学习任务有可能是循序渐进的，也有可能是交叉换位或错落有致的，学习的节奏、步调、方法、心向、思绪等就要随之作出合理的调整。在此过程中，学生的专注性、灵活性、细致性等学习品质能逐渐养成，从而有助于学生学习能力的提升。

和戏剧演员必须长时间在舞台上演戏不同，电影演员不需要演很长时间，因为电影由镜头组成。剪辑很细的电影，有时镜头只有几秒钟，甚至不到一秒，即使写实主义长镜头也就几分钟而已。这样演员往往不必长时间排演并建立与其他演员的密切关系，或者建立场景和戏服的感觉。而且有些导演尽量不排演，以免演员不自然，甚至有时候演员只是在片场或外景地才首次见面。这样做对影片拍摄反而能保障真实性。

就课堂教学而言，教师同学生之间预先建立熟悉亲切的关系，对学生的学习当然是有帮助的，但这并不是说没有事先的默契就一定不利于学生的学习。有些教师在一年或两三年一个循环段里任教同一班级，相互之间显然非常熟悉了，但如果教学方法、观念缺乏更新，学生的学习行为实际上也就在此连带关系下产生重复、滞后感，学生对教师也会产生“课堂审美疲劳”，有时过于熟悉不一定就有默契。反之，与学生关系并非密切的教师，往往在教学行为的举手投足间比较自然地散发出其独特的教学理念，可能在不经意间和学生建立起隐性默契。这就好比电影拍摄的默契并非靠长时间排演一样，实际上课堂教学的默契在于教师教学理念和学生学习基调的匹配。

也有些时候，学生的课堂学习显得不够真实或者说有“作秀”感，这往往在于教师并没有和学生建立起自然状态下的默契，而是基于外力撮合或特殊目的下的强制性配合。比如各种类型的公开课上，学生的学习内容、方式、时间等几乎都由教师全程掌控，学生最终的学习效果都是教师希望见到的。在很多情况下，这些都不同于平常自然状态下的课堂学习，因此，如同导演指导演员排演一样，教师与学生之间也就存在着试教或磨课现象。教师常将在先前试教班上得到的体会、经验、手法在正式执教的课堂上重新来过，并且之前亦和学生进行过提示性沟通，这也就是将教学思路和学习形态间可能存在的不匹配，通过“排演”即试教硬性变为“假性默契”。学生既然被牵制着学习过程，其真实学习效果当然不容易展示。

从另一方面看，演员拍电影实际上是个苦差事。比如，演员经常必须在场景中有一众技术人员围观的状况下表演，或者在因镜头扭曲而造成的极不自然的情况下演戏。演员需要有定力，要具备不受干扰、在任何场景都能发挥真实演技的素质与能力。基于这一视角看待学生的学习时，我们可以理解为教师的课堂教学应该是一次性行为，它决定了课堂学习的同步一次性特质，教师的“导演”就是学生的“表演”，这不应该由于第三方观课者在课堂内的存在而有什么改变。学生在课堂氛围里通过表演性学习展现学习状态，才能向教师的导演式执教提供真实课堂的即时反馈，也才是教学与学习本质的回归。

虽然大部分电影冠以导演作品的名号，但也有些电影由演员主导。这里有演员的高超演技、演员的声望与号召力强于导演、明星制度的包装等多种因素，不能一概而论。例如，提到《碟中谍》系列影片，观众立刻就想到其主演好莱坞巨星汤姆·克鲁斯，而很少记得这三部电影的导演；或者提到《乱世佳人》，人们更多地想起费雯·丽和克拉克·盖博这两位主角的精彩表演，而记不起这部巨片的几位导演是谁。

演员是导演意向的表达者，同时依托表演技艺的磨炼达至自身职业生涯的发展。像英国女星凯特·温丝莱特，从商业大片到小众艺术片、从主流电影到独立影片，都演得兢兢业业，在很好地表现了角色特性的同时亦使自己成长为戏路宽广的演技派明星。

课堂也是如此。学生的整体素质或水准不一定比教师强，但整个班级里有数名学生的确具备较强能力或特长时，就有可能通过问题解答、小组探究、师生对话等课堂操作行为，而使课堂在学习成效的展现中熠熠生辉。或者，教师本身的教学观念和学生的学习基调匹配度弱，两者之间很难擦出教学火花，但学生互不相同却个性十足的学习行为，则可能赋予课堂未经雕琢的原初气息和真实自然的思想流露，这有时反而能为师生之间营造沟通的氛围。学生的课堂发挥比教师出色的情况确实是有可能发生，并且也时有发生，这并非就必然说明学生的课堂学习达到极佳水平或效果，有时候甚至相反。这主要是因为教师的课堂“执导”和学生的课堂“表演”并未发生碰撞中的教学反应，学生的精彩表现实际上是其自身“单打独斗”的结果，而不是教师执教功力的体现。如果人们对这样的课印象深刻，或者对课堂气氛称赞有加，那也只是对学生要素的肯定，并不代表这节课的整体效果，归根到底这是一种教学与学习脱节现象，学生的光彩盖住了课堂的单薄。

教师的导演式执教与学生的表演性学习相匹配时，课堂张力才会形成，由此拉动师生之间教与学各元素环环相扣，就如同电影导演的现场说戏，从演员内心深处激发起诠释角色的表演欲望一样。这样的课堂不仅能收获教学和学习的效益，而且能铺就学生激发学习潜能和情感的创造性舞台。学生在这种课堂上的出彩才是真正的基于整体效应的出彩，即使教师没有凸显光彩，这样的课堂也是成功的。

学生实施表演性学习既是其角色责任使然，也是反映教师执教能力与愿景的依托要素。表演性学习对学生而言往往是循环往复的惯常行为，并在此积淀过程中潜移默化地增长着知识与能力，就好比演员演技的长进需要许多部电影的磨砺一样，但表演性学习有时候对教师而言却是至关重要的，比如，尤其在公开课或赛课中，教师的导演式执教能否完全展现以及教学理念是否得到认可，很大程度上甚至根本上要靠学生的表演性学习，而且基本上是一次性“表演”。所以，表演性学习是学生的地位作用同教师的地位作用产生课堂碰撞的支点，由此带动教学的可持续发展。

4.3 课堂“戏剧舞台”

戏剧在观众面前演出，电影在观众面前放映，两者都是既具有普适性又能为个体所欣赏的大众艺术。但两种艺术媒介又有较多差异，其语言系统在很大程度上是不同的。电影观众的视野在镜头带领下，可以向各种方向远近自如地移动，并能在数百个镜头的剪接中感受时间与空间的伸缩性。

戏剧就不一样了，无论演员在表演时怎样前后移动，其所在舞台同剧场观众间的距离基本不变，所谓特写很难呈现。同时，剧场时间往往是连续的，戏剧剧情基本是在幕与幕之间的场景转换中让观众体会时空变化。两种艺术媒介的不同框架决定了这一切，景框是搭建电影框架结构的基础工具，它使电影具有无限的开放性。戏剧演出则由舞台框架所限定，演员的所有戏剧动作无一例外全在舞台上展示给观众，并且无从“剪接”，整个剧场的封闭性使戏剧舞台更显真实。

从某种意义上说，课堂和戏剧舞台相类似。当教师往讲台上一站、学生们落座时，就意味着教学“戏剧”在课堂“舞台”就绪。对“内景”课堂而言，教室本身的封闭构造决定了课堂“戏剧舞台”在承载学生表演性学习上的限定性。学生只能在相对狭小的个人学习空间完成相应的学习任务，如同演员在舞台上不同的站位和造型展现着戏剧演出的走向一样。教师通过导演式执教将其意念中对教学板块的设置，作为合理划分学生学习进程的结构切入点予以课堂外现，犹如舞台剧中幕与幕之间的逻辑性衔接和戏剧性布局一样。

课堂“戏剧舞台”到底是谁的“舞台”？在教师眼里是学生的学习舞台，在学生眼里是教师的教学舞台，在第三方观课者眼里是师生互动共享的教学一体化舞台。或者换一种说法，也可以认为是教师专业成长的舞台，以及学生生命成长的舞台。但归根到底，课堂“戏剧舞台”应是基于课程蕴涵的人性积淀与发展的舞台。

无论是教师的教还是学生的学，其实都是很私人化的事情，没有人希望在别人的旁观甚至“围观”下进行教或学。教师和学生之间就像常年合作的舞台剧导演和演员，他们基于对戏剧演出的共同热爱和追求而组成团队，剧场就是其展示作品的地方。师生之间就课堂教学“产品”的合作，并非是刻意做给其他人看的行为，尽管课堂上时有参加教研活动的教师同行在观课。在这种情况下，之所以说课堂是“戏剧舞台”，不是指其外向表演性，而是强调其内涵诠释性，即教师和学生希望在课堂合作中，用恰当的方式表达出对课程的理解。这就如同，哪怕是莎士比亚的经典剧作，也必须由戏剧导演和演员的诠释性合作予以呈现，最终演员的舞台表演只是这一过程结束的标志；关键不在于舞台表演，而是导演和演员在剧作理解力上碰撞后的戏剧作品生成。

教师的课案设计，学生的课前预习或课外自学，无论达到怎样的程度或者如何全面，都只是单线式的课程知识自我解读，即使放在课堂上，如果缺乏相互之间的对接，仍只是各自的单一表现，即教师讲课很精彩或学生学得很活跃都是单线平行运动，那么课堂教学就只能是“表演”了，尤其是当众多观课者在场时。因此，教师和学生各自对课堂的单向理解必须每次都发生碰撞，在思维角度、解读层面的碰撞效应中，形成课程知识的内化式构建，由此实现师生基于课程内涵汲取的个性化发展，这就是课堂“戏剧舞台”在师生课程诠释合力中的表达性生成。如同舞台是导演和演员对戏剧作品的解构与表达的平台，课堂则是教师和学生据以实施课程内涵，并促进相互发展的教与学互动的平台。

缺乏师生互动的课堂给人的感觉不仅是知识了无生气的单向传输，而且类似电影画面里的演员同观众的关系。虽然银幕及其里面放映的影片本身与观众处于同一空间，但电影是二维空间影像，演员被固定在银幕上，无法亲近观众，他们和观众之间是没有互动的，这种关系远不如舞台演员。剧场是三维空间，人与物都是真实可及的，戏剧演员与观众的互动能建立起和谐的亲密感，剧场是和真实生活一样的现场空间。观众的参与程度是受这种差别影响的。电影观众比较被动，基本上由导演的镜头剪辑提供信息，自己不怎么需要经由想象补充细节。剧场观众则比较主动，必须在观看中自己从舞台上找寻重要信息，还要替一些视觉细节经由对白思索弥补意义，因为随着幕布的开启，演员的所有表演事无巨细地全在舞台上呈现，导演无法掌控，也不可能通过特写或剪辑向观众凸显主观细节，舞台的全貌向观众传达着一切，所以观众必须密切关注舞台，跟随演员的动作、语言变化，获取相应的信息，时常还要通过自己的思索建立起各信息之间的联系，并对剧情细节予以适当补充。

从课堂角度来看，师生如同互演“对手戏”一样，都是这个“戏剧舞台”的主角。学生通过对教师教学操作行为的观察、教学意念方向的把握、教学理想追求的体悟和教学方法思路的揣摩，去实现课程知识的传承和内涵思想的积淀，实际上是在教师的导演式执教中为自己的学习定位，即在教师的教学行为里反射自己的学习需求。教师则通过对学生学习操作行为的关注、学习目的心向的体察、学习观念手段的识别和学习效果状态的判断，去实现课程主旨的渗透和生命灵魂的传递，实际上是在学生的表演性学习中替自己的教学把脉，即在学生的学习行为里映衬自己的教学愿景。第三方观课者会通过对师生课堂互动操作行为的解读与领会，去形成自己对课堂实效的评价，并架构起对课堂教学的自主性设计与理解的格局，即在师生的实时教学与学习行为里，透析出不同教师视角与观念下的课堂教学内质。

戏剧和电影虽然都是视听媒介，但它们强调的重点不同。戏剧信息的主要来源是演员在舞台上的对白和动作，如果以电影角度看剧场，舞台表演基本上局限于远景，动作越大则越有视觉效果，剧场远景往往都具有风格化特征。舞台表演很难说有什么特写，如果说有的话，最多只有剧场中前几排观众会注意到，所谓戏剧特写实际上对绝大部分观众而言可说是忽略不计的，除非演员的舞台动作过于夸张或带有明显的个人风格。电影就自由得多，它能通过镜头变化和场面调度，轻松游走于远景、全景、中景、近景和特写之间，从而呈现出舞台上无法演出的场景。所以，戏剧演员一般以语言表达意念和情节发展，就像观众从哈姆雷特的剧中对白和独白中获知他对杀父夺母的叔父克劳迪斯的态度。总之，舞台表演的特写很大程度通过演员的“说”而不是“做”来表现。

教师通过教学“运镜”和“剪辑”实现课堂教学的流畅推进，其间既有教学场景的自如衔接，又有特定课堂操作行为的凸显，由此使教学结构在课堂连续性里优化。从课堂“戏剧舞台”的视角看，教师和学生都可以平等地展示自己，包括观点阐述、情感流露、意见交换、态度表达和问题质疑等，这种展示基本上以课堂语言灵动的呈现为载体。无论是教师还是学生，就如同戏剧舞台上的独白或对白一样，经由语言的演绎在相互间传递着思想、传承着文明。在此过程中，教学的主题与目标以及学习的动态与效果，都是以“说”为主线牵引带动起来的，即要么不说，要么全说，教学流程就在师生的“说”里推展着，并且应该是不受干扰、不被中断地流畅展现。这就好比戏剧演员表演时的一幕到底式的全景或远景效果一样，即师生都有的发挥，能比较尽兴地表现自我。所谓课堂“特写”实际上也是由教师或学生的“说”引申为课堂关注的焦点，教师的讲解是学生眼里的教学“特写”，可以激发和引领学习的意念；学生的回答是教师眼中的学习“特写”，可以反馈和调适教学的方向。

还有一种情况，即把整个课堂教学真的搬到了舞台上，当然这并不是指拍电影或演戏剧，而是大型教研活动中向众多观课教师、教科研人员或专家学者展示教学特色的一种公开课观摩形式。如果是出于活动规模大而课堂空间小、某种教学模式或理念值得推广、教师专业成长的促进以及教育科学研究等状况的考虑，这种在大舞台上演绎课堂教学的做法也未尝不可。但同其可取之处一样突出的是，这种做法的弊端也是显而易见的。身处其中的教师和学生都会有异样的“作秀”感。

把四壁环绕的私密性课堂空间移到某个大型会议厅的前排主席台上，就如同将某出戏的布景及演员整个安置在舞台上，只等幕布拉开，演出即可开始。无论教师和学生怎样试图保持在教室内上课的常规、环节、进程，但只要身处三面环绕的舞台框架内，师生的心态就是不同于教室课堂的，因为他们心知肚明，台下无数双眼睛正透过“教室”无墙的一面看着他们的一举一动，他们感到自己就是在台上表演的演员。

这显然不同于基于电影和戏剧舞台所得到启示的导演式执教和表演性学习，那是在自然、本真、开放的无作秀状态下的教与学的碰撞，其间出现一些非正规的、欠严密的、不成熟的、较粗糙的观点表述或思路形态，都是完全可能甚至必要的，因为碰撞中的无修饰生成才是课堂活力的真谛，师生的课堂操作行为都是面向真诚自我，出于学生生命成长的本原需求。然而这在会场舞台式课堂里则是基本行不通的，师生的一言一行要表现给台下的观课者去看、去评点，所以教与学都显得谨慎、保守、精细、规矩，似乎是在尽力给人以视觉好感，但却带给学生和教师做作、压抑的非真实感。所以，这种舞台聚光灯直射下的“作秀式”课堂表演还是有改变的必要。

电影和戏剧在分别通过影像画面和人物对白叙述剧情的同时，也在向观众传达着美学意念，体现出美学价值。电影美学以摄影为基础，通过电影元素的场面调度和构图，将可资拍摄的题材转化为风格化、视觉化的悦目画面。戏剧美学则以人物为核心，强调以口说语言架构角色关系和舞台格局，由此以幕为单位铺展开一幅幅流动的戏剧造型图。也就是说，电影不像戏剧那样依赖于人即演员的表演；戏剧美学更突出人的中心位置，即演员引领戏剧语言并将戏剧冲突具体化、细节化。所以，把舞台剧改成电影相对容易，而把电影改成舞台剧则困难较大。这就是基于戏剧结构的紧密性和电影镜头切换剪接的不同效应。

课堂教学在发挥人文传承功能的同时，也在潜移默化间折射出美学价值，主要表现在透过课堂“戏剧舞台”中师生的语言铺陈，展示出思维的醇厚美和形态的流畅美。一堂课能否带给学生启迪与帮助，能否带给观课教师共鸣与反思，归根到底要看教师的执教观同学生的学习观的碰撞程度，以及师生之间基于课程蕴涵的心灵交接程度。这一切都依赖于倾注师生不同思想或观念的课堂语言的生成性表达，它具有即时性、创造性、发展性、交互性、多向性等特点，由此在每堂课上都可以构建起开放性的思维平台，让学生和教师都能借助这一平台，并通过语言中介表达各自的思想，从而使教与学的内容更充实，使课堂环节更紧凑，从容量、深度、效果等方面使课堂更具整体性。这就如同戏剧演员通过富有意义的台词叙说，在舞台上展现出清晰而完整的故事场景一样，而且不同时代、不同导演和演员的戏剧诠释都可能在语言表达上有所变化，这也在舞台上造就出丰富多彩的戏剧演出作品。

课堂“戏剧舞台”营造“全景”课堂和全程教学的氛围，赋予师生相互反馈与反思教学与学习状况的机会。教师教学操作行为和学生学习操作行为事无巨细的实施，分别成为学生和教师视角下夯实课堂学习和教学的信息源。师生基于自身理解对对方课堂信息的选择与判断，往往带有较明显的主观意愿，这就需要将主观课堂操作同客观课堂形态有机结合，在互动融合中调适课堂节奏与内容，使教学理念与学习观念的碰撞，成为课堂“戏剧冲突”即开放生成性课堂教学的动力，从而促进课堂在人文内涵基础上的整体发展，如同戏剧演员在舞台上通过全方位表演诠释剧作内核一样。

如果导演式执教和表演性学习运作在课堂“戏剧舞台”上，在教师、学生和第三方观课者的视角下，个性化、私密性的教与学都会在心态、情绪的微妙变化中产生异样的感觉。同时，课堂“戏剧舞台”相对于众多观课者的远距离“全景”展现，让人看到更多的是教师的教，而不是学生的学。教学“镜头”的转切在这里就失去了力度。

4.4 教学风格与气质

任何课堂教学都具有普适性的操作程序，都要符合教育的内在规律，无论由谁去执教都是如此。但也正因为课堂教学是由教师去执掌运作，于是基于不同内涵诠释的实际课堂教学也会是千差万别的。这种差异应是立足教育本原上的教学风格与气质之别，或者说是实施教学过程的课堂表现方式与形态的不同。

比如，儿童教育家李吉林老师以“情境教学、情境教育、情境课程”三部曲贯穿其漫长而辉煌的教育教学生涯；特级教师倪谷音作为“愉快教育”创始人，强调“在发展中求愉快，在愉快中求发展”；特级教师邱学华创设“尝试教学”理论，强调“先试后导，先练后讲”；特级教师李庾南在“自学·议论·引导”教学法的实施中坚守着本真课堂；国家督学李希贵老师实施“语文实验室计划”，让学生到自修室去读书，自主学习；特级教师钱梦龙看似寻常的课，是一场没有排练的“戏”，能在听课者心中荡漾着景仰的波澜；实践教育家魏书生老师提出以“定向—自学—讨论—答疑—自测—自结”为步骤的“六步教学法”模式，让学生培养自我教育与自学能力，等等。

这些就是浸润在课堂时空、流淌于课堂血液中的教学风格，它是教师在共性的教学模板上的个性化表达，主要体现为在课程内涵品悟、教材主题解读、教法思路设计、学习策略引导、课堂项目落实等方面较为鲜明的教学观念体系化归纳、提炼与运作。教学风格源于普遍教学规律而又能从由其支撑的泛化课堂教学层面脱颖而出，根本上是教师从课程与教学的自身视角上挖掘和延伸的结果，而这则有赖于教师教学气质同教学理念的碰撞与交融程度。教学气质作为教师个性品质、性格特征、心理素质和情感意念等要素在教学机制内稳定、惯常而成熟的存在与外现，往往决定着教学风格的形成和发展状态。

这就如同导演气质与电影风格间的关系。每部电影都由数量不等的镜头经过剪辑化为影像故事，向观众叙述人生与社会的多样性，这是电影表现的共通性原则，也可以说是电影导演的普适性工作法则。而怎样通过影像画面去表现电影意念和内涵则可以是丰富多彩的，这属于电影表现的个性化形式，或者说是源于电影共性规律而又彰显导演执导理念的风格化电影表达方法。电影风格往往经由导演多部电影的执导逐渐形成并发展，进而使电影刻上较明显的特色化印记，或者渗入标志化的导演气质。导演对电影题材的解读、场面调度的处理、电影技艺的运用、电影格局的架构以及细节问题的关注，都是受自身观念、意愿、态度和思路等因素的影响的，即执导气质的潜移默化的渗透作用。

例如，就著名导演张艺谋的电影而言，无论是其早期还是后来的作品，像《红高粱》、《秋菊打官司》、《活着》、《英雄》、《满城尽带黄金甲》、《金陵十三钗》等影片，尽管题材类型、时代背景、投资规模、效益收获各不相同，但一以贯之的人文主义情怀、平实真挚的人性刻画、精致细腻的色彩构图等特质，几乎标志性地成为其电影风格的象征或图腾。事实上，这是其沧桑人生历练中个性与气质的积淀所带来的迁移效应。又如，以“慢工出细活”著称的电影大师斯坦利·库布里克，一生虽然仅留下13部作品，但部部选题都不同并都成为相关类型中的佳作乃至经典，像《光荣之路》、《斯巴达克斯》、《洛丽塔》、《奇爱博士》、《2001：太空漫游》、《发条橙》、《闪灵》等题材各异的影片里，实际上始终传达着对人类命运的忧思和社会问题的关注，其间精巧的镜头设计、象征化或隐喻式的画面、深沉而忠实的影像记录等，基本上就是他的典型电影风格。

关注人性的主题、现实主义的聚焦、色彩光影的雕琢等，基本上构成了张艺谋导演风格的主干部分，从 1987 年的《红高粱》到 2011 年的《金陵十三钗》，一直在延续。

同样的二维银幕空间，同样流淌其间的影像画面，相似的题材故事，却展现出各不相同的电影世界，这就是电影风格产生的决定性影响，也可视作导演个性特点的电影化表意所带来的执导效应。与此类似，在 60～80 平方米的课堂空间和 40 或 45 分钟的课堂时间内，一节节课每天都在教学呈现、问题讨论等相似的教学场景里周而复始地演进着。然而，我们从中得到的课堂观感经常是不一样的，这就是上什么内容的课与怎样上该内容的课之间的关系。“上什么”属于普适性教学规则范畴，“怎么上”则属于个性化教学风格范畴。

无论是名师还是普通教师，每个教师都会思索如何用合适的方法去诠释并实施课堂教学蕴涵。很多一线教师实际上在细水长流中，将自己的个性特征和教学感悟渐渐融入规律性的教学程序里，由此慢慢走出一条切合学情、校情、教情的课堂实践之路，这也成为不少教师教学风格形成的源泉。其实，很多一线教师就在不知不觉或者不事张扬的平凡日子里，守护着这份执着，只不过他们的教学风格很少像名师那样被宣传推广而已。所以，教学风格广泛存在，并决定着课堂教学的表现形态，同时反向强化着教师的教学气质。

教学气质作为教师在课堂教学中表现出来的风度、涵养和品味等方面的综合，与教师原态物质性气质密切相关但又不完全等同。教师作为客观个体人，具有与生俱来的比较稳定持续的个性特点，它可以在各个场合予以惯性化体现，当然也会自然流露于教学行为的点点滴滴之中。或者可以理解成什么样个性的教师就上什么样的课，但也不绝对。这就如同导演本人的性格脾气会通过其执导行为而表现，但导演作为电影人的执导气质则根植于电影的本质内涵中。例如，中国香港导演王家卫温文尔雅、细腻执着的个性，基本上迁移到其电影执导行为中，通过《阿飞正传》、

《东邪西毒》、《重庆森林》、《花样年华》、《2046》等一系列影片，形成并发展着其温情、舒缓、深沉的导演风格。但同样有着儒雅气质的中国香港名导吴宇森，却通过《英雄本色》、《喋血双雄》、《喋血街头》、《纵横四海》、《变脸》等代表性作品向世人表达着其“暴力美学”理念，由此形成其豪放大气、讴歌正义、挥洒自如的电影风格，这就是吴宇森标志性的执导气质使然，但却和其本人的性格脾性截然不同。这就是说，导演本人的个性特征并非成功执导电影的决定性因素，其自身的执导气质所引领的个性化电影风格才是根本要素。这一切都源自导演将自我个性同电影观念能否融合以及怎样融合。

这就是说，本原性格不同的教师一般也会形成不同的教学气质，但是本原性格相似的教师也可能形成不同的教学气质，或者本原性格相异的教师却可能产生相近的教学气质，于是多样化的课堂教学风格由此而铸就。比如，有些教师性格外向豪爽，教学气质偏向激情型，教学风格上往往表现为节奏紧凑、结构开放。有些教师性格内敛好静，教学气质偏向舒缓型，教学风格上一般表现为细致周到、思虑严密。当然并不绝对，有些平时生活中性格温和的教师，一到课堂却像变了个人，上课风风火火、雷厉风行，不仅语速快、动作幅度大，而且思维活跃、互动频繁，整个课堂的教学风格给人以充满活力、灵动大气、包容有方的感觉。

本原性格、教学气质和教学风格，对教师而言可以说是内在心理品质和情感一体三面的表达。个体与社会的依存关系决定了教师很大程度上是作为社会人而存在的，他的原态物质性气质便通过本原性格渗透于其社会行为的方方面面，从广义层面讲这里包括家庭、人际圈、集体等各种环境，当然也包含其所在的学校。因此，本原性格作为未加修饰的常态物质性气质，是教师据以实施课堂教学的个性基础。

每个教师对课堂教学都会有自己的思考和理解，当他通过自身的教学操作将课堂内涵付诸实现时，必然会有意识地在本原性格和教学观念间寻求一个平衡点，这就是教学气质，它是教师原态物质性气质在课堂教学形态下的职业性迁移和调适，所以它与教师的本原性格可能一致或不一致。这种教学气质归根到底服务于教师的职业生涯和事业发展，也就是比较稳定且具有代表性地展现教师教学水准与效果的个性化标志，即引领课堂方向的教学风格。教学风格奠基并延展于教师的本原化个性气质，提炼并引申于教师的职业化教学气质。

教学气质除了直接影响教学风格外，往往还通过与课程理念的嫁接深化或夯实着教学风格。教师教学风格与气质的外现是表达课堂内质的要求，最终为学生的课程学习提供有效助力。这就如同导演的执导气质和风格作为个性化标志，能成为观众解读与领悟电影作品的钥匙，导演拍摄的不同电影则是观众用钥匙打开的大门，大门里不同的电影世界展现出导演一以贯之的风格与气质。

比如，瑞典电影大师英格玛·伯格曼兼具艺术家和哲学家的气质，他的影片故事性和戏剧冲突都不强，但无时无刻不散发出他独特的气质，他总是通过电影着力探讨和表达关于宗教的思考、人与人之间交流的困难以及生命中的孤独痛苦和死亡等主题，这就是他的导演风格。美国著名导演乔治·卢卡斯则不具备艺术家和哲学家气质，但他是电影工业中非常受欢迎的能工巧匠，他的影片充满强烈的故事性和天马行空的想象力，他就是要通过其影片向观众传递视觉快感和精神娱乐，这是他不变的导演风格。想要卢卡斯拍出《第七封印》、《野草莓》、《秋日奏鸣曲》这样的电影，或者要伯格曼拍出《星球大战》系列一样的电影，基本上都是不可能的。但他们各自的影片都是成功的、极具影响力的。

《星球大战》系列已经永远成为乔治·卢卡斯的电影标签，或者说只有乔治·卢卡斯的导演风格和电影理念适合成功拍摄《星球大战》，其他人拍不出其中的韵味。

瑞典电影大师英格玛·伯格曼深沉的思辨气质，使其拍摄《第七封印》这样的艺术片佳作显得得心应手，这就是他不变的导演风格，其他导演同样拍不出其内在蕴涵。

就像伯格曼和卢卡斯，由于孕育他们的文化背景、家庭出身、社会环境的不同，造就了各自不同的个性气质，也就决定了他们关注和探讨的电影题材领域的差异，因而在对电影不同的视角理解上形成各自独特的标志性导演风格，这支撑了他们长期乃至终身的电影事业。事实上，对于从事不同课程教学的教师而言，情况也是如此。每个教师的本原性格来自其生活与社会环境，当本原性格在教师所投身的工作领域迁移释放时，就演变为教学气质，并进而通过在课堂教学操作中的渗透和积淀，形成教学风格。这是教学风格形成的一般路径，而承载教学风格的课程因素则是其中的调节器，它能让教师更准确地定位教学风格。

每个教师基于自己的专业出身，立足自身教学气质，从课程目标和蕴涵的把握中去帮助学生实现生命成长，是教育目的和教学本质共性原则下的个性化体现。因此，课程作为教师发挥职业效应和事业价值的专业教学载体，就如同枢纽一样，既约束又促进着教学风格的形成与发展。比如，个性气质相似的两位教师所执教的课程不一样，学科背景与特征显然是影响他们各自教学风格的重要条件。你总不能要求英语教师在其课堂上形成政治课教学风格，或者让数学教师在其课堂上展现语文课教学风格，等等。所以，每一种教学风格的形成和发展，实际上附加了这样的前提，即课程的内在目标和主旨内容，或者说课程的学科方向烘托着教学风格。

就像儿童教育家李吉林老师，她几十年来一直走在探索情境教学的道路上，情境教学对她而言既是教学理念，也是教学风格。小学语文作为李吉林老师的专业领域，正是她形成和发展教学风格的课程载体，她本人的个性化教学气质和基于小学语文的课程理念在不断的磨合中相融相进，使她的教学风格逐渐发扬光大。而现在情境教学已广泛应用于小学各科课程以及部分中学课程的教学实践中，这并不是说借鉴运用了情境教学思想的数学、音乐、思想品德、科学、历史、物理等学科的教师，也形成了相同的教学风格，确切地说是情境教学理念得到了更多教师的认同和推广，而实践这一理念的教师应该在其学科领域，融入自身的个性化教学气质，进而各自形成自己的独特教学风格。因此，情境教学在李吉林老师而言是教学风格，在其他教师而言则是教学理念，正如人们不可能复制出第二个乃至若干个李吉林一样。

另外，不同的课程虽然目标、内容、要求不同，但大教学观下课程之间的互动联系却是存在的，所以不同课程的教学手段或策略是可以巧妙借鉴应用的。比如，将物理、化学、生物等自然科学课程中的逻辑推理性和实验操作性教学方式，移植应用到语文、政治等人文社会学科课程中，或者反过来把人文性、哲理性、情感性教学思维，迁移应用于自然科学课程中，都能借助“错层”效应相互拓展实践性和人本性教学观念。这正如李吉林老师当初也是从英语教学的情境运用里得到启发，并由此把情境创设移植到小学语文课程教学中予以系统化研究、实验、总结、提升，从而最终形成和发展了自己的情境教学风格一样。

也就是说，大教学观下各种不同课程是一个整体，课程教学方法、思路的有效借鉴，实际上提供给了各学科教师创新教学观念的契机。这种“熟悉中的陌生，陌生中的熟悉”的教研氛围，可以说成为触发教师拓展教学风格的课程增长点。如果文科教师中规中矩地用原本就是文科类教学策略进行教学，或许不一定能产生独特的教学风格，而一旦妙用理科类某些教学方式进行教学，很可能以这一创造性思路为支点走出一条属于自己的特色教学之路。对课程内涵的思索、分析、实施，始终是教师落实课堂教学的广阔平台，教学风格则在课程平台上通过教学气质和教学理念的融合而发展。

教学风格在教师的职业化教学生涯里具有相对稳定性，如果排除掉刻意模仿的因素，教学风格一般随教学理念和教学气质的变化而调适。就像美国著名导演斯蒂文·斯皮尔伯格一样，他曾拍出《大白鲨》、《外星人》、《侏罗纪公园》这样的卖座商业片，从中反映出的对人与自然的关注是其导演风格的体现之一，也切合他娱乐大众的电影理念；而他后来又连续拍出《辛德勒的名单》、《断锁怒潮》、《拯救大兵瑞恩》等极富思想深度的佳片，这实际上是他导演风格的调整与拓展，即现实主义的人文思索和写实主义的影像描绘，也反映了他提升了的讴歌人性的电影理念。事实上，教师的教学理念也可能处在变化过程中，这其中既有自身教学经验、阅历的增长等内因，又有基础教育课程改革不断推进等外因。这样，教学理念就可能由此而更新、拓展或提升，于是带动教学风格的相应调适，结果一般是教师教学素养的整体提高与进步。

当然，探讨教学风格的产生或变化，肯定需要考虑学生的影响要素，这就如同观众的喜好口味、欣赏习惯等因素对导演电影风格的作用一样。比如，武侠电影作为人们喜闻乐见的片种，不同时期或地区的观众的要求和标准是不一样的，这就决定了不同导演的各不相同的武侠电影风格的形成和发展。20 世纪六七十年代，中国香港的著名导演张彻的武侠片，完全强调真功夫打斗和场面的真实惨烈，形成了他极具个性特征的“阳刚派”武侠电影风格，而同时期的另一位著名导演楚原，则突出动作的美感和画面的精致，形成了其“唯美派”武侠电影风格。他们的影片均有大量观众喜欢，但显然以后的观众就感到厌倦了。于是，20 世纪八九十年代至今，中国香港著名导演徐克的武侠电影又推陈出新，在融合真实性和美感的同时，运用高科技凸显特效和拍摄技巧，给影片注入时代血液。另外，像周星驰的搞怪喜剧式武侠功夫片也颇受欢迎，这样的创新式武侠电影风格不一而足，都源自不同观众的观影需求。不过也有例外，像美国导演昆汀·塔伦蒂诺反而是一个虔诚地道的旧式武侠片影迷，他相当推崇张彻的武侠功夫片，甚至在他导演的《杀死比尔》中大量运用旧式武侠套路，还邀请当年张彻电影中的一位功夫明星刘家辉担任角色，以向几十年前的香港邵氏武侠电影致敬。这就是观众对电影风格的喜好问题，导演的执导理念和电影风格必须以观众的需求为基本参照，否则影片将失去市场和源头，而每一种相应的导演风格也必然在特定观众群中产生吸引力和深远影响。

教学风格和学生之间的关系同样如此。学生的认知层次决定了“怎么教”，学生的学习需求决定了“教什么”。在课程目标和学习内容一定的前提下，学生的学情即学习品质、实际水准、个性习惯和愿望目的等方面的真实状态，是教师教学风格形成或调适的重要影响源。这里既有同一班级内学生的学情差异，也有同轨不同班级间学生的学情差异；既有同一学校内学生的学情差异，也有不同学校间学生的学情差异；既有同一地区内学生的学情差异，也有不同地区间学生的学情差异；既有同一时期内学生的学情差异，也有不同时期之间学生的学情差异。所以，特定教师和特定学生群之间相对稳定的教学交往，实际上提供了教师选择合适的教与学策略的学情基础，教学风格在此过程中亦伴随教学气质的积淀而逐渐形成和发展。

教学风格一旦形成，就如同维持教学生命活力的血液流淌在教师的教学肌体里，但这并不是说教学的生命肌体不需要新鲜教学血液的补充，教学风格是需要完善和充实的。每个教师的教学生涯都见证了社会的进步和时代的变迁，其后几届学生往往会较前几届学生思想更活跃、观念更开放、要求更广泛、个性更鲜明，教师在后期教学历程中调适前期形成的教学风格则是必要的。当然，在越来越多的跨区域教研活动中，一些教师频繁地在不同地区和学校里执教公开课，这种情况下学生状况的不同尤其复杂，但教师的教学风格一般只需通过教学手段、环节的应变作微调，因为公开课本身正是展示和交流研讨教学风格的基本平台。

教学风格究竟如何依据学生的学情进行调适，并没有什么固定标准，一般而言，能够始终以学生的成长需求为本初出发点和最终落脚点的教学风格是与时俱进的。毕竟教学风格在萌芽、生成和巩固过程中，一直是伴随着教师的课堂实践和学生的学习检验，它并没有脱离现实的教学，也没有远离教师的教学气质而凭空想象。

源自学生的学情而又服务于学生学习的教学风格，又能反向影响学生的生命成长。这就如同前面提到的美国导演昆汀·塔伦蒂诺，他的电影风格深受张彻和吴宇森风格的影响，实际上以“暴力美学”电影风格闻名的吴宇森本人，则不仅深受其老师张彻的风格影响，而且也受美国导演萨姆·派金帕和法国警匪片导演让-皮埃尔·梅尔维尔的风格影响。可见，风格一旦形成并且成熟，其对后继者或学习者的影响往往是潜移默化的，作用也可能是深远巨大的。

每个教师的个性气质、涵养风度都有不同，在与课堂教学实践的长期融合中，自身特色的教学风格也就应运而生。教学风格只要适应学生的学习需要和教育教学的规律就行，没有必要也不应该千人一面。

这就是说，教师在长期的教学生涯里，不仅通过自身职业使命的完成帮助学生实现学习愿景，而且通过自身教学气质的散发和教学风格的表达，为学生的心灵注入情感的力量和思想的养分，即使教师并不知道这种影响在将来什么时候能显现。事实上，很多学生正是在教师个性化的教学风格和气质里，看到了自己的人生方向。当然，这并非是说学生受教师教学风格的影响后，也去成为教师。虽然这样的情况出现过并且我们不排除继续发生的可能。不过更多更广泛的影响在于，经由教学风格和气质在教师举手投足间的呈现，教师的一次睿智的提问，一次真情的关注，一次探索的引领，一次善意的沟通，一个坚定的举动，一个理解的眼神，一个激励的手势，等等，都可以在不经意间化作学生灵魂深处的温暖与启迪，由此实现生命的积淀。当然，这种风格影响也会发生在教师同行之间，就如同导演之间的风格影响一样。但总体而言，教学理念可以移植或借鉴，教学风格则很难模仿或搬用，毕竟不同教师的本原性格和教学气质不一样，而支撑教学风格的重要基石正是这些要素。

日积月累的课堂教学并不是以学生知识的汲取，而是以学生生命的积淀与成长为终极目标。在课堂教学的日积月累下，教师的专业发展和个性成长也实现着同步积淀。教师的教学气质和学生的个性化学习，在基于课堂实践的碰撞与交融中，寻觅、建构并提炼着引导课堂方向的教学理念。依托教学理念，立足教学气质，由此形成教师对共性教学规律的特色化表达的教学风格，实际上也就是打上鲜明印记的特定教师课堂得以存在和发展的基本标志。

教师如果长期与固定的学生群合作，其教学风格会潜移默化地引领学生逐渐树立自己的学习理念与基调，同时教师的品格、思想、习惯等亦能默默影响学生的发展。当然，类似于公开课的短期合作可能也会产生相似的效果，这也因人而异。

4.5　学习理念与基调

一般认为学习是学生自己的事，学习中的途径方法、观念态度、目的愿望等都应由学生自己去设置与表达。简言之，教师通过课堂教学系统而稳定的操作行为展现自身的教学理念，学生就应在课堂学习的体系化操作行为中体现出自己的学习理念。或者说，学生自己定下课堂学习的基调，去掌控整个学习过程。这种理想化的学习路径本身，还是符合学习的本质内涵的，不过在课堂教学整体视角下可能缺乏实效性。

比如，探究学习、研究性学习、自主学习、合作学习、接受性学习等种种反映学习理念的学习模式或策略，都是由学生自己在学习过程中提出来的吗？显然不是，这都是基于教师的教学视角对教学对象在承载学习过程上的思路假设。这并不奇怪，因为师生间的知识落差和课堂关系决定了教和学的一体化，也可以说教师通过教学理念在课堂教学中的释放与渗透，引导学生在对应的学习过程中形成和发展与之适合的学习理念。所以，学生的学习基调基本上由教师确定，学习理念实际上是教学理念的重要组成部分和拓展延伸。

教师经由学生表现教学理念和学习理念，类似于电影导演借助演员传达想法和情感一样。张艺谋在其不同时期的电影作品里，都是通过不同类型、不同特点的演员表现他的导演风格的，在《红高粱》、《秋菊打官司》、《活着》、《菊豆》等影片中，他依托巩俐这样的个性演员打造电影原生态的粗犷美；在《一个都不能少》等影片中，他借助魏敏芝这样的非职业演员表现电影真实平凡的美；在《英雄》、《十面埋伏》、《满城尽带黄金甲》等影片中，则又利用梁朝伟、刘德华、李连杰、周润发、章子怡、张曼玉、金城武这样的明星，着力展现电影华丽精致的感性美。另外，像徐克导演通过与李连杰等演员在《黄飞鸿》、《龙门飞甲》等影片中的合作，向观众表现他心中的武侠世界；吴宇森导演通过与周润发、张国荣等演员在《英雄本色》、《纵横四海》等影片中的合作，向观众诠释他的“暴力美学”风格；美国名导马丁·斯科塞斯先后通过和其御用演员罗伯特·德尼罗、莱昂纳多·迪卡普里奥的长期合作，在其影片《出租汽车司机》、《愤怒的公牛》、《恐怖角》、《纽约黑帮》、《飞行大亨》、《无间行者》等影片中，向观众表达其坦荡真诚的社会观。这些相似的情况反映出，表演就如同场面调度、摄影、声音、剪辑等一样，是导演所统合的电影语言系统中的重要环节。

为什么是这些演员而不是其他演员被导演选择来出演上述电影？这就说明这些演员的表演气质和特点符合导演的执导风格和电影理念，或者说导演的电影风格在整体上决定并涵盖着演员的表演风格。这也帮助我们理解了教师的教学理念与课堂风格，之所以为学生的学习理念与基调奠定基础并决定方向的基本原因。教师的教学不是“独角戏”，它以学生的学习为活水之源。教师以导演式执教引领学生的表演性学习，共同构筑起全员参与的课堂“戏剧舞台”。教师教学精彩与否，同学生学习的成功与否紧密相连，或者说学生究竟怎样学和学得好不好，一般从属于教师怎样教的范畴。学习理念可以视作教学理念的即时性课堂反射。

美国著名导演马丁·斯科塞斯擅长人物传记片，并且经常揭露现实和阴暗，他喜欢和同一位的演员长期合作，使他的电影理念得以准确地传达。比如，美国著名男演员罗伯特·德尼罗在《出租汽车司机》、《愤怒的公牛》等多部经典影片里成为斯科塞斯的御用演员，两人完美的合作使他们在导演和表演领域都闻名于世。

马丁·斯科塞斯的电影理想又继续在美国影星莱昂纳多·迪卡普里奥身上得到延续。通过与斯科塞斯在《纽约黑帮》、《飞行大亨》、《无间行者》等多部影片中的合作，迪卡普里奥已从当初《泰坦尼克号》里的偶像派明星成为现今擅演多种复杂角色的演技派明星。

学习理念并非像课程知识那样以课为单位进行量化累加，它是附着于教学过程并通过课堂操作行为予以传递的学习思维。教师可以用明示的方法直接帮助学生树立学习理念。比如，伴随着知识的课堂呈现，教师结合其内在逻辑关系，告知并提醒学生理解、梳理、掌握、运用知识的一些行之有效的办法，促使学生在知识学习中同步跟进学习思路。教师也可以用暗示的方法帮助学生实现学习理念的潜滋暗长。比如，教师并不把每节课所要教给学生的知识作为首要目标，这样也就不直接提示学习的方法，而是依托每课不同的知识载体，在以其为支点的学习平台上，通过富含思想的问题设置、步步深入的话题交流、环环相扣的板块衔接、灵动开放的视角变换等教学布局和实施策略，让学生在不经意间主动融入自我求索的学习过程，这有利于学生养成良好的学习习惯，并成为学习理念提炼与夯实的源泉。由于这不是刻意给予，而是自然引导，更能使学习理念自觉、主动、广泛渗透于学生的学习行为之中。

学习理念作为指引、推动学习进程的思维观念，可以贯穿于学生的共性学习行为中，而具体面对不同的学习内容和要求时，学生则可以用相应的学习模式或途径予以整合，这就是学习基调的特殊性设定，即学习基调是学习理念的自我调适，也是特定学习行为的策略性标尺。这如同演员的表演风格因为时代、类型、导演重点而迥异一样。比如，美国著名演员格里高利·派克在其纵贯一生的表演中，与众多导演合作过大量类型不同的影片，无论是《罗马假日》里的温和幽默，还是《太阳浴血记》里的玩世不恭；无论是《杀死一只知更鸟》里的勇敢正直，还是《麦克阿瑟》里的强悍霸气；无论是《乞力马扎罗的雪》里的风度翩翩，还是《海狼》里的坚毅果敢，都是其自由、热情的表演风格的多面化体现。另外，就算是同类型电影，在不同时期或不同导演诠释重心下，演员的表演风格也是需要变化的。例如，在《英国病人》、《澳洲乱世情》、《人鬼情未了》这样的当代爱情影片中，演员就不能照搬《魂断蓝桥》、《瑞典女王》、《爱情故事》等数十年前该类影片的表演风格；同样，李连杰、成龙、甄子丹等明星的武侠表演风格，显然也不同于李小龙或邵氏武侠时代的表演风格。

不同时代的电影因不同风格的表演而各显精彩，或者说电影伴随着导演理念和表演风格的变化更新而不断进步。相似的道理是，不同时期或不同教师所要求、认可、倡导的学习理念也是不一样的，课堂上的教和学由此而发展与进步。比如，在以往很长一段时期，这样一些学习操作行为基本上是作为惯常化理念而得到公认乃至赞赏的：强调学习的完整性，整堂课的知识由学生全盘吸纳接受；强调学习的规范性，认真按教师的教学框架结构汲取并复习所学内容；强调学习的秩序性，多听少问，态度端正，保持课堂安静，聚精会神记笔记，考前仔细复习，学习就是对教学亦步亦趋的“忠实”复制，等等。

现在的课堂不一定赞同或提倡这样的学习理念。社会的进步、知识的更新、眼界的开阔、网络的发展，都极大地冲击着学生的学习经历，质疑、互动、求异、自主等时代同步性学习理念的涌现则是必然的。另外，课程和教师的要素当然也会影响学习理念。比如，“以学定教、先学后教”的理念似乎是可以普遍适用的，但如果体育教师也让学生就这么自己摸索着先练习动作，自己在旁边观望着，等到学生先“学”过后再“教”，那可能反而使学习效率下降，甚至造成课堂意外伤害。像音乐、美术课上这么做，同样可能使学生茫然而无所适从。从另一方面说，如果语文教师借用美学鉴赏原则，帮助学生拓展文学欣赏学习理念，或者语文、政治、英语等学科教师引导学生妙用物理、生物、化学等自然科学课程的实验学习理念，去深化人文社会科学课程实践性学习内涵，是能够让学习理念在与时俱进和课程互动中获得发展的。

电影的表演风格往往依演员的活力而定。有些动感派或高能量演员，常常以华丽夸大的表演风格吸引观众的焦点，他们刻意强调的动作充分表现着自己的情感。而有些演员很少以戏剧化方式表达情感，他们的表演几乎不像在做戏，含蓄到当摄影机同步靠近时才看出端倪，这属于低调细微的表演风格。当然，电影的戏剧氛围本身也影响演员的活动性，它同演员的活力共同决定表演风格，并为电影整体风格设立基调。

当学习理念伴随教学理念的课堂释放向学生同步传递时，同样需要依学生的活力而表现其在学习过程中的支撑引领作用。学习理念的行为外现在不同的学生身上可以相同，也可以不同，一切视建立在学生个性化学习品质之上的学习基调而定。有些学生天性活跃，学习上也不例外，他们总是以外向性学习行为表达学习心态，并时常成为课堂关注的焦点，比如在课堂问题上的“抢答式”回应，在小组合作学习上的习惯性主控，在展示学习成果上的欲望和自信，在师生互动上的积极配合，等等。这些学生几乎一直处在引人关注的张扬式学习状态中，“在动中学”就是其潜意识里的学习理念。

还有些学生天性喜静，在课堂上一般表现为内向性学习行为，他们不希望成为大家注意的中心，喜欢独自安静地思索，不主动要求展示学习成果，但不代表他们脱离于整体课堂学习之外，实际上他们潜意识里的学习理念是“在静中学”，体现为时刻紧跟教师思路和节奏，不露声色地在自我思考中探究问题，在小组合作学习中聆听、辨析、提炼，不轻易发表意见，但也不隐瞒自己的观点，他们善于将动静结合的学习过程，内化为自己的学习体验之旅。

无论是怎样的学习理念，最终总要在特定个性气质的学生身上体现出来。事实上，有时表面上的“静”衬托着思维上的“动”，或者表面上的“动”反映了学习上的“静”，学生活力程度往往决定了学习理念的表现层次。当然，课堂本身教学框架搭建如何、探究思考氛围铺陈如何，也影响学生学习活力的发挥，并相应影响学习理念的外现。

电影在第二次世界大战后的表演风格强调写实，俄国的斯坦尼斯拉夫斯基发展出一种训练演员的系统和排练方法，即方法演技，其重点是“表演时必须时刻活在角色里”。他拒绝外塑的表演传统，认为表演的真谛是探索角色的内在精神。“回忆情感”是他发明的最重要技巧，即演员挖掘过去与现在角色相似的情绪，在每次表演中唤出回忆，引发新情绪，并转换成正在演的角色。他坚持演员和角色间的真诚互动，鼓励演员分析一场戏的特点：角色真正需要什么？他的过去怎样？这场戏的前一刻发生过什么？现在是什么时候？该做什么？等等。当某个角色与演员的经历大相径庭时，演员需做研究以完全了解其心理。方法演技能铺展出角色的情感张力，该类导演往往倡导演员要有角色经验，并通过研究演员的生活以塑造角色细节。

某种程度上我们说学习是很私人化的事情，当然不是指教师不介入、家庭不关注、社会不干涉学生的学习，而是说学习具有本我性，对学生而言是“真我的风采”。学生进行学习的本原需求和最终目的应该是自己的发展，学习不应在“他者”意义的负载中，被视作检验教师教学水平、实现家庭未来希望或佐证教育改革成效的工具。虽然也不必刻意强调享受学习这样的浪漫，但学生在学习过程中应该始终活在自己的学习目标、愿望和追求里。

学习尽管在提升学生素质与涵养的同时，亦能间接推动社会文明进步，然而正如终身学习作为一种生活方式的存在，令学习理念变得日益开放与多元一样，我们不一定非要让个性化本真学习，牵强地涂上教育决定国家和民族未来这样的意识形态色彩。我们不应从外部世界去定义学习理念或添加学习意义，而应基于学生视角去把握和挖掘本真学习的内核。

学习基调就该从学生的本真学习需要出发，在学生和学习过程的真实互动中确立。教学理念伴随着教学行为在学生学习过程中的渗透，往往潜移默化地带动着学习理念的形成与发展。这时，类似于这样一些问题或现象是值得探讨的：学生在这一课上真实的需求是什么？学生的本课所学和上一课所学、下一课所学之间是否每次都能形成有机联系？它在学生的整体知识学习结构中处于什么地位？学生前一次学习中的方法运用，能否迁移到后一次学习中？教师的教学思路预设和学生的学习思维生成之间究竟怎样演进？如果匹配或不匹配，该怎么做？

这种种问题都是现实存在的，并且随着一批批学生情况特点的不同而表现出形式各异的变化。这实际代表着一种方向，即对任何学生来讲，过往的学习结果、现今的学习体验和以后的学习期望之间的互动联结，在自我调适和完善中形成个性化的真我学习理念。这种理念的核心就是本真学习，学生以过去学习的感觉牵引出现在学习的经验，或者以过去学习的实例找寻到现在学习的感觉。在课与课之间，教师要准确建构教学风格与学习理念的对应点，实现教与学的课堂匹配。这就如同演员演技在新旧角色转换的情绪积淀中增进一样。

本真学习作为一种理念，和电影的写实主义表演风格类似。它不仅强调学生学习目的的本原性和学习需求的真实性，更强调学习主体与客体的互动融合性，彰显学生在课程学习中的内源活力。这就如同无论何种个性的演员，一旦成为某个角色的饰演者，便活在角色的世界里去诠释电影人生的真实一样。所以，学生有必要在“穿越”中进入课程世界的内层空间，通过对知识的实际体验、操作与研究，与教师一起成为课程实施与建设者，而不是游离于课程之外的被动知识接受者或课程外层空间的看客。

如同时常出现的演员与角色经历的差异性一样，大部分学生“两点一线”式的单调学习生活，使得他们的赖以支撑和夯实课程知识骨架的生活背景和社会经历相对单薄。学生的个人知识理解同课程知识表达之间，存在着一定的误差甚至盲点，这就使学生和不同课程间的适应性产生程度差异。比如，有些学生为什么学不好作为民族语言文化承载课程的语文呢？也许学生缺乏体验与感受语文教材中所选多篇作品的语境氛围和思辨经历是重要原因，学生实际上仅仅是凭教师的主观性解析和作品中的文学描述，去接受单方面的文本分析训练，而不是在真正架构自己与文本世界的语境联系或意境体悟中学习真实的语文。

又如，为什么学生在物理、化学的课程学习上表现不错，但在生活物理、生活化学的应用上却效果不佳呢？原因主要仍在于，学生并没有在真实的自然、社会、生活世界里，去主动体验理化知识和原理，学生基本上是被动地按照教师的讲解、教材的布局去吸纳静态知识，就连实验操作都是纸面化（教材上）的预设，而非实用性、随机性、普适性的生活化发现与体悟。再如，政治课教材观点的相对稳定性与滞后性，同现实社会现象的发展性与时效性之间，以及教材编写者的“强制性”视角与评论，同学生多重开放性视角与看法之间，或者据以支持课程知识的例证选择，同引发学生不同思考的非限定性实例之间，都不可能是一致的。学生与课程学习经历之间的体验差异性，要求学生如同演员融入角色去研究与塑造细节一样，真正地走入课程体系，把学习触角伸展到课程诠释的方方面面，建构基于生活真实的课程学习观，从课程的内质挖掘出自身的学习潜力。

演员有时候被要求在摄影机前即兴表演，甚至在拍摄时自己编台词，导演由此能捕捉到惊奇的效果。这是由“真实电影”而发明出的表演技巧，其真实程度往往令电影评论家赞赏，并深深抓住观众的心。课堂学习也是这样。当教师经由教学理念的渗透，带动学生学习理念的形成与发展时，应善于关注学生在学习过程中即时表现出的思维亮点，捕捉引发思维亮点的学习方法或途径，使之成为夯实学习基础、丰富学习思路的重要源泉。

斯霞的“童心母爱”教育和“字不离词、词不离句”的识字教学方法，作为极具生命力的教育理念和教学风格，积极影响了一代又一代的学生和一批又一批的教师。如同明星制度和名导的重要作用一样，名师的作用是不可磨灭的。名师所具有的时代和象征意义，在经年累月后往往会变成包含丰富情感和专业精神的共通经验，这既来自他们过往无数次课堂教学的累积，也源自他们自身理想信念和人格魅力的外现。他们的名师人生已然超越了课堂教学，在书写教育传奇的同时，也向世人播撒着爱的光辉，他们成为无数教师心中不灭的精神源泉和支柱。

在课堂上当内含着教学意图、目标的问题设计就位并传递给学生时，就已经定下了学习基调，教师可以参与学生的话题讨论，但不必干涉或添加提示性、导向性意见，而是鼓励学生继续即兴式探究学习，哪怕其中有不完善或不正确之处，也不需指出并帮其修正。因为学习理念正是要通过学生自己常态学习环境下的操作行为进行打磨和积淀，知识性修正只是对课程学习本身的学科性巩固，而怎样做到知识性修正则显得更重要，对它的方法选择、思路鉴别，往往在学生课堂学习的即兴发挥中逐渐成形，并提炼为相对稳定而实用的学习理念。

学习理念本身没有正误之分，它需要因人、因时、因事而异。不同的教师会有不同的教学理念，决定着学习理念的表现状态，即使是相近的教学理念，也可能因学生的个性特征、学习品质甚或即兴发挥等的差异，而表现出不同的学习理念。课程目标要求以及具体某堂课教学与学习任务或侧重点的不同，当然也会影响学习理念的走势。另外，课程改革或教育教学体制性变革等因素，更是使学习理念在时代发展的背景下呈现出多姿多彩的形态。事实上，学习理念只要是有助于学生发展并来自本真课堂学习的提炼，就是适合的、有效的，这就如同表演风格只要能实现角色的准确诠释，就是同演员相适应的一样。

第五章　课堂模式：教学的“类型化派生”

课堂教学由特定的教师和特定的学生在特定的课程平台上进行，是否应该建立乃至推广课堂模式呢？每个教师走在自己认为最适合的教学路径上，于是形态各异的课堂模式应运而生。课堂模式在广义层面上是无法穷尽的，如同电影在类型化发展上的丰富多彩一样。类型电影既提供了共性的拍摄规律和技巧，促进了电影工业的繁荣发展，又展现了电影人的创作理念，有利于艺术与商业的融合。

课堂模式作为教学的“类型化派生”，是教学理念运用于实际课堂教学行为中的操作范式，既具有个性化特色表征，又能在一定程度上发挥借鉴推展效应。每个教师心中都有泛化课堂教学模式的潜滋暗长，可能表现为教学现实主义或教学形式主义，可能表现为开放的形式或封闭的形式，可能表现为教学“剧场”或课堂“叙事”。立足教学的本质，任何课堂模式都必须服务于学生的学习和成长。

5.1　泛化课堂教学模式

用风起云涌来形容课堂教学模式在近些年来的提出与实施并不为过。东庐中学的“讲学稿”，洋思中学的“先学后教、当堂训练”，杜郎口中学的“预习、展示、反馈”，新绛中学的“半天授课制”，等等，这些课堂教学模式的“草根典型”都曾成为全国教育界关注的焦点，另外像“自学·议论·引导”教学法、高效阅读教学法、后“茶馆式”教学、尝试教学法等众多由名师创立并推广的教学模式或教学流派，也不同程度地受到追捧和热议。

著名特级教师李庚南老师创立的“自学·议论·引导”教学法，作为初中数学成功的课堂教学模式，广受各地教育界同行推崇。

著名小学数学教学专家邱学华老师创立的具有中国特色的尝试教学理论，无论对教学流派还是课堂模式而言都是极大地丰富和促进。

我们在这里无意对种种课堂模式进行评点，具体化的课堂模式往往都带有教师个性化风格特征或者地域性适用特征，都有其存在的合理性和实际应用的优势，也都有某些限制性条件和调适的必要性。课堂模式本身就是进行着的课程教学改革的产物，新的模式随时可能出现，过往的模式也随时可能淡出。对课堂模式最有体会、最具发言权的是教学的亲历者，即模式的受用者学生和模式的实施者教师。

当某个课堂模式公开提出时，它可能是教师教学实践中成功经验的理性归纳与表达，也可能是教育行政或者教育科研部门对取得积极效应的教学理念的支持与倡导。课堂模式表现为贯彻课堂教学的有效策略或途径，而这又是为特定的教学思想或理念服务的，课堂模式应是兼具教学理论和实践操作特性的教研成果化提炼。脱离了教学理念的课堂模式也就没有了生命力。课堂模式是无法穷尽的，但当我们以教学的“类型化派生”来看待课堂模式时，它就变得有规律可循了。

就像人们熟悉的类型电影，它是依据风格、题材、价值等整套特色而区分，并按照既定类型模式而拍成的电影，比如战争片、动作片、喜剧片、警匪片、爱情片、歌舞片、伦理片、科幻片、传记片、西部片、恐怖片、灾难片、武侠片等。公式化情节、定型化人物、图解式视觉形象是类型电影的基本元素。类型片的实质是电影拍摄方法，或者是电影产品标准化的规范。世界各国出品的绝大多数故事片都可算是类型电影，而且不同片种经常嫁接，不断翻新花样。就拿喜剧片来说，有动作喜剧，如《A计划》；科幻喜剧，如《回到未来》；黑帮喜剧，如《我的老婆是大佬》；战争喜剧，如《陆军野战医院》；浪漫喜剧，如《热情似火》；讽刺喜剧，如《办公室的故事》；青春喜剧，如《公主日记》；黑色喜剧，如《一条名叫旺达的鱼》；社会喜剧，如《宝贝儿》；警匪喜剧，如《方托马斯》；无厘头喜剧，如《逃学威龙》，等等。可见，类型电影是无法穷尽的，无论是大的类型还是细化的类型，总在不断产生或演变着，而且类型片的定义或诠释也是仁者见仁、智者见智的事。比如有人非常简单地将片种分为商业电影和艺术电影，这既有不少人支持，也有更多人不屑一顾。所以没有必要就类型电影进行过于规范化的评点，事实上它就是导演和电影公司的拍片手法及策略，一切服务于观众，一切依市场需要而定，而真正贯穿于类型电影拍摄中的根本因素是电影理念。简言之，没有电影理念支撑的类型片是没有活力的。

类型电影针对特定观众而拍，往往为观众所喜闻乐见，同时也吸引着电影工作者的参与。非类型电影必须自给自足，其创作者就要完全立足作品本身颇费思量，以向观众传达各种想法和情感。类型电影创作者则无需从零开始，他们可以踏循前人轨迹，质疑或丰富过往的意念，依个人的取向予以再创作。显然，类型电影的便利并非如某些二流创作者的简单重复，而是表现为严肃艺术家的重新诠释。这就是表面范式化的类型电影领域依然产生众多杰出人物的原因，例如美国西部片的著名导演约翰·福特、悬念电影大师希区柯克、喜剧电影大师卓别林等。因而，类型电影能让创作者按个人理念自由发挥。

教学有法，但无定法，广大一线教师在课堂实践中不断对教学方法进行反思、比对、研究、创新、实验，从中都能实现相对稳定的、较有成效的教学策略理性化提取，并由此上升到课堂模式高度，从而能在特定范围或层面，如为教师自己、同学科、学校乃至区域内外教师提供课堂教学的便利。可见，课堂模式并非只是那些经过教育媒体宣传的名气大的模式或是名师、专家的模式，还包括相当多默默无闻但却有效运用于日常课堂的教学模式。当然，这里的很多课堂模式可能都属于对一些名师名家的或宣传推广的人们耳熟能详的模式的“改装”，也许更简捷，也许更复杂，也许更深入，也许更多元，这相当于从原有模式中形成的细化模式。

以情境教学为例，教育界人士基本上已将它和名师李吉林的名字自然而然连接在一起。虽然李吉林老师在其漫长的教改历程里已超越了情境教学范畴，成功将其拓展和提升至情境教育及情境课程的领域和高度，构成情境三部曲的理论与实践，但其核心情境教学至今仍是历经时间考验的广受推崇的普适性课堂模式，这一模式惠及了无数的学生和教师。事实上，这一模式也是李吉林本人30多年前，从外语教学用情境训练语言的做法中得到启发而开始思考研究的，她在小学语文课程教学中予以移植，将学科特点和个人理念很好地融合起来，逐渐形成了独具特色的情境教学课堂模式。这一模式卓有成效的实验，又吸引、激发、带动了更多学科教师对课堂教学的追求，情境教学模式由此又广泛扩展至小学思想品德、音乐、美术、数学和初中语文、英语、政治、历史、地理等课程和学段，并仍在延伸。借鉴采用情境教学的学科及其教师，实际上也是在该模式的内涵思路和操作范式内注入了自身特质，进而形成了种种富有新意的细化式情境教学模式。可见，情境教学模式既为各科课程实施者提供了种种便利，又在此过程中得到了创造性诠释。

课堂模式就是这样既来自实践，又来自借鉴，既来自创造，又来自推广，既来自程式，又来自个性，既来自重复，又来自变化。最具持久活力的课堂模式，往往是在已建构好规范的教学形式上和教师个人独特的课堂贡献上取得平衡者。当运用一个众所周知的课堂模式进行教学时，教师需要领会并把握其主要特色，然后在类型化传统和个人化创新之间、普通适用性和特定作用力之间、耳熟能详和原创思维之间，通过令人耳目一新的融合创造出厚重的教学张力。

儿童教育家李吉林老师毕生探索“情境课堂”模式，做出了不可磨灭的贡献。情境教学、情境教育和情境课程是该模式发展进程中的辉煌“三部曲”。

当然，也应看到课堂模式是“双刃剑”，就如同类型电影一样，处理得好，观众看得乐此不疲，处理不好，不仅观众难免生厌，而且会扼杀导演的创造力。正因为课堂模式易于模仿，它在彰显较为成熟的教学方法和理念的优势时，恰恰也容易在运用不当时转化为缺点。例如，有些教师对名头响亮的模式照单全收，抛开具体学情生硬套用；有些教师在模式的迁移运用中，重外在形式的相同而轻内在实质的贴近；有些教师则深究内容而又忽略了应有的形式表达；有些教师在模式应用中过于标新立异，几乎摒弃了规范化的原有内容和形式，搞得不伦不类；有些教师则又贪多求大，恨不得模式用得越多越好，结果是形不似神也不似，既糊涂了自己又搅乱了学生和课堂，等等。这就如同有些类型电影拍得很好，有些却非常糟糕，就是说，类型本身无法决定内容表现的好坏，必须视其如何运用类型形式。因此，课堂模式蕴含了一些共通的教学意向和追求，而教师则应依循这些熟悉的思路进行再创造，成为在缩短已知和未知间距离的教学探索者，而不是去刻意模仿。

课堂模式是千变万化的，没有人能穷尽一切，更不能简单化地认定其优劣。教师和学生作为课程教学的核心参与者，都是独具个性色彩和思维特质的活性元素，从大教学观视角看，他们之间不确定的或任意的合作对接，都可能创造出内容与形式各不相同的课堂，所以必然都有与之相适应的教学模式去表达和实施特定的教学理念，进而达成相应的有效教学成果。也就是说，无论涌现出多少课堂模式，归根到底都是围绕教学内容和形式之间的排列组合。这就是怎样用合理的形式去实现课堂教学较优化的问题。

事实上，当我们用现实主义和形式主义的风格类型，回看上述课堂模式的种种表现时，可以将这两大基本风格概括为“类型的类型”，即已经形成的、正在产生的或将来出现的各种泛化课堂模式，实质上是现实主义和形式主义教学类型的多向式展开，这或许就是教学“类型化派生”的规律所在。

5.2 教学现实主义

当我们看电影时，一般觉得好看就行了，基本不去分析其类型特色，其实这样做就是一种享受电影的自然心态。从另一方面看，无论何种类型，抑或不属任何类型，电影都能给予观众相通、相似的感受体验，因为电影的表达总是规律性地游走于现实主义和形式主义之间。当然，“现实主义”和“形式主义”只是概括而非绝对的专业术语，明显倾向于这两种风格的电影就很容易用这两个名词予以归类，不过风格如此清晰的电影也不常见。另外，我们需区分“现实主义”和“现实”的内质。现实主义是一种特别的风格，现实对电影来说，不管是重写实还是重表现，都属于原始素材。也就是说，电影导演从现实世界找寻拍片素材，而怎样处理素材则根本上决定了其电影风格的重心。

同样，对课堂而言，学生如果能在听课过程中体验到知性成长的喜悦，教师能在教学过程中体验到专业成长的快乐，乃至教学同行能在观课过程中体验到观念成长的愉悦，那就是享受课堂的自然状态。此时，不管哪种课堂模式都如身外之物，但又在不经意间向人们规律性地表达着特定的意念，就如同现实主义和形式主义，以直抵课堂教学灵魂深处的风格化力量体现出课堂本质的相通性一样。有些课堂特别倾向教学现实主义，有些则偏向教学形式主义，而有些却在两者间取得平衡，往往并不绝对化。

教学现实主义不同于教学现实，前者是一种具有广泛涵盖性的特定课堂教学类型化风格，后者是支撑、启动和充盈课堂教学的丰富材料。任何课堂，无论是注重表现还是注重实在，现实都是它的本真依托，也是引领学生学习的客观依据。教师应该在以学生为教学原点的现实世界里寻觅和发现原始材料，至于如何处理或经营这些素材，则决定了其课堂教学的风格类型重点。也就是说，教学现实主义是面对教学现实的实施风格，教学现实则既是教学现实主义又是教学形式主义的实施素材。

现实主义电影力图以不扭曲的写实方式复制现实的表象，尽量带给观众未经操纵而客观反映真实世界的观影体验。现实主义导演在处理拍摄素材时宁愿掩藏自己，对操控素材的形式不事张扬，更关心电影显现的内容是什么。导演眼里的摄影机基本上被视作不加评论地忠实记录实际可见事物的工具。有些导演还常用粗糙的视觉风格来强化纪实性，根本不追求形式上的完美，直接、简单、自然就是他们的拍片准则。当然，这并不是说现实主义电影缺乏艺术表现力，实际上隐藏其艺术手法的现实主义影片反而极具内涵深度。

例如，意大利电影大师罗伯托·罗西里尼在第二次世界大战还未结束的战时状态，直接把摄影机放到伤痕累累的大街上，让毫无名气的演员在实景里真实地演出，拍出了反映意大利在纳粹德国占领下生活与斗争的《罗马，不设防的城市》，它成了新现实主义电影的开山杰作。又如，美国名导斯皮尔伯格在其著名影片《拯救大兵瑞恩》中，以纪录片风格拍摄了开场 24 分钟的奥马哈海滩登陆镜头；手提摄影机跟随演员闪转腾挪的晃动感，电影胶片淡化色彩的粗颗粒历史沧桑感，枪林弹雨、残肢断臂、惨叫哀嚎和血流成河交织在一起的一览无遗的现场感，极其真实地向观众呈现了当年战争的实际场景，完全颠覆了以往战争片的非写实表现内容，带给人们无比真切的震撼和深刻的反思，这也是电影现实主义能够达到的境界。

教学现实主义的道理是与此相近的，它突出教学内容相较教学形式或技巧的重要性，强调课堂里人与物的真实“教学影像”，不轻易给出对教学素材的评论或观点，也不人为干涉学生的过程性学习，力求呈现课堂未加修饰的自然形态，还原教学去除包装后的本来面目，认为任何分散学生对教学内容注意力的做法都是值得怀疑的。也就是说，现实主义的教师宁可放弃自己“出彩”的机会，或降低自己的受关注度，也要让课堂内的所有人，包括学生和他自己以及可能还有的观课者，实实在在而又简洁明了地关注、把握和感受教学主题与内容的“风采”。教学现实主义不追求方式技艺的完美，坚持简约真实的原则，反而使现实主义的课堂，在不张扬其表现手法的本真状态下彰显其内质蕴涵。

教学现实主义将“教学影像”的真实性看得比什么都重要，认为它是回归教学本原和夯实课堂基础的根本，这就意味着课堂大厦构筑过程中的一切元素，包括动态的和静态的，显性的和隐性的，预设的和生成的，人化的和物性的，都应是未经扭曲的真实存在。比如，教师和学生就必须是真实的。

首先，教师的专业学识和教育职责必须与他（她）所承担的课程教学实际吻合，细化而言就是教师对课程目标和结构的把握必须准确，在课堂教学上的思路与流程设计必须切合学生的学情，采用的教学方式或其支持材料必须和特定的教学内容相适应，知识观点的表达必须清晰正确，绝无拖泥带水，自身想法的袒露必须诚实真切，绝不遮掩退避。

其次，学生的学习基础、目标、要求、能力、状态等，应该实实在在地让自己和老师心中有数，学生的课堂学习表现就该和实际教学进程相对应，不能因公开课等特殊情况而有被人为拔高或掩饰的非正常现象，学习效果好就是好、不好就是不好，学生在课堂上的不同观点或内心想法，应该大胆真实地予以表达。

再次，教师和学生之间的课堂互动必须是自然真诚的，教师提出的问题应该合理，既可以是完全来自现实世界的客观真实问题，也可以是依托现实生活和学生实际而情境创设的“人造真实”问题，学生的回答就该是符合常理的或者是自我思考的实际答案，不能为了迎合教师的预期或顺应课堂多数人的“主流”态度而作出言不由衷的回答，或者故意掩盖自己的看法；如果师生的课堂对话未按预设教学思路发展，则应立足即时生成的问题、现象，将其自然推进下去，并由此通过课堂现场真实感带动学生学习的真实性。

同时，教学形式必须是真实的。这倒不是说教学形式主义所采用的形式就是不真实的或虚假的，事实上，无论是教学现实主义还是教学形式主义，用以表现教学内容的途径方法本身应该如我们所见都是真实的，就像多媒体技术、电子白板、实验操作、分组合作学习等手段所展示的那样。教学现实主义强调教学形式的真实主要是指：教学手段的选择应以真实的学生需求和课堂环境为出发点，教学方法的运用与教学内容的呈现之间必须具有高匹配度。不过，这并不意味着方法越复杂、手段越花哨越好，恰恰相反，简便快捷的形式往往更具实效。运作教学方法的素材、器具和情境，应尽量是生活化、常态化、普适性的元素。也就是说，教师如果在构思、准备教学手段上，比在解读教学内容和规划教学环节上花费了更多的时间、精力，那么表面精致的教学手段，则可能会带来低"性价比"的教学"产品"，反之，即使教学手段看上去粗糙简陋，也可能会造就高"性价比"的教学"产品"。这就好像教学现实主义在用"低碳"方式实现课堂效益的产出一样，这也是原生态的教学真实。

比如，教师要在化学课上让学生了解、掌握洗衣粉的主要成分和用途，就可以直接带些洗衣粉到课堂上，由学生自己亲手将洗衣粉溶入容器里的水中，并在洗涤衣物的真实体验中去真正发现和领会。又如，教师要在政治课上向学生讲解多种所有制经济成分的区别和作用，就可以在开展即时现场互动调查中，让学生通过对自身所穿服装和所用所带物品的品牌厂家、自己家人的服务单位、家中水电煤通信费用缴纳单位、教室里各种设备设施的生产厂家等的真实了解获得亲身感悟。

类似于这样的教学方法实际上可以运用于各学科课程中，我们从中看到了教学现实主义的哪些表现特质呢？教学原材料是现实世界的客观存在，并且是人们熟知或惯常使用的真实物件，不是借助情境仿真设置而呈现的拟形物；表现和承载教学内容的手段与介质都可以由学生在课堂里亲手接触、操作并感受，信息能在没有衰减的本原形态下直接即时地最大化传递；学生没有先入为主地获知或"被输入"观点结论，教师只呈现或引导学生呈现现实材料，而不"擅自"介入或评价，课堂学习过程在未被干涉的"纯净"状态下自然进行；教学器具的获取和教学手段的生成并非在固定状态下刻意而为，而是舍远求近地在动态课堂的实时演进中随机实现；教学材料因陋就简，但却形象直观；教学方法简约朴素，但却内含深意；课堂进程难以预设，但却活泼生动；课堂效果无法操纵，但却有效可信。

有时候教师花很多时间和精力制作的多媒体或电子白板课件，不一定有临场随堂生成的教学方式亲切和实用。这倒不是否认现代教育技术的重要性——它对课堂教学的助力作用有目共睹，而是现实需要与课堂效益之间关系的协调性问题，对教学形式主义而言可能是非要不可，但对教学现实主义而言，需要就是需要，不需要就是不需要，绝无勉强，也就是说还是教学"性价比"问题。就像前述化学课和政治课的两个案例，如果通过精美的课件制作，以视频、图片等形式演示洗衣粉的使用及其原理，或者展现一些经济实体及其所代表的所有制性质，那么这究竟是知识借助光鲜外表的灌输，还是能力基于亲身体悟的训练呢？如果以学生中远距离的观看取代贴近距离的近身操作实践，学生的间接学习所得可能不如直接学习所得那么深刻；同时，由于教学课件受教师控制，亲手体验由学生掌握，这就使后者较前者更能带给学生真实而切身的学习印象。

教学手段不必经过事先刻意而详尽的准备，完全以特定课堂教学的当时条件状况设置临场教学途径，包括课内和课外的各种可资运用的现实元素。例如，最新发生的一件热点事件或焦点新闻，走进教室前随手带上的一件和本课内容相关的物品，即时在学生身边发现的有趣现象或伴随学生学习进程而产生的新问题契机，教学距离与区域空间的调适，学生熟视无睹的生活化常用品从课外到课内的迁移，可以随时便捷取用的课堂工具类物件，等等。以这些普通平凡的常态化元素为支点而架构的教学方法显得朴实无华，它以低教学成本换回高课堂效益。教学手段的随机课堂生成性，也正体现出教学现实主义的主旨，即在与学生近身接触的教学形式的直接作用中凸显教学内容的课堂重心。

现实主义是再现和反映现实的风格类型，不同的艺术领域表达现实主义的形式也不同。比如，要表现天崩地裂、山呼海啸这样的自然景象或者战火硝烟、兵荒马乱这样的悲凉场面，文学家只能用文字激发想象，画家则在平板画布上用画笔和颜料发挥，戏剧导演最多能以特殊的舞台灯光和音效来模拟象征，但电影导演却可以在不具真正危险的状态下，将摄影机置于种种骇人的经历中，让人们犹如身临其境。正因为电影能捕捉到写实影像和拟真声音，使观众无须真正陷入险境而能体验到其刺激，于是电影现实主义的这种“临场”效果，就比其他艺术媒介呈示现实的方式都强。也就是说，对电影而言，“临场”效应是表达现实主义的极佳优势和基本标志。

“临场”效应也是教学现实主义相较于其他课堂教学类型化风格的显性特质。教学形式主义由于更注重教学方法的变异和手段的新奇，并以此吸引学生对教学内容的关注，教学现实往往成为经过加工包装的更具视觉效果的材料，因而其“临场”效应则下降不少，基本上就是非亲历的间接学习。教学现实主义把教学内容的呈现放在首要位置，不看重甚至摒弃形式化教学手段对学生视线的吸引，强调即使缺乏美感也要尽量用原生态方法让学生亲历教学现实，“临场”效应由此使学生能在直接学习的本原状态下，获得对教学内容的亲身感悟。

比如，教师以教学内容为指针依据，带领学生直接置身于“外景”课堂，在时刻变幻的动态生活、社会、自然的真实场景里，处处都有体现相关课程知识作用的教学现实，像城市布局、建筑样式、人文景观、民居风俗、社区管理、市场经营、环境状态、道路交通、商业流通、市容市貌、人际沟通等。这些常态现实景象就这样客观呈现着，未经人为修饰，也没有教师的主观评价，而里面则潜含着丰富的教学内容，既有数学、物理、生物、化学、地理等自然科学课程的原理，又有语文、外语、历史、政治、美术等人文社会科学课程的观点。

“临场”效应所要达到的目的，就是让学生直接体验写实性的学习场景，在捕捉真实现象和问题的过程中获取知识并增长学习经验。当然，并不是说学生只能在“外景”课堂才能取得“临场”效果，在“内景”课堂同样可以。如前所述，将蕴藏着课程知识的生活化物品或反映基本原理的日常现象从课外移入课堂，由学生将自己在课外观察或体验到的事实现象用语言或图文等形式重现于课堂，教师将现实世界中的自然或社会现象实例以记录再现方式展示于课堂，类似于这些方法实际上旨在架构起学生和客观现实的课堂联系，或者说是“临场”效应的“缩微式”体现。不过需要注意的是，课外现象在课内的再现应该是原有信息、细节完整真实且未有加工的重现，目的就是让学生在课内产生一如在课外实景中体验的相同效果，这是教学现实主义和教学形式主义的重要区别所在。

我们也见到过很多这样的情况，即教师在多媒体教学课件里展现的实例影像视频是经过自己主观判断、剪辑、组合加工而成的，有时可能直接从电视新闻或媒体材料里选取，这些在课内再现的内容，是真实信息的无衰减还原吗？选自媒体的图文视频材料，实际上就已隐含了官方或原作者的观点，教师合成组接的素材则又不经意地渗入了自己的想法，因此这些添加了主观评论的现象实例是非写实的，而让学生通过感受分析这种扭曲的素材，去导出观点结论其实是不严谨的。所以，在教学现实主义而言，宁可放弃表现形式的精美，也要坚持表现内容的真实，无论是“外景”课堂的开放式“临场”效应，还是“内景”课堂的缩微式“临场”效应，全接触体验就是教学现实主义“临场”效应的本质要义。

现实主义借助电影的表达，除了摄影的忠实记录、题材内容的真实外，还有演员表演的写实性。前苏联电影大师爱森斯坦坚持严格依角色形态选择演员，而且喜用非职业演员强调真实性。表演是电影语言系统的一部分，导演用演员传达电影理念和情感，现实主义导演尤其注重合适的演员而非明星对电影及其角色真实的重要性。比如，战后意大利新现实主义著名导演德·西卡在其杰作《偷自行车的人》中，用非职业演员兰贝托·马基欧拉尼替换了大明星加里·格兰特担任主演，赋予影片完全不同的艺术效果。当然不是前者比后者演得好，正好相反，演技在该片派不上用场。现实生活中就是个工人的马基欧拉尼显然比气质优雅的格兰特饰演劳工更真实，如果格兰特去演则很难让观众信服。另外，张艺谋在《秋菊打官司》和《一个都不能少》中分别选用明星巩俐和非职业演员魏敏芝任主演都很成功，造就了两部优秀现实主义影片，事实上，基于张艺谋拍这两部电影的写实风格，他的选角不仅是成功的，而且是公平的。这正如电影大师希区柯克所说：“选角就是塑造角色。”

战后意大利新现实主义电影杰作《偷自行车的人》，采用非职业演员取代明星，配合着摄影机不加取舍的拍摄，对社会现实的反映犹如纪录片般真实。现实主义电影对教学现实主义具有启示意义。

虽然张艺谋在《秋菊打官司》中选用大明星巩俐，但并不妨碍该片成为一部现实主义电影杰作，这和《偷自行车的人》采用非职业演员的效果是一样的。关键在于影片的写实风格和理念，并非在于演员的主导，事实上，张艺谋后来选用非职业演员魏敏芝拍摄《一个都不能少》也很成功。

如同导演通过选角赋予电影特殊意义和情感一样，教师在课堂上通过学生学习任务的合理安排，表达教学现实主义的意向。在同一个班级团队里，学生之间个性、思维方式、学习基础、接受程度等方面的差异是客观而正常的，这些学情表现是教师实现学习任务适切化调配、学生合力较优化发挥的前提。

比如，教师围绕教学主题并基于班级学情，设置了基础识记型、理解分析型和实践运用型三组问题，分别让学习能力薄弱、较强和突出的三部分学生各有侧重地完成解答，这样做适合了不同学生的学习需求，有利于学生在完成学习任务的基础上激发学习潜力。否则，让全体学生共同完成较低层次或较高层次的学习任务，虽然表面上看是公平的，但却使学有余力的学生钝化思维，使学习困难的学生产生焦虑，从而造成实际上的不公平。

又如，在课堂检测环节，教师如果真要了解当堂课的教学效果，就不能故意挑选学优生回答检测题，以衬托虚高的达标率，而是要较多选择居于班级学习水准平均程度的学生以及学困生，即使他们可能会在某些时候让当堂达标巩固率下降，从而在表面上似乎削弱课堂教学成就感，但从教学现实主义角度看，这种不加掩饰的真实反馈，既提供教师后续教学的依据，又是构建本真课堂的保障。

总体而言，教学现实主义作为一种课堂教学的类型化风格，在对教学现实或者说内容和形式之间关系的处理上，始终保持平实、简约、客观的本真形态。这样的风格可能和教师个性或者课程目标有一定联系，但更同教师的教学理念息息相关。教学现实主义突出教学内容本位观，强调一切为教学内容服务的元素，包括教学手段、素材、装置等，尽量摒弃形式化包装，坚持以无扭曲的原态方式呈现教学内容，并且让学生在自然化的学习过程中获取真正的课堂效果，在与现实世界的近身体验中感悟鲜活的课程知识。这就如同类似于《愤怒的公牛》、《一江春水向东流》、《十字街头》、《樱桃的滋味》这样的中外现实主义杰作，通过电影本质的本真表达，向观众传递直达心灵深处的人性震撼力一样，事实上，教学现实主义通过本真课堂实现着教学本质的回归。

教师的教学风格与气质是各有差别的，所采用的课堂模式即使是广受公认的，但在实际效果上也不会是完全一样的。教学现实主义在不同教师的课堂里，可能又会产生不同的变化。有时候，教学现实主义课堂既可以是开放的形式，又可能是封闭的形式。

5.3 教学形式主义

法国的著名电影评论家安德烈·巴赞曾说："要了解电影较好的方法是知道它是如何讲故事的。"他提出了组织形式的理论，认为形式与内容在电影中是相互依赖的。美国评论家赫曼·韦恩伯格对此有过这样的简述："一个故事如何被叙述亦是那个故事的一部分。同样的故事可以说得好也可以说得坏，也可以说得不错或极伟大，这全看是谁在说故事。"所以，有时候只有内容是无法估量一部电影的艺术成就的，这时电影的真正内容就是其呈现方式。也就是说，一个电影镜头的形式即某个题材怎样被拍摄下来，就是其真正的内容。"形式"和"内容"并非那么壁垒分明。

如果以此来看课堂教学，我们发现明晰教师怎样去表现教学内容，实际上也是把握教学内在要义的基本方法。教学形式和教学内容往往是相辅相成的。一堂课到底是成功还是失败，或者说上得是否让学生及观课者满意，有时候就是看是哪位教师在执教以及他如何组织教学。尤其在某些课程教学主题内容被很多人熟悉的情况下，比如同一个教师就相同课题执教多个班或多年，一些学生本身知道教材中所选用的经典文章或材料事例，这时那个主题内容如何被以适切的形式展现和传达，也就成为教学内容的内在部分了。

有时候单看教学内容以及教师对此的解读分析，是不能衡量课堂教学的质量的，此时一个人们耳熟能详的主题教学的真正内容反而是其表现形式。也就是说，一堂课的教学环节里各不相同的内容，怎样用各不相同的手段去呈现，对教师的执教而言就显得很重要。于是，教学形式主义的应运而生就变得很自然了。

和最好的现实主义电影擅长隐藏其艺术手法不同的是，形式主义电影风格就张扬许多。形式主义导演通常是表现主义者，对如何表达自己对事物的主观看法显得很关切，特别强调电影技巧与形式。形式主义通过自我表现，使内在的精神内核和心理现实经由外在现实世界的扭曲而达成。比如，张艺谋自《英雄》一片之后，其电影风格明显转向形式主义，精美绝伦的光影色彩与构图、极尽奢华到超现实程度的布景、追求特效与美感的摄影、毫不含糊的明星效应带来的商业价值，已成为其电影作品的主要标签。当然也不能就此定论说张艺谋是一个形式主义导演，他在其间也拍过《千里走单骑》这样秉承其原有现实主义风格的影片。不过整体而言，他的《英雄》以后的影片大多重形式而轻内容，即使像《金陵十三钗》选择了一个严肃沉重且原本极富深度的题材，但在过度形式化的包装下依然呈现出电影内涵的薄弱。也就是说，当表现形式被赋予更多的意义和被倾注更高的关注度后，表现内容往往因相对关系而被削弱了重视度或吻合度。

对课堂教学而言，教学形式主义一般倾向于以复杂多样的表现手段烘托原本单薄的主题内容，即以外力形式抬升课堂层面，从而相对提高教学内容与形式的匹配度。这里一般可分为两种情况。

其一，教学内容本身比较浅显，教学形式常成为教学内容的外向式延伸。中小学各科课程体系按照一定的逻辑关系和认知规律编排架构，基本知识点分散渗透于各章节，这样会有某些主题教学内容，或者从教师教学角度，或者从学生学习角度而言显得简单浅易，这时特定的技巧、手段、策略等教学形式，就可能在同教学内容的嫁接中成为其有效组成部分。比如，自主学习、自由讨论、自我展示的学生主导式课堂模式，视频、音乐、图像等声画同步对教材内容的渲染与烘托，都可以使源自其中的创新思维、合作学习、教育技术、艺术美感、精神熏陶等课堂拓展元素，借助教学形式的作用发挥而依附于教学内容的不同方面，成为其外在延伸内容，同样在课堂中变成学生从主题内容里汲取的附加值养分。

其二，教学内容难度大，有深度，或者说繁杂、不易教，教学形式反而可能成为教学内容的喧宾夺主式的缩减。这一般是指各科课程教学中的重点和难点，都自然而然地被教师视作完成教学任务、取得课堂成效的突破口，因而也就被赋予更高关注度。这当然是好事，不过实际情况却常走向反面。也就是说，教师往往潜意识里对教学内容的重要或难度有定势思维，甚至有拔高化倾向，惯性化地把教学形式的设计作为中心，认为没有丰富的形式就不能吸引学生对重要内容的注意。多媒体课件制作追求精美、复杂，课堂工具、素材强调面面俱到，问题讨论与活动安排过于频繁新奇，这就容易导致教学手段、技巧成为游离于教学内容之外的单独展示物，教学形式的多样有时达到花哨程度，完全只是技术手段的孤芳自赏，却把本应突出的内容轻描淡写地置于形式的光环外。实际上教师对教学重点和难点自身内涵的解构与思索显得不扎实、欠周密，顾此失彼下是教学内容的相对缩水。学生眼里看到的大多是那些所谓“好看好玩”的去学习化物件，削弱了他们对本原学习内容的关注度和思维力。

从中可以发现，形式本身并非区分教学现实主义和教学形式主义的关键。对于教师来说，教学形式人人都在运用，对于课堂而言，教学形式也课课都需采用，只是应用的意图、目的、出发点和效果有所不同。如何以简约近身的教学形式，实现教学内容的高“性价比”呈现，是教学现实主义的主旨所在；而怎样让教学内容以丰富多彩的形式予以传递与展现，则是教学形式主义的核心所在。

当然，这并不是说教学形式主义者故意转移学生对教学内容的注意力，或者不想让教学内容成为课堂焦点，而是说有些教师由于本身观念、个性习惯使然，课堂教学无论从构思设计还是贯彻实施，都以形式的精细美观作为教学内容的先导，其潜意识里始终是一种怎样令课堂在自己主导下展现光彩的课堂价值观，或者说是教师中心主义隐性效应的外现。这时，丰富多彩的活动、物件、影像、游戏、图文、演示等所代表的教学形式，就不仅仅是教学内容的承载者，而在很大程度上成为教学内容的一部分，但却不是原有课堂主题内容自身本质的表达或拓展。这属于教学形式借用教师主观外力向教学内容的“硬切入”，也可说是耗费较多课外“成本”的添加性教学内容，付出的代价则是挤压了原有教学内容的课堂呈现时间和空间。实际上给人的感受是，由凸显教学形式焦点而变异的外源教学内容，同由课堂教学主题生成的内源教学内容不能完全融为一体。在此情况下，内源性教学内容在传递与表现上就显得有些薄弱或仓促。

从教学形式主义的本质要义看，这种偏向教学形式的课堂倾斜是可以理解的，甚至这样做可能还是包括学生和观课者在内的很多人的期待，否则也就不是教学形式主义了。所以，对某些教师而言，用“出彩”的形式包装映衬特定的内容，就是其不变的教学风格，有时还是课堂教学的全部。这就如同形式主义电影基本是属于导演作品一样，个人化标志通常很明显。导演往往是借故事抒发个人情感，对客观现实的忠实反映一般不是其追求的目标，对叙事元素的操纵和风格化视觉元素的刻意流露才是其重心所在。

比如，很多观众看《英雄本色》、《喋血双雄》、《辣手神探》这类影片感到“对味”，他们就是期待在这些电影中一次次看到诸如亦敌亦友的情节设置、舞蹈般的枪战场面、飘逸的慢镜动作、飞翔的白鸽等，因为这些都是吴宇森作为暴力美学电影大师表达其理念的标志性元素，如果他的影片里没有这些元素，那也就不是他的影迷所喜欢的“吴宇森作品”了。当然，这并不是说吴宇森的影片形式花哨无深度，事实上他通过其极具风格化的手法讴歌了他心中的正义、友情和理想主义情怀，所以他虽然不是一个现实主义导演，却用形式主义电影技艺表现着颇具内涵的现实。不过，有人并不欣赏这样的形式，例如，徐克作为另一位杰出导演，就认为吴宇森电影中“无穷无尽的子弹却只打死一两个人或者打不死一个人”的夸张形式很荒谬，因此他在电影中绝不会这么表现。然而，徐克本人亦可算是形式主义电影人，他以3D特效形式极尽奢华包装的《龙门飞甲》就很成功，在尽情表达其心中的武侠世界的同时，也使其电影内容在创新的形式中拓展。

《英雄本色》被评为20世纪中国香港十佳电影第一名，著名导演吴宇森由此片开创了一种新的电影模式，即“暴力美学”电影。该类型电影既曾受欧美一些电影名家的启发，更深深影响了众多国内外电影人的拍片理念。

吴宇森的“暴力美学”电影成就在《喋血双雄》中达到了连他自己日后都无法超越的巅峰。诗意的慢镜头、飞翔的白鸽、舞蹈般的枪战、凌厉的剪切、精致的构图，让观众荡气回肠。对吴宇森而言，这也几乎是一部集大成的形式主义电影。当然，吴宇森的电影也反映现实，比如友情、侠义、黑帮等，只不过这些是其电影形式创新运用的载体，也就是形式成为主导，现实附属于形式，从而形成其独特的“暴力美学”电影模式。

形式主义和现实主义都可以用来表现“现实”，教学和电影都如此。不同于现实主义的无操控客观化反映，形式主义电影表现出相当程度的操纵和对“现实”风格化的处理，摄影机被导演用以评论事物，强调本质意义而非外在现实。比如，美国导演奥利佛·斯通以大胆尖锐反映客观现实著称，20世纪80年代，他以现实主义风格真实再现了越战悲剧与恐怖，拍出和当时大量粉饰太平的越战片截然不同的《野战排》而轰动一时，以后他的风格偏向形式主义，但却依然在应接不暇的形式变换中，一如既往地表达着他对现实的犀利看法，像《刺杀肯尼迪》里，他通过快速凌厉的剪辑和纪录片般拍摄手法，营造出相当逼真诡异的场景，表达着他对美国政府在该事件上可能藏有不可告人秘密的质疑；而他在《天生杀人狂》中更是将形式主义发挥到登峰造极的地步：舞台情景剧、肥皂剧、MTV、广告片、卡通片，色彩变幻、令人喘不过气的镜头组接、特效、手提摄影等，无所不用其极，简直就是电影形式的拼盘大杂烩，但却将一个关于杀手逃亡杀人和媒体跟踪报道的内容并不复杂的故事，烘托至对犯罪暴力与媒体暴力双重批判的严肃而冷峻的高度。事实上，斯通电影里变幻莫测的表现形式，就是他对客观社会现实的另类评价，或者说是以外在形式隐喻内在价值观的内容呈现。

在课堂教学中，侧重形式主义的教师肯定会比侧重现实主义的教师，在研究、构想、准备和施行教学形式上花费的时间、心思和精力要多。虽然在教学时间和课堂容量一定的条件下，这会使教学内容受到隐性压缩，但从形式反映内容的角度看，教学形式主义者正是依托较受关注的“焦点”形式，向人们传达一些基于教学内容又超越教学内容之外的课程理念，或者对待教学现实的个人态度。

比如，现代教育技术进课堂已是大势所趋，不过在不同课堂里是不同的状况，有些教师只是在上公开课、评优课或被要求使用时，才想到用教育技术去装点教学，另有些教师则是无论实际需要与否，基本都坚持应用多媒体、电子白板等手段，如果不细究这些手段同教学内容的融合度，教育技术的应用其实已成为这些教师常态课堂内容的组成部分。因此，这些教师教学血液中的重要部分，就潜移默化地向学生传递着现代科技带动教育、助推学习的观念，由此让学生在享受教育技术的过程中滋养学习与科技文明密不可分的理念。

又如，一些教师喜欢在课堂上变换课桌椅排放位置，让学生以圆周形或四方形围坐成几个小组，展开面对面学习，看上去这只是在追求表面上的视觉效应和学生活动的新奇感，但其隐含并传达给人的深意是：学习应该是学生的事，学习过程应由学生之间在讨论、反思、互动中实施，而不是整齐划一地将视线僵硬地集中于前方的教师身上，去被动接受知识输入。

类似于上述多媒体教育技术的运用和学生座列方位的变动等教学形式，原本不属于教学内容范畴，但在教学形式主义者眼里，已从中分离并提取出附加教学内容，就好比原来消费者只需要包装盒（袋）里的商品而丢弃包装盒（袋），现在则是连同商品和包装盒（袋）都想要，以备不时之需。

对教学现实极度风格化的形式表达，必然是教学形式主义课堂里教学内容的一部分，否则形式主义的课堂也就没有多少教学内容可供呈现了，这就好比假设没有电脑特效令人津津乐道的形式表现，受到无数影迷追捧的《星球大战》系列会因其幼稚浅薄的内容而遭人诟病一样。简言之，形式主义不仅通过技巧与形式的强调而达至电影内容的构成，而且往往通过扭曲素材影像细节的时空脉络，使人们明白其影像并非真事件或事物，不同于真正可见的物质世界。例如，《碟中谍4》描述的间谍故事可算是现实题材，但片中能扫描人脸的隐形眼镜、具有3D效果的隐形墙、能爬墙的壁虎手套、能使人悬空的磁力装以及易容面具等等，在现实世界中还难以或暂无法实现，这些“魔法科技”实际上是以形式主义手法对客观现实细节的特意扭曲，目的就是强化扣人心弦的情节内容。

在教学形式主义的课堂里，各种各样的手段与形式常常令人目不暇接，意在通过对大脑思维的密集化视觉元素冲击，强化学生对预设教学内容的接受和观点的吸纳。比如，无论是课前准备中制作的多媒体课件，还是课堂演进中同步完成的电子白板课件，其教育技术运用的形式，实际上是对教师主观化教学意向的选择性表现。也就是说，教师用多媒体技术形式包装和支撑着他想要学生掌握的知识。

这里的问题是：课件作为视频、音频、图文、动漫等多种教学手段的一体化教学形式，其内置的材料必然是教师经主观判断后的选择加工物，那么这种剪辑、合成的现象还是当初发生时的客观真实吗？这显然已经是在操纵后的扭曲现象了。仅凭这样一些刻意处理过的形式主义的指向式观点承载物，就能让学生严谨公正地得出普遍涵盖性的结论或原理吗？

内容往往决定形式，形式应当体现内容。教学和电影一样，在现实主义和形式主义两个方向之间发展着，当然也有介于两者之间的课堂教学。总体而言，要看教师怎样解读认定教学内容的课堂地位和分量，要依教师如何采用教学形式实现他对教学内容的看法而定。

如果课堂教学按照结构板块铺展的逻辑关系在有序的时间空间中平常走过，这基本上就是简约形式下的写实，即在平铺直叙里表达课堂内涵的教学现实主义。如果教学内容反倒成了课堂表现的载体，教师所关切的是他对教学内容的主观表达方式，这基本上就是表现主义下的课堂操纵，即在风格化处理中凸显技艺亮点的教学形式主义。教学现实主义和教学形式主义各有千秋，其对课堂的诠释与表达就如同《辛德勒的名单》和《侏罗纪公园》等对电影内涵的理念表现一样。

美国影片《拯救大兵瑞恩》作为一部杰出的现实主义电影，非常注重写实，比如图中诺曼底登陆时的残酷血腥场面，斯皮尔伯格都是毫不掩饰地予以展现。从另一方面看，片中手提摄影机跃动跟拍、粗颗粒胶片运用、色彩故意淡化等手法，其实又是形式主义的体现。现实主义与形式主义有时候是互相融合的，并不是绝对区分的。这对课堂教学的启示也是实实在在的。

教学形式主义从形式主义电影中能够得到启示。比如，教学环境的布置、光影媒介的运用、课桌椅的排放、图案色彩的搭配、师生方位的调适、音响效果的设置等等，这些在教学形式主义课堂上，实际上不经意间成为教学内容运作的组成部分。

5.4 开放与封闭的形式

从电影角度看，开放与封闭的形式属于因技巧重心和对现实处理态度的不同而趋向两端的表现风格，而且还常与现实主义、形式主义有关。一般而言，现实主义导演偏爱开放形式，形式主义导演倾向封闭形式。从视觉设计看，开放形式强调随意而非正式的构图，人与物并非故意安排的，其影像属于自然捕捉而成。封闭形式则强调形式设计，大部分元素都经过精确安排，强调人工艺术化构图，视觉的平衡都经仔细规划和特意设置而成。

对课堂教学而言，到底是开放的还是封闭的，并不是以课堂向师生以外第三方观课者展示的程度而定，不能说有一大批同行或专家在听课观摩，课堂就算开放型，而师生关起门来自己上课就算封闭型。实际上，即使是向很多人开放课堂以供观摩的教学，也可能是封闭的形式，而向其他人封闭课堂以使师生自成一体的教学，亦可能是开放的形式。

课堂教学的开放与封闭，也不是以师生基于教室空间的大小范围或远近程度而定的，不能认为只要教师带领学生走出教室到社会空间进行实践活动，就一定是开放性教学，也不可以说教师和学生一直待在教室内部空间，就只能是封闭性教学。事实上，就算是师生在开放的户外开展的活动也可能是封闭的形式，即使是师生在封闭的室内进行的教学，亦可能是开放的形式。一切不是以面向范围或空间地域而定，课堂教学开放或封闭的形式，在很大程度上仍与教学现实主义或形式主义相关。

不管现今已经在施行的课堂模式是哪些和有多少，也无论以后将产生的新的课堂模式是什么和有多少，作为教学的“类型化派生”，任何课堂模式都可以在教学现实主义和教学形式主义或介于这两者之间，回溯至其原初的本质立场，并在开放或封闭的形式间，展现并强化其相对稳定的操作要义。

教学现实主义下的课堂往往偏重开放的形式，教师不刻意策划教学细节及其衔接的精确性，视课堂为没有边界的学习舞台，学生在学习中的任何生成性问题，都可以随机发散为自然的教学内容，课堂教学在限定的时间内可能形成无限定和非预设的结果。教学形式主义下的课堂一般侧重封闭的形式，教师以事先设定的风格化教学形式，实现课堂各环节的整体联结，在教学元素的主观性安排中，达到课堂结构在限定和预设中的完整呈现，以保持课堂的程序化平衡。

开放的形式重视现实的即时性、熟悉度和亲切性层面，不追求紧密控制下的形式美感，往往用简约的技巧即兴达成自然而直接的真实效果。封闭的形式一般强调相对陌生的事物，通过人工化操控提供较多视觉信息，往往为突出吸引人的视觉效果而远离表现的真实性。电影大师斯坦利·库布里克以拍片少而精、题材各异以及风格变幻著称，开放和封闭的形式在其作品里被运用得恰到好处。像《光荣之路》、《奇爱博士》和《全金属外壳》这样一些同属战争类型片的作品，他分别以一战、冷战和越战这些观众熟悉的时代历史背景，去反衬小人物的命运和悲哀，仿纪录片拍摄般的现场感、不加润饰的表演和对白甚至粗口、没有美感的人物造型和动作，不加评论地任由人物与场景自然发展的随意性，都冷峻直白地道出了反战主题，这是开放的形式。像《巴里·林登》、《2001：太空漫游》等片，看上去因描绘的是18世纪欧陆风情和未来世界科幻景象而应是开放式的，其实反倒不是，油画般精美绝伦的银幕构图、特意选择的画面信息、精确细腻的镜头设计，这些都不是即兴生成的真实效果，而是精心预设下的程序性人为操控，使观众相对陌生的“远现实”得以艺术化表现，这是封闭的形式。

开放的形式在课堂教学中意味着，以学生的学习需求为支点的课堂效果在教学的自然演进中即时生成，它不受教师的预设框架的束缚，一切以学生学习状态的真实性为基准。比如，从学生身边提取的现实素材，学生自己发现的问题或现象，直接取自日常生活的物品器材，学生亲手操作或亲身体验的“实验”，未经事先准备的师生活动，这种种构成开放形式的教学元素，让课堂显得灵动简洁、亲切自如。封闭的形式在课堂教学中意味着，以教师的教学权力机制为支点的课堂效果，在教学程序结构的周密控制中被动达成，很大程度上用形式美感装饰课堂内容。比如，在精心构思制作多媒体课件去展示教学内容时，教师往往习惯性渗入了自己的评论性思路，材料的选择、设置，结构的切分、连接，都明显经过预先安排和策划，这些构成封闭形式的教学元素，让课堂有时显得臃肿复杂，甚至产生审美疲劳。

开放与封闭的形式对教学“构图”的观念也不相同。开放的形式不是很偏重教学框架整体观，往往在课堂进程中提醒或暗示学生注意教学“景框”外的未纳入内容。单个教学“镜头”并不能囊括课堂所有事实状况，教师就可以像导演一样，用“横摇镜头”在课堂内推移的办法实施教学“运镜”，从而强调教学空间意义的连续性。封闭的形式在处理教学“镜头”时特别重视框架完整性，所有需要传递的教学信息都被细致地安排于教学“景框”内，似乎在暗示教学“景框”外的因素并不重要，它和前后的教学时空关系是疏离的，教学“构图”显得封闭，但比开放的形式要美观而完整。

比如，教师在课堂中经常通过问题的设置，和学生之间建立起基于问题讨论与解答的教学联系，师生互动在此便形成一个教学“镜头”，包含在教学“景框”里的教师、学生、教学语言、教学距离、课堂视角、问答内容等各种显性和隐性的元素，就通过合力效应向全班学生实现相关知识的呈现。教师和学生两人之间作为教学“景框”里的主导元素，确保着教学“构图”的平衡，并且在区域空间的相对位置变化间带来教学“镜头”的动感。在这里既可以是开放的形式，也可能是封闭的形式。

如果教师始终同某个学生之间就一个或数个问题进行交流，他们及其对话行为就成为课堂视线焦点，其他学生作为旁观者获知着该教学“镜头”里传达的信息，对话结束就意味着这个教学“镜头”的结束，其他学生并未参加也未获暗示将参与该问题讨论，表明师生对话教学“景框”外的课堂元素无足轻重，其他学生处于平行无交集状态，这属于封闭的形式。即使教师和多名学生之间就相同或不同问题分别展开交流，那也只是相似教学“镜头”的变相重复，回答的学生并没有心理准备，其他学生也同样疏离于对话之外，依然是封闭的形式。

如果教师在问题设置环节，提出能让所有学生随时可加入讨论的思考要求，像每人从不同视角分析解读、各人之间就观点进行评点、就师生对话予以即时结论提取等具有广泛互动性、相互贯通性的多层面要求，那么教师和任意学生之间展开的显性对话，也同时让其他所有学生进入准备参与状态，每个人都有基于该问题的多角度思考，其他学生处于隐性对话“待机”状态，这时师生对话行为仍是焦点教学“镜头”所在，而在教学“景框”之外的则是暂未纳入但具连续性和潜在延展性的一体化学习元素，这表明师生对话教学“景框”内外的课堂元素都是重要的，并且处于教学运动的连接和延续状态，这属于开放的形式。

又如，多媒体课件或电子白板的演示在全体学生面前实际上形成了一个教学“景框”，里面的视频、图文、图形等视觉元素构建起教学“镜头”，向学生传递着一些信息。从整个课堂视角看，这种封闭的形式的确具有外在的美感，较有吸引力，但却和教学“景框”外的学生处于疏离状态，情境素材的演示和学生的解读分析，不是同时而是断开的，前一个“镜头”的材料演示与后一个“镜头”的思考回答，在组接上是符合逻辑的，但显得较为生硬，似乎缺乏学生的即时参与感。如果由学生上台伴随多媒体课件的问题或现象演示而表达其观点，那么多媒体演示可能仍是大家视线的焦点，但该“景框”外的学生元素就显得和“景框”内的演示元素及其信息传达密不可分了，于是开放的形式就使这一教学“镜头”颇具动态效应，现象演示和分析解答处于即时而潜在联结状态。

我们看电影时常会感到一些镜头所表现的“期待”含义。例如，门开了，角色人物进来，动作开始了，就好像摄影机事先知道一样；或者，一个角色出现于画面边缘，摄影机距其较远，处于不利角度，但该角色却“自觉”回到摄影机角度最佳的区域，就好像摄影机让观众希望的动作发生了一样。这就是封闭形式电影镜头中的期待式镜位，即摄影机像在期待着戏剧性的发展，人与物已由导演安排在事先决定好的镜位里，因为观众往往直觉上期待会有东西填满该镜头的视觉空白处。而开放形式电影镜头中，摄影机则往往会被戏剧的自然发展所引导，尽责地跟随演员，表现出拍摄的流畅自如，给观众的感觉是，在银幕上发生了什么并不特别重要，似乎即将发生的下一场景（情节）才更重要。也就是说，开放的形式比较喜好视觉效果上的暧昧性，或者一种刹那间的偶然真实，由此表现其影像较难预测、神秘不明的魅力。从实际效应看，封闭的形式暗示意愿的无奈或象征脆弱及宿命，因为角色没法做决定，但摄影机能。而开放的形式则暗示选择的自由性和角度的多种机会。

课堂教学到底是应该有所期待还是顺其自然？它究竟是如封闭形式的电影般，有完整的结构、精美的构图和秩序井然的调度，但却以多数人都能预见的方式、走势和结局重现一次课堂教学常规体验？抑或似开放形式的电影般，是运动的框架、简约的构图和自然朴实的记录，但却以多数人无法预知的过程、手段和结果，实现一次课堂教学的随真再造？事实上，它们各有千秋，这两种风格类型的课堂都能让身处其中的学生有所体悟和收益，无论是期待式的课堂，还是自由性的课堂。当然，这两种风格类型也可能各有缺点。如果运用不恰当，开放形式的课堂会因控制较少和技巧低调而显得粗糙、拖沓或松散，可能因此欠缺教学高潮或令人有乏味感。封闭形式的课堂则会因刻意安排痕迹过浓而显得僵硬、突兀和浮夸，由此可能钝化创新活力或让人产生不耐烦的感觉。

封闭的形式带来的期待式课堂教学，实际上是课堂参与者为实现各自心理期盼值而共同搭建并互为依赖的载体，这其中包括教师期待、学生期待、过程期待和结果期待。期待式课堂教学一般以教师和学生经过一段时间相互熟悉后教情与学情之间的磨合适应为铺垫，从而完成师生双方教与学的操作行为在心照不宣状态下的惯常对接，往往具有倾向放任、自觉预知和稳定少变等表征，也就是教学目标在波澜不惊的课堂上的规律性达成。

我们所说课堂教学在封闭的形式下“期待”的含义，并非是师生自己对课堂憧憬目标的落实，本质上是基于课堂行为与教学目标高吻合度上的双方意向的连接。教师的教学风格、思路模式、个性习惯等已为学生所熟悉，几乎和其执教的每一课内容都融为一体，学生基本能预知、找准教师的各项教学意图、目的，由此在比较熟悉的套路里带动学习过程，这不是教师自己期望做什么，而是学生眼里对教师惯性行为意向的预期，我们称之为教师期待。

相应的，学生的学习习惯、水平层次、接受程度等也为教师所熟知，基本和每一课学习内容相契合，教师能预测、权衡学生各项学习任务在完成中的进展或遇阻情况，由此在相对熟悉的课堂场景中推进教学过程，这不是学生自己希望做什么，而是教师眼中学生惯性行为意向的预期，也就是学生期待。

教师的教学与学生的学习在碰撞交融中呈现为教学过程，教学策略、途径及其具体实施方法将教师、学生和教学内容有效联结。在封闭的形式下，这些联结都是经教师事先设计并精确安排于课堂不同环节中的，像什么时候该小组讨论，什么时候会演示多媒体课件，什么时候将进行实验操作，或什么时候要当堂检测训练，等等。这对师生双方而言是很熟悉的课堂规划流程，这个在长期磨合中已为双方默认的流程，不断承载着每课的学习内容并传递给学生，由此成为师生眼里课堂趋向的预期，这就是过程期待。

封闭的形式下课堂教学的每个元素和流程步骤都是环环相扣的，其形态美感的追求和完整性的注重，决定了教师对教学效果完美性的期盼。这里往往存在着一种矛盾，差异性学情导致每个学生的学习成效不太可能都一样，但期望完美的心态情结常常使教师在问题设置和提问对象上，偏重较易回答的问题和选择学习较优的学生，从而通过倾向性对应实现教学效果良好预期的目标达成。如果这样的情况经常出现，师生之间就可能形成一种无奈默契下促成该效果呈现的心理预期，这就是结果期待。

期待式课堂能让师生在相对熟悉的教学场景和相对成熟的教学流程里相对稳定地实现教学预期，这毕竟有其积极有益的效用。当然，很多课堂教学在其发展态势中，按照期待中的事先安排推进，不一定对学生的学习都有利，有时还可能桎梏学生的创造性活力，或者导致虚假的课堂结果。

开放的形式并不否定教学课案的预先设计或课堂结构的先期编排，但不视其为必须遵循的目标，也不强调其在实施时的完整和美感，而是置课堂教学于多视角生成状态，给予学生不同学习思路及方向的选择，让学生体验未经刻意安排的自然学习过程。教师尽量不干涉学生的学习进展，也不特意设定预期教学效果并以导向性暗示令其发生，尽力保持教学流畅性，善于在不可预测而时有发生的偶然性学习亮点或即时性效果体现中，判断和挖掘其带动学习新思维的选择性机遇。

开放的形式让课堂教学不那么容易使人按直觉或“常识”作出事先评价，课堂上的很多事都不是在预期轨道上按部就班，当然那种游离于教学“剧本”精心构想之外的非计划场景，或许没有封闭的形式那么“赏心悦目”般规范，但却以一种类似悬念般的张力赋予课堂朴实归真的意义。就像著名导演李安在拍摄现场根据演员表演的入戏程度临时修改剧本、增减场景镜头，或者王家卫常常连剧本都没有，就依据提纲在现场指导不明所以的演员进行拍摄，反而拍出了一些颇具真情实感的镜头或影片。

著名影星英格丽·褒曼在经典名片《卡萨布兰卡》拍摄过程中，始终不清楚她所饰演的伊尔莎最终该选择旧恋人酒吧老板里克，还是其丈夫抵抗运动领导人拉斯洛，因为电影开拍时剧本尚未定稿，它是边写边拍，有时连导演都不知道第二天的拍摄究竟按什么情节进行，结果这种拍片方式反倒使演员的表演更显逼真可信，加上剧力十足的情节发展和流畅的摄影手法，造就了该片经久不衰的魅力。这个例子对课堂教学中的开放形式颇具启示意义。

开放的形式对课堂教学而言就是教与学的形态顺其自然的呈现，它既是一种真实，又是一种自由。教学“剧本”的事先构想可以为教师理清教学思路，但不似封闭的形式那样去做精确的事先安排，一切随学生的“入戏”程度即当时当课的实际学习状况而定，或者说依课堂教学“戏剧”的自然发展而推进。原先设计的教学环节哪怕再巧妙，如果在变化的课堂上硬性插入显得唐突的话，就该果断应变，可以顺着即时课堂行为的出现而生成的新结点，将教学“情节”推向新角度，并同时完成课堂环节间新的衔接；哪怕原先备好的素材再丰富多彩，拟用的教育技术或教学手段再新颖别致，也要根据现场课堂情况灵活运用甚或取舍，有可能走出另一片新天地，等等，不一而足。

开放的形式就好似有一架课堂“摄影机”忠实跟随着教师和学生的教与学，它的记录里没有也不知晓原先的安排决定，只有现时当下的流畅“影像”，即使课堂效果不尽完美，也不影响它对真实顺其自然的追求。曾有一个美国教育访问团在国内某中学听一堂公开课，在这节实际上经过事先安排的课上，热烈的互动、精彩的发言、先进的技术一应俱全，听完课他们毫无反映，一句反问足以使我们深思：学生不已都会了吗，那么这堂课还上什么？因此，有时候刻意安排或过度追求完美的教学，不一定带来完美的课堂，而缺乏外在形态美或在无修饰自然状态下呈现的教学，不一定导致课堂的浅陋。

事实上，开放的形式让课堂教学通过效果的难以预见，或结局的多重解读体现其特质，封闭的形式则通过教学过程的精确安排，或效果的刻意追求体现其特质。就像观众看过《爱情故事》、《水晶鞋与玫瑰花》等影片后，知道了男女主角最终的命运结局后会感到电影故事的完整，而看过《爱在黎明破晓时》、《爱在日落余晖时》等影片后，却不知道男女主人公最终能否在一起，因为电影的开放性结局可以有多种解释；或者看过《东方快车谋杀案》、《尼罗河上的惨案》等影片后，为知道了凶手的身份而如释重负，但看过《杀人回忆》、《本能》等影片后，为仍不知晓凶手的真面目而懊恼，不过却被导演匠心独运所给出的开放性结局所折服，这正是此类影片的成功之处。所以，课堂教学或者是开放的形式，或者是封闭的形式，抑或介于两者之间，往往是对教学现实主义或形式主义的回应，或者说教师理念的外现。

教学现实主义和教学形式主义作为教学理念，往往源于教师长期课堂教学的积淀，它们只要适合学生的学习需求就是可行的。另外，大型公开课上教学形式主义一般更为明显，但并不代表课堂一定是开放式的，反而有可能是封闭式的。这关键看对预设的形式的现场处理能否本着随机生成的观念运作。

这个课堂正处在“聚光灯”下，有四面八方真正的灯光照射着课堂“戏剧舞台”上的师生，有台下无数观课者评判的目光注视着师生的一举一动。显然，压力存在于教学时空的任意一点，师生能够如平时那般随意发挥吗？或许随性的课堂教学在平时都是开放式的，但此刻就不行。严密设计的流程、严格控制的时间、严谨得出的结论，加上时刻注意的“公众形象”以及形式美感，使得一堂课往往成了按照套路“走过场”的任务。再看看三面环绕师生，一面向着台下观课者的空间格局，究竟是开放还是封闭？

5.5 课堂“叙事”与教学“剧场”

课堂教学在学生面前铺展其知识传承的力量，犹如电影在观众面前展现其广阔叙事的魅力。观众热衷于电影这门娱乐艺术，实际上是陶醉于它叙述故事的吸引力。古往今来，人们都喜欢从故事中愉悦情感、启迪心智，而故事的叙述按照亚里士多德在《诗学》中的分类有模仿和叙事两种。模仿是指显现故事，由事件“自己呈现”，即现场的剧场；叙事一般属于文学领域，是由也许可信也许不可信的叙述者去说故事。现在电影则综合了这两种讲故事的形式，在叙事技巧上显得复杂而包容性强。

课堂教学可以说是教师在另一层面上的“叙事”，是基于课程目标实施方向的个性风格化课程内涵的表达。如同能把一个故事讲得精彩的电影就是好电影一样，能将一堂课的教学“叙事”内容呈现得清晰深刻、张弛有度的课堂教学就是成功的。观众的好恶往往决定电影业的兴盛与否，但电影以怎样的内容与形式向观众呈现则由电影创作者决定。

同样，学生的成长需求决定着教育教学的可持续发展，而课堂教学以怎样的“叙事”内容和形式呈现给学生，一般决定于教师及其风格理念。是直接呈现还是间接呈现，是主动呈现还是被动呈现，或者说是自我现场呈现还是他者叙述呈现？这些教学“叙事”的不同显现，带给学生不同的学习体验与情感，实际上可以归纳为教学“剧场”和课堂“叙事”对课程内涵的不同外现。

课堂教学就像扣人心弦的故事借助电影艺术形式的表达一样，是丰富多彩的课程知识通过教学“叙事”的呈现与传递，可以分为课堂“叙事”与教学“剧场”。教学“剧场”是课程内容在教学现场的自我呈现，是事实现象在无他者评论形态下本来面目的直接显示，或者说是学生在无叙述状况下对课程学习内容的近距观看与贴身体悟。当然，这并不代表教师在此过程中真的一言不发，教材上的知识也不可能就真的自己在演示。实际情况是，教师可以讲述，也可以操作和演示，但不夹带任何主观态度和情感，也不进行诠释和解读，只是客观逼真地在学生面前还原、再现、模仿、展示蕴含课程知识的现象、问题或事件，其真正的用意是引发学生自己的学习行为意向，即在“看”中“想”，在“想”中“动”，在“动”中“悟”，犹如剧场演出在观众前的铺展。

比如，一段影像纪录片的播放，几件历史实物和若干历史图片的出具，没有教师的叙说和点评，就此营造出学生判断历史事件、思索前因后果、找寻历史道理的历史课教学“剧场”氛围；一首歌曲或乐曲的原音播放，没有教师乐理知识和创作背景的讲解，就此营造出学生自己去欣赏、感知的音乐课教学“剧场”氛围；几个小实验，几段自然生活常识视频，一些实地调查数据，没有教师原理公式的讲解，就此营造出学生自己去操作应用、体验领悟的物理课、化学课教学“剧场”氛围，等等。

几乎所有课程都可以根据其特点而构建起教学“剧场”，在学生面前展开没有信息衰减和遮掩的原貌呈现。当然，教学“剧场”除了实际现象或问题在课堂的“缩微”重现外，也可以是教师引导学生在课外“实景”时空，近身观看与思索教学“剧场”中完全真实的现象或事件。无论怎样表现，都只是形式的变化，而教学“剧场”强调学生在现实主义教学“叙事”中“自悟”学习的实质不会改变。

相对于教学“剧场”而言，课堂“叙事”是教学“叙事”经过课堂加工的间接呈现，由课堂叙述者将融入个人观点评论的现象、事件予以迁移性转述，或者说是学生在他者叙述状态下对课程学习内容的选择性吸纳。也就是说，教师在教学“剧场”模式里起着教学“叙事”开启者的作用，主要是如实展示课程知识现象，帮助学生进入“观看”体验状态，而在课堂“叙事”模式里则发挥着教学“叙事”影响者的作用，通过教学语言含有引领导向意义的叙述，对学生的学习行为和思想观念予以养成、改变或完善，教师自己实际上成为教学“叙事”本身不可分割的一分子，他在课程知识现象展示过程中，已成为释放个人情感、态度和观念的叙述者。

对于学生来说，在教学“剧场”模式里一般是处于不受教师倾向性干涉的“观看”体验状态，通过自己的感受去“悟”出道理，而在课堂“叙事”模式里则在接受课程知识现象呈现的同时，还附加了教师作为叙述者对相关知识现象阐释、强调、引申甚或质疑等评论性观点，学生在此状态下的学习要求显然变高了，思维压力变大了。也就是说，到底是分别接受教学“叙事”中的知识现象呈示部分和教师观点呈示部分，还是将这两部分作为整体一并接受？或者简单地说，究竟是选择性接受还是全盘式接受？

就像观众作为观看欣赏者的同时也是鉴别评价者，他们对导演通过电影讲述的故事及其隐含的价值观，可能会全部接受、拒绝接受或部分接受一样，学生作为学习者的同时也是评判者，他们对课堂“叙事”中现象事件的呈示会进行观察、思考、判断，会将得到的初步结论和教师的伴随性叙述进行同步比较，由此在获取评判性结果的基础上带动自己的学习进程。

教师作为课堂叙述者可信还是不可信，实际上是一个复杂的问题。如同导演作为电影叙述者的可信度取决于其影片的立意、结构、形式以及自身的观念、素养等因素，教师的课堂叙述是否可信并不直接由师生关系的应然性决定，它既取决于教师的专业精神、教学理念、教学功力与课程内容匹配度等，又取决于学生的学习目的、生活阅历、所处环境与课程知识关联度等。另外，教师有时可能还邀请和特定教学内容相关的人士来为学生进行“现身说法”，或者以视频、音频形式进行“课堂讲述”，这对增强教学的生动感、现场感很有助益，这些人士属于教师的辅助性课堂叙述者，而这儿同样需考虑可信度问题。所以，可信度还和辅助叙述者的经历见闻真实性、价值立场观念、所述内容与课程知识联系度等因素有关。

课堂“叙事”作为客观现象叙述和主观评论叙述的综合，是课堂教学间接式加工化呈现模式，它的倾向性和吸纳选择性相对更强。比如，教师在语文课上呈现给学生一篇文学作品，同时配以其认为能映衬该文意境、主题、内涵的图片、音乐乃至视频等素材，并将自己的理解渗入其间，这就是在客观文本叙述中的主观评论叙述，那么这一课堂“叙事”对学生而言，是全部接受还是部分接受？这就涉及教师作为课堂叙述者在学生视角里的可信度，一些学生可能会因自己和教师之间的知识差距或者学习行为的利益性等考虑而予以吸纳，另一些学生则可能因事先知道过对这篇作品的其他不同解读等缘由，而对教师的诠释持保留意见。

又如，教师在政治课上通过媒体新闻的视频播放向学生呈现客观事件，其目的是佐证课堂教学主题与现实的吻合性，这里同样有可信度问题，一些学生由于生活与社会阅历狭窄，可能会全盘接受教师随视频事件现象叙述而附加的主观评论叙述，另一些学生则由于有平时关注社会现实的习惯，了解很多时新热点新闻或事件，显然也包括不能反映教材知识的一些负面事实，作过一些思考同时也知悉其他各种评论，所以，他们可能会接受教师呈现的真实现象，但却可能不接受甚至排斥由单一现象而“证明”的教材观点及其教师的伴随性主观叙述。因此，学生的选择性吸纳在课堂“叙事”中还是普遍的。

教学“叙事”作为课堂教学的内涵呈现，其外在的两种模式都可适用于相应的学生群和课程，两者之间在互补中能让教学“叙事”更显大气。教学“剧场”使课堂教学内容客观忠实地显现，他者评论脱出或滞后于知识现象的呈示，课堂较显随和、开放、松弛。课堂“叙事”由可信度不一的叙述者（含教师和辅助叙述者）将教学内容予以间接主观化显现，他者评论与知识现象的同步呈示，使课堂较为规范、封闭、严密。

教学“叙事”是为了让学生能在课堂内通过对“教学故事”的感悟而获取内在养分，两种叙述方式各有千秋，这就如同任何电影无论类型怎样，都可以划归节奏快与慢两种风格，从而换个视角重新看待其娱乐价值一样。比如，美国电影普遍节奏快，往往开始就有高潮，一直扣人心弦到结尾，就像《生死时速》这部典型影片，罪犯将炸弹放在大巴上，车速一旦低于50英里就爆炸，警察和乘客要战胜凶犯。全片就是快节奏：时速、时间压力、飞逝的街景、警察和凶徒间的来回剪辑，紧张得让人喘不过气。欧洲电影和亚洲电影则普遍节奏慢，往往注重心理刻画而非外在行动，就像《樱桃的滋味》一片，里面同样是从头到尾都有开车，但风格截然相反，全片就是想自杀的男主角一路找寻愿意为他埋尸者的过程，这种故事强调耐心，缓慢的节奏让人细细品味人性的复苏。事实上，快节奏与慢节奏两种风格的电影各有其令人愉悦之处。

教学“叙事”同样有快、慢风格的别致韵味。有些课堂的“快”全由教师的“快”引领、推动着：教学语言的快节奏，包括选词用句都是适应快速表达的；问题设置与提出的快节奏，包括向较多学生的快速连续追问；知识现象呈现的快节奏，包括由此导致的课堂容量的增大；学生活动的快节奏，包括小组讨论用时少、讨论问题频繁以及练习训练多，等等。快节奏课堂使教的“快”与学的“快”碰撞成思维压力下的课堂高潮，让学生感受速度氛围中的紧张学习。而有些课堂的“慢”亦全由教师的“慢”带动着：细腻沉稳的教学语言，耐心的问题设置和不厌其烦的机会给予，时间宽裕的学生分组讨论、不慌不忙的知识呈现与演示等。有时候慢得让人感到似乎教学容量和难度小、课堂效率低，其实并不一定。慢节奏课堂里教的“慢”与学的“慢”有时却能碰撞出思维耐性和持久性，让学生在舒缓氛围中体验学习的稳重。所以，“快”和“慢”的内涵并非只是其表面上的速度，而是教学“叙事”的内在节奏控制感，处理的方法和效果全在教师的风格，实际上如果处理得好，慢节奏课堂也能产生快速成效，如果处理不好，快节奏课堂亦会导致慢速成效。

教学“叙事”常因教师的教学风格与气质而不同，就如同电影叙事会因电影的基本风格类型而异一样。在现实主义电影里，导演坚持写实的风格，力求让事件、情节自然呈现，就像舞台剧通常依前后时序自然发展下去，他自己是完全隐形的，其作用已潜藏于电影里却不易发觉。在形式主义电影里，导演操控故事的做法意图就能很容易察觉，他常故意打乱情节时序，重组事件并彰显动作，完全展现出故事主观性，引领电影走向冲突解决的终点。

例如，美国导演昆汀·塔伦蒂诺在其著名影片《低俗小说》里，彻底打乱一个原本环环相扣、具有逻辑条理性但却平淡的故事的叙述方式，四段情节时间顺序全部调换，反而没有杂乱感，却给人耳目一新的叙事冲击力，结果赋予这部黑色电影无比的魅力。另外像《失忆》完全采取倒叙手法，从原本是故事的最后一幕开始，一个镜头一个镜头地放映至故事的第一个场景情节，同样将一个普通的复仇故事讲得颇为精彩。也就是说，我们在现实主义叙事里看到的是故事，而在形式主义叙事里看到的是导演，或者说叙事风格与导演掌控力息息相关。

教学“叙事”的不同风格基本反映出教师课堂操控力的程度，实际上也是教学现实主义和教学形式主义的类型化风格的体现。在教学“剧场”模式里，教师的作用一般是隐性的，有时甚至感觉不到其存在，因为学生的注意力并不在教师身上，而是专注于知识现象的呈现、课堂悬念的牵动和学习需求的满足，这是学生学习时序的自然发展，这一效果的达成依赖于教师课堂控制力在教学“叙事”过程中的分解释放，由此支撑起学生的主动学习行为，并使教师的析疑解惑、点拨、引导作用，潜移默化地渗透进教学“叙事”的各个环节。也就是说，教师的隐性作用通过学生开放性学习的效果予以体现。

在课堂“叙事”模式里，教师的作用往往是显性的，甚至是张扬的，此时教师的课堂控制力不是因分解释放而减缓，而是因集中释放而增强，较快的节奏、刻意的形式追求、主观倾向式“叙事”评论等，让教师时常成为学生和观课者的注意焦点，学生的学习状况反倒成为附属关注点，整个课堂教学似乎成为教师个人创作与演绎的“作品”。也就是说，教师的显性作用通过封闭性课堂形式予以体现。

无论不同的教师有怎样不同的教学风格，只要以教学“叙事”的两种模式去审视，我们会发现这样的共通事实，即在教学现实主义课堂里，看到的是原生态的学习场景和自然演进的“叙事”结果；而在教学形式主义课堂里，看到的则是全程操控的教师和主观加工的“叙事”结果。

看上去处在封闭空间的“内景”课堂，可以体现出开放的形式，一切在于执教者的意念。教师可以通过多重视角的教学“叙事”，实现教学“运镜”在“推拉伸缩”和“剪辑转切”下的现场“拍摄”。

课堂“叙事”与教学“剧场”，作为课堂教学的两种“叙事”类型，虽各有区别，但就如同无论电影差异与否都有共性的剧情叙事结构一样，也有相似的教学“叙事结构”可供应用。电影的剧情叙事结构源于剧场，一般基于主角间的冲突而推展，往往由三部分组成。第一部分是“铺陈”，占全剧 1/4，目的在于提出戏剧问题，说明主角的目标以及追寻目标过程中的障碍如何；第二部分是“冲突”，占全剧一半，中间常有转折点将戏剧动作一分为二，带至另一新方向，该部分使冲突复杂化以及扭曲，并增强主角对抗障碍而产生的张力；第三部分是“解决”，占全剧最后 1/4，主要是将冲突高潮戏剧化，达到一个形式上的完结。剧情叙事结构按线性顺时序发展，有时以主线和支线予以双线发展，但总要强调戏剧的统一性、动机可信性和前后一贯性，它涵盖了大部分的故事组织方式。

三段式结构以类似的戏剧化效应贯穿教学“叙事”全过程，赋予课堂教学在牵动思维中直达心灵的持久绵力，既激荡又舒缓，既生动又深远。当然，共性的教学“叙事”三段式结构，随教学现实主义和教学形式主义的风格差异，也会有个性化诠释和表现。

在教学“剧场”模式下，教师常以情境仿真设置、现象模拟演示、事件素材呈现等能抓住学生注意力的有效方式进行课堂导入，这就是教学“铺陈”部分，目的就是明确提出教学主题，让学生心中有数。接着，教师就应依托富有思考价值的多层次问题，通过合作探究、自我尝试、小组讨论等学生活动，以及设疑、析疑、解疑、质疑为主线而联结的师生互动，营造起一个围绕教学主题的高质量思辨氛围，如同精彩纷呈的电影剧情的全面展开，这就是教学“冲突”部分，旨在最大限度地将学生本真而随性的学习状态自然呈现于课堂，并顺势在思路的交错碰撞间，走向教学进程转折点或高潮临界点。其后就是师生共同将所有经过铺垫的问题、现象揭开悬念，让学生在思绪的梳理与整合中达到学习效果的入位，这就是教学“解决”，实际上是教学“冲突”伴随学生理性发展而到达教学高潮层面的“叙事”完结。

在课堂“叙事”模式下，三段式结构往往注重教学形式支撑，包装下教学内容的主观化、风格化表现。它可以按线性顺时序承载教学内容，却摒弃教学过程顺其自然的演进，而刻意注入较多人为操纵的元素，使课堂教学呈现出雕琢后的非本源的美感或完整感。比如，通过大量运用教育技术手段展现情境素材，只是为了使教学内容更具吸引力，但对情境现象本身所具有的思辨价值或学习用途并没有必然提升作用；另外，通过非代表性或非覆盖性问题的提出，以及指定性或选择性学生的学习效果的凸显，只是期望“验证”课堂教学的有效性，实际上并不表示真正、全面的课堂成效。有时，三段式结构在课堂“叙事”中还被故意打乱顺序或重新排列组合，依然是出于教学形式主义的表现需要。

双线发展对教学“叙事”往往具有积极作用，主线和支线在三段式结构里常常互补递进。比如，教师在语文课上通过文本品读与感悟的主线贯穿，引领学生在问题悬念的“铺陈、冲突、解决”中，渐渐增强语言品味和文学鉴赏的意识与能力，同时也通过“听说读写”语文技艺的支线渗透，让学生在汲取语文思想和人文情怀的同时，促使自己的语文工具性能力运用水平潜滋暗长。另外，在自然科学类学科的课堂教学中，科学原理的学习与掌握作为主线，实践操作能力的养成与提升或作为支线，显然双线并进的教学“叙事”，对学生知性和理性的双重成长与进步，道理是相似的。

我们说课堂模式是教学的“类型化派生”，实际上是无法穷尽每个教师在教学上的应用类型的，但从教学“叙事”视角看，其所含的教学“剧场”和课堂“叙事”模式，都可以成为教师在课程实施中的基本呈现方式，并分别以开放的形式和封闭的形式为支点而实现课堂教学的架构与推展，由此达至教学现实主义和教学形式主义的内涵表达，这也正是课堂教学的本原性风格类型，它们造就着层出不穷的泛化课堂模式。

课堂“叙事”和教学“剧场”一般反映出教学“叙事”上的封闭和开放形式。教学“剧场”更注重课堂发展态势的现场即时生成，比如学生自己的探究及其结果的自然显现，而不是教师夹带主观意愿的叙述与告知。

当学生在社会时空的真实场所进行参观体验活动时，实际上是“内景”课堂向“外景”课堂的延伸与拓展。像文化展馆讲解员等对学生的讲述介绍，其实也是一种生动的课堂“叙事”，当然多少会夹带一些主观化的意念，这和教师等在“内景”课堂的“叙事”道理相当。

第六章 方法与技术：润饰教学的“特殊效果”

现代科技的发展为电影业带来翻天覆地的变化，电影已经无所不能，即你能想象的一切内容——包括已经发生的、正在发生的、还未发生的，甚至你根本想不到的，都完全能在电影世界里神奇地展现出来，这就是电影技术造就的电影艺术的繁荣发展。课堂教学也是如此，现代教育技术日新月异的进步，加上传统方法与时俱进的发展，使现在的教学面貌焕然一新。课堂“视效”、课堂“音效”、课堂“光影”与“色彩”和媒介运用等表现手段，不同程度地为教学润饰着“特殊效果”，由此使课堂在方法与技术的助推下不断提升着自身的蕴涵。

6.1 课堂“视效”

自从电影诞生以来，视觉效果就是一代代电影人的不懈追求。1902 年拍摄的电影史上第一部科幻片《月球旅行记》中，就出现了太空旅行、外星人、奇异世界的冒险等元素，深深影响了后世的电影视效，之后每个时代几乎都涌现了众多极具视觉效果的令人难忘的杰出电影。例如，20 世纪 20 年代的《大都会》，30 年代的《乱世佳人》、《绿野仙踪》，50 年代的《冰海沉船》，60 年代的《2001：太空漫游》、《猿猴星球》，70 年代的《第三类接触》、《超人》、《星球大战》，80 年代的《外星人》、《终结者》、《银翼杀手》，90 年代的《侏罗纪公园》、《泰坦尼克号》、《独立日》、《黑客帝国》，新世纪以来的《蜘蛛侠》、《哈利·波特》、《星球大战前传》以及《魔戒三部曲》等等。

美国影片《独立日》虽然题材缺乏现实性，情节也经不起推敲，但是卓越的特效制作带来的精彩视觉效果使该片具有极强的号召力，成为影史上最卖座的电影之一。相当多的好莱坞商业大片基本如此。

趋于完美的电子科技已使电影特效发生了革命性改变，正像美国著名电影学者路易斯·贾内梯所说：如果莎士比亚今天还活着，他会对计算机制造的影像（CGI）所创造出的奇幻美丽的新世界大吃一惊，新世界已使魔幻、奇妙的事物成为日常普通之事。的确如此，电脑特效可以用于未来、现实或过去时代的任何场景拍摄，就像在《魔戒三部曲》中出现的令人叹为观止的魔幻景观，或者如《金刚》中全由电脑和蓝幕特效制造的栩栩如生的大猩猩金刚。乔治·卢卡斯不仅全凭特效打造出气势恢弘的《星球大战》这套他最成功的系列电影，同时以他的“工业光魔”公司领导着当今特效电影世界。正因为电脑特效和数字技术使幻想世界看上去尽显真实，电影的现实主义和形式主义的界限也就没有那么明显了。

对于名导詹姆斯·卡梅隆的巨制《阿凡达》来说，令人叹为观止的视觉效果加上人文化元素的注入，使该片在内涵深度上不知不觉提升了一个档次。高科技电影特效实际上成为该片剧情发展不可分割的组成部分，或者说视觉效果天衣无缝地溶进了影片内容。

当然，无论是现实主义，还是形式主义，即使没有现代电子科技和计算机影像的巨大推力，视觉效果依然是每部电影承载故事、吸引观众的基本保障，高科技支持和建构的影像则是特殊效果，它使电影更富有时代性和创造性。同理，课堂教学无论是现实主义还是形式主义的类型化风格，总要在实际教学流程中传递课程知识与理念、呈现师生课堂操作行为、表达教学愿景与课堂内涵，这些都不是凭空想象的，而是必须实实在在地让人们见到或触摸到，这就是课堂“视觉效果”的体现，它是承载教学“叙事”的条件与保障。应该说，每个教师在课堂教学中都会追求“视觉效果”，当然不是出于做给观课者看的目的，而是基于教学“叙事”和课堂“视效”的同步一体化关系。

对教师而言，关注与追求课堂“视觉效果”就该是其自觉的意识和主动的行为，或者说是其教学理念的组成部分，这样现代科技日新月异的发展在教学领域的步步渗透，才能触发教师的教学敏感，进而通过教育技术和科学方法的应用，使课堂教学的表现形态得到润饰，从而架构起基于教学“叙事”的课堂“视觉效果”。至于课堂“视效”怎样去表现，则因人而异、因课而异，并且就又回溯到教学现实主义或教学形式主义的风格思路。不过，就像数码影像极大地改变了电影的面貌一样，教育技术所支撑和带动的师生课堂操作行为，亦使今天的教学大大不同于过去。

不同的教师在不同的课堂上，用不同的方法打造着各不相同的课堂“视效”，这本身也经历了较长时间的发展过程。在现代教育技术普遍应用之前，一些今天看来比较原始、简陋的方法，当初却产生过不错的反响，甚至有的还影响广泛深远。比如，小黑板的使用，这主要是指教师在备课阶段，将教学板书之外的经过精心设计的例题或练习题、重点提示或辅助素材、知识纲要或框架图表等预先书写于小黑板上，在课堂相关环节予以出示，犹如教学“镜头”的“转切”，引领学生进入另一个思考天地。小黑板因其体积小和外观轻巧，不仅携带便利，而且更具对课堂教学特定结点的拓展、提升等作用，其强调凸显效应不言自明。小黑板的使用还作为一种课堂符号，通过在教学结构中适当位置的安插，既形成一段教学“剪辑”带动课堂连续性，又在教学“景框”的“场面调度”间完成教学“构图”的意向变幻。这些都表明教师借助小黑板的使用去追求所要达到的课堂“视觉效果”，由此实现基于课程教学的表意传达。当然，现在教师在课堂上已基本不用小黑板了，但这只是物质外观的变化，其实小黑板的功用一直通过其他因教学技术的进步而依次变化的载体在持续发挥着，直至现在普遍使用的多媒体教学课件，实际上就是将小黑板的本质内涵依托最新方法与技术，在更高平台为教学注入的“特殊效果”。

教师对课堂“视效”的追求既是与时俱进的，又是具有个性化特色的，并没有什么固化的标准或要求。对学生而言，学习最重要的是思索的过程，当然也该是观看、觉察、发现的过程，这就需要在课堂上保持积极的学习情绪和学习心理，不过能始终处于这一状态也是较难的，尤其是在每天周而复始多门课程教学密集的情况下，出现一些消极情绪或疲劳心理也是可能的，这就需要在课堂上设置一定的学习兴奋点或学习刺激点，而对教师而言，换个视角也就是课堂“视效”的追寻与表现。

比如，伴随课程知识呈现的图片、实物、报刊等，或者借助投影仪对物体、图片、文字材料等内容在投影屏上的放大图像显示，或者运用DVD视盘机、录像机、数码相机、摄像机、播放器等设备在电视机或显示器上予以播放的图文、动画、影像视频等，或者还有直接播放的实时电视信号画面，当然还包括学生在网络教室上课时现场获取的动态信息和图像，等等。课堂“视效”的表现形式是多种多样的，而把上述这些予以整合则形成多媒体课件。

在现代教育技术与方法迅速发展的背景下，越来越多的教师在教学设计中，将课程内容及其相关解读，用计算机应用软件制作成包含文字、图像、图形、声音、动画、视频剪辑等丰富表现手段，并在课堂上能以大屏幕投影方式进行教学表述的现代化程序性教具，这种课堂要件就是多媒体课件。的确，多媒体课件以其形象生动、便捷自由和交互灵活等特点，经常在课堂教学中呈现出良好的“视觉效果”，由此在提高学生学习兴趣、活跃课堂教学气氛、拓宽学生知识视野、增强课堂时代气息和科技氛围等方面具有积极意义。事实上，多媒体课件的应用是现代教学的发展趋势，并已成为众多教师的教学习惯。

电子白板作为汇聚了尖端电子技术、软件技术等多种高科技手段研发的高新技术产品，是提升课堂“特殊视效”的又一重要形式。它通过应用电磁感应原理，并在结合计算机和投影仪的基础上，实现无纸化办公和教学，它能像普通白板或传统黑板一样直接书写，然后输入电脑，并可以任意修改。互动式电子白板可以全面搭配短焦投影组成多媒体教学系统，除随意书写、画图、批注重点外，还可以使用并编辑电子课件。同时，电子白板所具有的拖放、隐藏、拉幕、涂色、匹配、即时保存教学过程、资源丰富、即时反馈等功能和优势，扩展了传统计算机多媒体工具的功能，在调动学生积极性、提高学生注意力和理解力的过程中，更增强了课堂“视觉效果”。当然，电子白板的学科专业性要求是很高的，教师要在电脑、投影机和交互式电子白板组成的教学平台上，真正实现教与学的互动，形成高效率、高品质教学模式，是需要做出基于课堂“视效”又超越课堂“视效”的追求的。

课堂“视效”随着现代教育技术的进步而不断完善，这对教学形式主义而言受益更多。在教学形式主义的课堂上，教师原本就是通过极富个性化特征的教学形式的彰显去传递课程知识，因此由现代教育技术的应用所烘托的教学手段，往往既是形式又是内容。也就是说，多媒体课件或者电子白板的运用等，虽然是向学生表述教学内容的载体，但其在惯常化使用中所外现的科技、效率、创新等观念，实际上伴随着课程目标的实现，而潜移默化地借助课堂“视效”成为学生学习内容的重要部分，或者说课堂“视效”使教学形式主义更具表现性。

当然，教学现实主义的课堂同样能通过“视觉效果”的追求，获得可持续发展的保障，如同写实电影亦受惠于科技进步一样。比如，借助虚构人物而真实描绘美国现代史变迁的《阿甘正传》中，电子技术将为数不多的临时演员在场景中扩增为数千人，而无需真的去找数千名演员。著名导演罗曼·波兰斯基在其获奥斯卡和金棕榈大奖的影片《钢琴家》中，用电脑特效制造出炮火蹂躏的街道、从高楼坠下的角色和横过上空的飞机等若干第二次世界大战浩劫的景象。像《珍珠港》、《虎！虎！虎!》、《硫磺岛浴血战》、《黑鹰坠落》等写实影片同样在特效的表现中赢得观众对真实性的首肯。

教学现实主义者始终关心的是所要表现的教学内容是什么，而并不特别在意怎样去表现，在其眼中本真而近身的形式表现是最好的课堂“视效”。比如，要表达教材文本中春天的勃勃生机或秋天的果实累累，教师可以带领学生去大自然中感受；要表达日出的壮美或夕阳的恬静，教师可以带学生去家乡的小山顶或江海边欣赏；要表达经济发展活力和改革开放的实际成果，教师可以带学生去各类市场和企业体验；要表达物理、化学、生物的科学原理，教师可以带学生去现实生活中观察。但是，如果要感悟夏天的热情似火、冬天的萧索严酷，或者复杂的地形地貌、美观的建筑设计，或者辛亥革命的波澜激荡、二战的硝烟历史，等等，难道要带领学生把课堂设在烈日骄阳下、冰天雪地里，或者黄土高原上、长城故宫里，或者武昌城头、中山陵园、诺曼底海滩、广岛长崎？这一切以及比这一切更加丰富多彩的实景，借助现代教育技术手段，通过多媒体课件转换成相应的图片、视频向学生展示，不见得就一定不如实地体验有效果。

教学现实主义的课堂受惠于科技进步在教育领域的作用，灵活自如地将天文地理、社会万象、人文景观、生活故事、国际风云等远距离、大纵深的现实世界，如同电影镜头的推拉伸缩一样，近距离、面对面地以影像方式呈现于学生眼前，在拟真复制和还原的状态中达至课堂“视效”的形塑，从而实现教学“叙事”的承载。这么做的目的依然是强调内容而非故意突出形式，是把出于客观原因不能身处其中或近身感知的教学实景缩微成课堂教学内容，属于需要而为之，不是习惯而为之。也就是说属于高“性价比”的课堂“视效”，即你抽去了形式看到的仍然是丰富的内容，而不是抽去形式只剩下单薄的内容甚或没有内容，所以，课堂“视效”同样能让教学现实主义受益，但却不会改变其追求简洁、本真的内涵。

很多电影越来越注重视觉效果，在大量使用高科技手段的同时也使表演受到影响，并且这种影响往往不是正面效应。例如，美国黑人影星塞缪尔·杰克逊在参演《星球大战前传》时，曾被蓝色屏幕和绿色屏幕的道具布景拍摄弄得狼狈不堪，他说：“我绝大多数拍摄工作是在巨大的绿色房间中完成的，那里一片寂静，没有任何移动的事物，满眼都是绿色。我只是做做动作，根本不晓得我的对手是谁、有多少人，我只知道一件事——只有我一个人在瞎比画。”的确如此，现在演员常要在特效蓝幕前单独表演，和他演对手戏的演员则由计算机特效人员事后加入进行合成。这样的表演显得冰冷漠然又机械化，比不上演员真正互动时那么亲切灵活，以及所表现出的人性化细腻婉转。

课堂教学在追求“特殊视觉效果”的过程中往往发生着类似的情况。尤其在教学形式主义来看，课堂“视效”的表现基本上带有程式化倾向。比如，原来教师的几个问题完成后，即可展开师生对话交流或学生小组讨论，显得紧凑实用且直接，但也许是出于提问单调、不够“精致”的考虑，不少教师无论需要与否，都有意无意地在师生互动间插入多媒体课件的播放或电子白板的演示，以增添教学“美感”，造成的结果是，学生原本的问题思考和讨论大可以自由开展，不受视角限制，而多媒体视觉材料时不时地插入，虽有提示、引导、辅助的作用，但暗藏着教师主观思路的课件内容毕竟时常打断学生的思考，使其解答方向悄然被束缚。这样在由教育技术操控教学过程的较长时段之外，学生有深度的探讨和师生有思维碰撞的互动就变得匆促而表面化，或者轻描淡写如走过场，总之是“精彩”的课堂“视效”里的点缀。如此这般下去，教师的教和学生的学就处在一个依赖教育技术不时衔接的断续状态，或者说是大家习惯性等待方法与技术予以“特效”展示的状态。学生学习的自由度和思维的开阔性，以及教师教学的灵动性和思路的应变能力都会受影响。

现代科技影响电影特效是双刃剑，其潜在危险是缺乏艺术品位的一些技术至上主义者强势掌握着电影生产，不间断地对全球各地影院里的观众强制进行视觉特效“轰炸”，电影里时常充斥着无谓的爆破、追车、暴力以及没完没了的爆炸、燃烧、枪战，故事情节大多陈腔滥调，表演也乏善可陈，情感平淡如水，总之是让人提不起兴致，仅有其中的特效确实无懈可击。也就是说，崇尚视觉特效的导演必须为电影注入艺术蕴涵，必须有自己的思想主见，才可能让电影成为耐看作品，而不是“快餐食品”。事实上，一切要看电影作者们运用高科技视效创造出什么样的艺术才行，而不是只看高科技视效本身如何。

现代教育技术不仅带来课堂教学的便捷，同样也提供给教师备课、学习、研究的便利，像电子教案、网络课件资源共享、学科专业网站平台等等，不一而足。现代课堂已经深深烙上科技力量的印记，并使教学日益精细化。对课堂“视效”的追求，不可避免地影响到当下教师教的行为和学生学的行为，课堂的表现形式已丰富到众多老一辈教育工作者以及过去的学生、现在的家长都不认识的地步。然而教育的本质和教学的目的是不应该变异的，无论课堂“视效”如何包装精美。课堂“视效”是双刃剑，其消极作用和积极作用几乎一样明显，关键是看通过课堂“视效”创造出怎样的课堂价值，而并非只看课堂“视效”本身。

现实的问题在于，很多教师在进行一堂课的思路设计时，不是把学生的内在需要放在首位，而是带有点功利私心地将如何使课堂更具“美观性”和使自己更“出彩”作为出发点，这在公开课教学中表现得尤为明显。希望自己执教的课堂能有优良“视觉效果”是无可厚非的，不少教师往往耗费较多时间、精力去准备能展现这些“视效”的资源、工具、器材等载体，如多媒体或电子白板课件等，于是潜意识里有一种必须在课堂教学中完整运用的心理，体现在教学的一步步环节由电子课件在牵引，即使课堂现场情况发生变化，也要按照课件预设项目将“视效”元素予以释放，或者说只有等到某个事先定好的“视效”出现，才能进入到下一个课堂操作行为的实施状态。显而易见，课堂“视效”不管多么精美，也无论学生想不想要，实际上给人的感觉是单方面的强制性给予或输入。

电子白板课件也好，多媒体课件也好，或者类似的种种硬件设备也好，作为现代教育技术造就的教学方法革新，带来越发丰富多彩乃至赏心悦目的课堂“视觉效果”。从另一角度看，课堂“视效”越精致，则越具封闭性，即属于教师预设教学思路在技术元素上的程序性安排，在实际课堂教学进程中不作改变或甚少变化，以此维持其稳定的“视效”，因此我们常看到不少教师在成为教育技术熟练操作员的同时，失去了原本作为课堂思想者的人文品味。课堂“视效”若显得粗糙简单并不见得就不受学生欢迎，重点是学生希望学到什么，教学现场即时生成的课堂“视效”，有时反而是亲切的，更是真实而具开放性的。

课堂“视效”本身是影响教与学这同一过程的外在刺激，这种刺激到底是给予学生频繁的视觉覆盖，还是引发学生思维和心灵的冲击，全在教师对待课堂“视效”的态度。凸显课堂“视效”予以强调式欣赏，课堂“视效”就是课堂教学的外部添加值，淡化课堂“视效”而让它在师生互动的教学常态下自然显现，课堂“视效”则是课堂教学的内部生成值。课堂“视效”的价值不在于其自身，而在于其在应用中的归宿。

现代教育技术已成为课堂教学发展进步的重要助推剂。在很多情况下，多媒体、电子白板、电脑网络等成为不可或缺的技术手段，使课堂“视效”愈加普遍且精致，而其价值效应则需视教师赖以运用的目的或者意向去衡量。

6.2　课堂“音效”

电影的特殊效果不仅依靠视觉效果呈现，也需要由音响效果营造。大部分电影的声音是由多重音源混合而成，所以大多数电影院在中间、左前方、右前方、左后方和右后方五个方位配置喇叭，以更好地还原影片的音响效果，让观众获得更好的视听享受。音效的功能主要是配合视效去烘托电影的气氛，同时往往也可以成为表达特定意义的来源。

电影音效经常通过声调、音量、节奏影响观众的情绪反应或情感变化。高频率的、大音量的、快节奏的声音，会使听者产生紧张、烦躁、惴惴不安等感觉；低频率的、小音量的、慢节奏的声音，则带给听者厚重、细致、肃穆、安详、迟疑、神秘甚或焦虑等多种感觉。比如，《拯救大兵瑞恩》中巨大的爆炸、呼啸的子弹射入人体、建筑物的倒塌、坦克的行进，《赤壁》中冷兵器撞击、刀剑砍刺身体、人啸马嘶等形成的逼真音效，共同带给观众战争的骇人恐怖感；《惊声尖叫》、《电锯惊魂》、《午夜凶铃》、《精神病患者》里吱吱作响的门声，黑暗中的脚步声，突如其来的叫声，电话铃、东西倒地声，画面外的低喘声等，向观众传递出紧张悬疑、提心吊胆的感觉；又如颇受好评的韩国影片《杀人回忆》，取材自真实案例，描述韩国史上至今未能破获的连环杀人案，伴随沉重画面而来的是没完没了的雨水声、凄厉的鸣笛声、狂暴的争吵喊叫声、低缓悲悯的配乐，无不给人一种情绪得不到宣泄的令人揪心的压抑感，其实这正是导演所要的效果。

课堂是课程教学的核心场所，也是知识学习的主要阵地，或者说是教学“叙事”的舞台，它以师生的表达和倾听为基本内容，以说、读、听、议架构起课堂语言的应用格局。伴随着教学内容的课堂呈现和汲取，教学语言和学习语言在语调、音量、语气、节奏上的不同状态，往往代表着不同的课堂“音效”，由此体现出特定的课堂表意。

教师以较快甚至急切的语速，或者较高甚至高亢的声音讲课时，往往会自然而然带动起学生思维的快速和听课的激情，不过长时间处于这一状态也可能会造成课堂压迫感或焦虑感。教师讲课的语速过慢，或者声音过低时，学生一般不太会有思维紧张感或学习压力，课堂常显得四平八稳，当然对教学的细微环节还是有益的，不过长时间处于这一状态则可能带来课堂沉闷感或压抑感。教师如果有意识地做到语速的快慢调节和声音的高低变化，就会营造起课堂的节奏感和韵律感，这种教学语言的课堂“音效”常伴随课堂“视效”的配合，为教学内容的呈现注入教学情感和学习情绪导引元素。

学生回答问题的语言运用在“音效”上的表现，既和自身习性有关，又和教师的影响有关。教学语言的“音效”氛围到底是给予学生听课的愉悦，还是带给学生“叙事”的乏味，一定程度影响着课堂学习中的“音效”。比如，教师讲话的逻辑缜密性、抑扬顿挫的声调控制、声音的艺术表现力，有时连同依托其表达的知识本身，悄然渗入学生脑海，渐渐影响到自己的语言表达特征，像语文课上的朗读背诵技巧，英语课上的会话交流语气，数学课上的思路诠释风格，政治课上的即兴发言方式，等等。

教师让更多学生在课堂上展开问题的回答，其实也是引导学生营造学习语言的“音效”环境，洪亮的与轻柔的，沉稳的与紧迫的，老练的与童稚的，激越的与平淡的，缓慢的与急速的，不同的声音表达往往能反映出学生对问题解读的微妙态度和课堂心境，同时还是语言叙说技能的现场训练，为课堂增添动感的活力。

师生之间的课堂互动主要通过话语的交流、倾听、反馈予以实现，教师的语气、语调、语态、语速的轻重缓急同学生的语言表达方式的交接，架构起借助课堂“音效”表现下的教学语境。在这一语境中，教师和特定学生进行的主题对话是课堂的焦点所在，其间具有倾向性的观点或夹带感情色彩的语句，透过双方起伏的声音载体，在向倾听对话的全班学生的传递过程中，转换成拨动和拓展课堂多重思维的调控器。

小组探究通过更多学生之间的话语交流和观点叙说，形成一个热烈、活跃的课堂学习场，透过由自由辩论、质疑争鸣、思想分享等学习语言的外向式和开放性表达，铺就出课堂“音效”烘托下的学生学习语境。这一语境里个性不同的学生在语言表达上的丰富多彩，构成学习思维交互撞击下的语音载体，又带动更多学生的表达欲望，营造活泼灵动的课堂氛围。

课堂“音效”除通过教与学的语言在节奏把握上的快慢有序、在音量语调上的高低错落、在情感技艺上的跌宕起伏予以展现外，亦可以运用“画外音”形式来表现，如同电影画外音的效应。画外音能使观众想象景框外的空间，有助于依托声音的暗示作用，连接起电影画面内外的场景，在观众头脑中形成一定的意义，增强观影的情感和娱乐体验。比如，导演用画面外的特殊声效能制造好奇心下的悬念效果，引发观众一探究竟的心理。又如，一些电影在片尾或片中将人物、场景定格时，或者在画面演绎时，导演用画外旁白告知观众所看不到的画中角色、场面的前事或后续发展，相对延长了影片的叙事跨度，扩展了观众的影像故事构建面。

在课堂教学中，教师的知识呈现、设问解疑、操作演示，学生的体验参与、观察思考、讨论回答，师生的互动分享、观点交会、活动合作等行为，是带动课堂连续性的教学“主镜头”，依托这些教学“摄影”而形成教学“叙事”画面，就成为课堂“视效”的源泉。在教学“主镜头”的运作中，伴随上述教学与学习操作行为而产生的教师话语声、实验演示声和学生话语声等就构成课堂“主音效”，它也在很大程度上主控着学生的听课专注程度。

课堂“主音效”能帮助学生进行课堂学习听觉机制的基础设置，有利于学生在课堂倾听意识的培养中增强思维能力。不过，如果是较长时间课堂“主音效”对学生的密集施放，学生往往会产生听觉疲劳，反而可能造成听课焦虑以及思辨力的下降。在这种状况下，课堂“画外音”可以通过课堂学习听觉机制的调适，在信息“音效”的选择性听取中，构建课堂教学丰富的“音效”环境。

课堂“画外音”经常和由教学“剪辑”形成的教学画面相联系，如果从课堂“音效”角度，把教师与学生之间以话语表达承载的课堂操作行为视为教学“主镜头”，那么基于并围绕教学“主镜头”而转切衔接的用于补充说明、诠释印证的课堂操作行为就是教学“辅镜头”，伴随教学“辅镜头”出现的“辅音效”往往就是课堂“画外音”。它能让学生借助教学“主镜头”外的声音信息提示，领会由课堂“连续性画面”所表达的课程学习意义，同时可以在帮助学生舒缓学习听觉紧密度的状况下，赋予课堂“音效”较扎实细腻的层次感，以更好地烘托教学“主镜头”和“辅镜头”之间的流畅切换。

课堂“画外音”可以是来自外界的自然而真实的声音，像雨声、风声、雷鸣声、车船鸣响、嘈杂人声、铃声、虫鸣鸟叫、流水声、落叶飞舞等等，听上去没有章法，好似噪音，但在特定课程教学中，有时能巧妙借以实际表现教学内容里的仿真情境、气氛或相关现象道理。课堂“画外音”也可以是其他环境或“外景”课堂中事实现象的声效重现，例如教师借助多媒体课件的制作和资源内存，在课堂上播放现场录音素材、电视新闻录像、影视节目片断、自制音频视频等文件内容，通过声音效果的调控使学生在“声”临其境中达到身临其境的效果。也就是说，教学“景框”外的世界，包括自然与社会时空，在其实际声音向课堂的迁移中，形成学生课堂学习的听觉刺激源，由此使课堂“画外音”成为有效拓展教学“叙事”和学生思维想象力的语音元素。

音乐是音效的另一重要承载形式和呈现内容。当然，音乐本身相当纯粹而抽象，有时要谈论音乐内容是比较困难的。如果有歌词，音乐自身的意义就较明晰，不过无论有无歌词，音乐一旦与影像相配合，就能更容易地向观众传达特定意义，所以音乐之于电影的作用是丰富而深刻的。音乐如在电影字幕升起时响起就宛若序曲，能代表整部电影的精神、灵魂和气氛，如《碟中谍》系列每部影片开篇时伴随导火索点燃而响起的振奋激荡的主题音乐，或者《007》系列的每部电影开头的气势张扬的乐曲，能立刻将观众带进熟悉的冒险世界。

《碟中谍3》(《不可能的任务3》)曾因在中国上海和西塘古镇拍外景而引发轰动，可见摄影棚拍摄和外景拍摄的互补对于电影成功的意义很大，这对“内景”课堂与“外景”课堂在教学上的启示也是重要的。另外，《碟中谍》系列的谍战故事在音响效果的默契配合下更显紧张刺激。比如，该系列每部片头伴随燃烧的导火索而响起的昂扬动感的主题音乐，立刻将观众带进精彩的电影世界。

电影音乐有时能暗示社会环境、阶级阶层或种族团体，比如《泰坦尼克号》中杰克所在三等舱的贫苦移民跳舞时的欢快诙谐的民间音乐，露丝所在头等舱的富人贵族参加晚宴时优雅的情调音乐，或者像《红河谷》等西部片中的简单民歌，《罗密欧与朱丽叶》、《教父》等片中情绪丰富的曲调，《勇敢的心》中苏格兰风笛里幽怨回转的抒情乐，等等。电影音乐也用来预示即将发生的事，如希区柯克的多数悬念片都配以“焦虑性”音乐，或者暗示角色内心状况，或者故意造成虚惊一场，或者引爆至一个高潮。

电影音乐亦能控制情绪的转换，例如在吴宇森的名片《英雄本色》最后部分，从儿童合唱的歌曲《明天会更好》，转至激情四溢的动感主题曲，又转至张国荣主唱的主题歌《当年情》，烘托的影像画面分别是宋子豪从惆怅告别，到和小马哥再次联手浴血奋战，到最终助其弟击毙仇敌，以及兄弟二人冰释前嫌后又警匪相隔的悲情，观众在电影音乐的转换中，和片中角色一样分别陷入伤感的心绪中。

音乐在课堂“音效”里发挥着怎样的作用？或者说，课堂教学中是否需要音乐元素的注入？当然，音乐课毫无疑问不在话下，音乐应该都是音乐课的主题元素。音乐课中的音乐可以由教师以各种专业化设备或乐器载体形式进行呈现，里里外外都彰显着课程特质，此处来自音乐的课堂“音效”基本上不是作为课堂“视效”的烘托，更准确地说，其本身就是课程知识的重要部分。另外，像体育课上教师有时运用极具韵律感的音乐伴奏，开展形体操、健身舞等内容的教学，同样带有较浓厚的课程专业性，此时源自体育音乐的课堂“音效”，实际上亦是体育动作技艺等课程知识的组成部分。因此，在音乐、体育等课程教学过程中音乐元素的加入是必需的，由特定音乐生成的课堂“音效”，既衬托课堂“视效”的艺术、健体美感，更作为音乐、体育课程内涵不可分割的主要成分而引领学生的学习。

苏格兰名曲《友谊地久天长》舒缓而略带伤感的旋律，为玛拉和罗依在战乱年代的短暂爱情增添了离愁别绪，也铸就了《魂断蓝桥》这部永恒的经典影片。

音乐在其他课程教学中虽然不是必需的，但能通过适切的应用而发挥相应的表意作用，正如电影音乐同影像画面相配合以传达特殊意义一样。课堂音乐可以分为教学“叙事”内的音乐，即本身是教学内容一部分并同课程目标融为一体的音乐，如上述音乐、体育课程教学中的“叙事”内音乐；课堂音乐还可分为教学“叙事”外的音乐，即本身源自其他非教学情境，而被迁移至课堂内与教或学的行为临时组合以达到某种意向效果的音乐。课堂音乐大部分属于教学“叙事”外的音乐，被教师用以美化课堂“音效”、完善教学“叙事”的目的。

一堂课刚开始的两三分钟是最需要学生集中注意力、进入学习状态的时间，音乐在此可以作为课堂“序曲”发挥定性、沟通、架构、调适等多重功能。比如，选择一首舒缓动听的情调音乐，让每个优雅音符流动于学生心田，营造宁静平和的学习氛围，如果这首乐曲的意境和当课教学主题的场景要求相吻合或接近，则效果更佳。也就是说，无论是人文社会科学课程还是自然科学课程，具体到某一教学内容时，其内在意蕴一般都能配以适当的音乐，或抒情，或深沉，或轻松，或凝重，或张扬，或内敛，课堂“开场音乐”实际上代表着整个课堂教学的精气神。当然，将课堂“序曲”提前至正式上课前两三分钟播放也未尝不可，不过那一般是等待上课的过渡阶段，活泼、欢快的音乐或许效果亦不错，可以调动学生的积极性，让学生做好学习“热身运动”，同时还能缓解学习压力，并建立起和谐融洽的师生课堂合作关系，这尤其对教师执教异地异校公开课帮助更大。

课堂教学实施过程中的音乐选择，往往发挥着暗示知识情境、预告教学环节、铺展教学“叙事”、转换课堂情绪等作用。教师如果在通过多媒体课件向学生呈现相关教学内容的图片、视频文件时，就一并以同步音乐相伴随，那么音乐在此所制造的课堂"音效"则和课堂"视效"共同熔铸为一件课堂"特效"作品，这属于前置式教学"叙事"音乐，一般而言，这种"音画同步"的课堂"特效"是预先设置好而不能现场重置的。

如果教师在知识呈现、现象演示、学生讨论、师生互动等课堂操作行为发生时，以适切的音乐元素的实时添加所铸就的课堂"音效"，同其嫁接融合为现场生成性教学"镜头"，该教学"镜头"中"音画同步"的课堂"特效"，是可以根据实际教学环节或场景调整而现场重置的，这属于后置式教学"叙事"音乐。

比如，在语文课上，教师或学生进行现代文学作品的诵读时，以理查德·克莱德曼、保尔·莫利亚、班德瑞或其他音乐名家的浪漫抒情曲作为背景配乐，进行古诗词诵读时则伴以古筝、二胡、笛子、琵琶等民族乐器的演奏曲，会让语文课堂在真情浓郁或清幽淡雅的意境中更显其听觉美感和人文品味。又如，教师在历史课上让学生探究学习时，根据讨论问题或内容的不同，分别配以相关音乐，同学生的探讨声一起构成课堂"音效"，像以如泣如诉的《辛德勒的名单》主题曲衬托对二战悲剧的讨论，以雄壮激昂的苏联国歌和一些俄罗斯民歌名曲衬托对苏联的成立及解体的讨论，以震撼人心的《黄河大合唱》烘托对抗战史实的讨论，以《走进新时代》、《难忘今宵》等标志性歌曲、音乐烘托对改革开放的讨论，等等。这些音乐犹如课堂符号，使历史的沧桑与厚重感浸润在课堂"音效"支撑和拓展的教学"叙事"中。当然，并不是说人文社会学科就一定要比自然科学课程的课堂教学多用音乐，实际上像物理、化学、生物、地理等自然科学课程，在相关音乐的匹配应用上，同样可以营造起烘托师生互动的课堂"音效"，以"音效"美感拉动起逻辑美感。

教师以不同的背景音乐分别和特定课堂操作行为相组合，就可能形成表达意向和情绪感受不尽相同的课堂"音效"。比如，教师在思想品德课堂上引导学生展开对钱学森、金晶、刘伟、李桂林、陆建芬、张正祥等近年来当选的"感动中国年度人物"的事迹及颁奖词的讨论解读，从中领悟积极应对挫折、磨砺坚强意志、奉献社会关爱他人、厚德载物的人生品质，如果配以《命运交响曲》、《英雄交响曲》等贝多芬的音乐，学生往往能在极具冲击力的课堂"音效"里感受心灵的激荡，而贝多芬音乐在此处亦是标志式的课堂符号，因为贝多芬本人即是一个在逆境中战胜挫折的意志坚强者，于是贝多芬、贝多芬音乐和感动中国人物解读共同汇聚成一股巨大的精神力量。但若在语文课上教师引导学生品读"感动中国"人物颁奖词，可能配以《星空》、《秋日的私语》、《爱之梦》、《春之歌》、《爱的协奏曲》等浪漫抒情的名曲，更能让学生在温馨情调的课堂"音效"里，既从文学赏析角度，又从思想感悟角度去体会"感动中国"人物身上的人性光辉。

又如，青藏高原的广袤和布达拉宫的雄伟，假设都作为让学生学习讨论的话题，分别设置于语文课、政治课、地理课、生物课、美术课或者英语课，那么教师若选用韩红版同名歌曲《青藏高原》，是否一定都会有良好的课堂"音效"呢？相似的学习话题和不同课程的内涵要求发生"教学反应"，会生成探究方向和思路方式大不相同的讨论效果，因此，相同音乐的组配烘托是不是都合适，是值得商榷的。相同的音乐和相同的课堂操作行为可能融合成不同的课堂“音效”，原本都体现教师的教学意向，但从学生的学习情绪和感受而言，可能是支持式课堂“音效”的积极效应，也可能是干扰性课堂“音效”的消极效应。

无论是语音、自然声、课堂“画外音”，还是课堂音乐，都属于教学“叙事”过程中的课堂“正音效”，课堂“音效”的另一种表达形态是完全寂静，即课堂“负音效”，就如同电影中的暂时性寂静所传达的意义一样。吴宇森电影《英雄本色》片尾，周润发（饰演小马）和张国荣（饰演宋子杰）一番肺腑之言还未说完，传来一声清脆枪响，接着是一片寂静，镜头里是周润发疑惑的表情和溅在张国荣惊恐脸庞上的鲜血，突然间枪声大作，镜头里是远处李子雄（饰演黑帮头目）和一帮手下乱枪扫射周润发以及周润发缓慢倒地的场景。一般而言，电影里的寂静无声带给观众真空的感觉和一种某事将发生的期待导入感，有时也是一种生命的定格或爆发。

类似的寂静无声在教学过程中营造出课堂“负音效”，亦能表达出特定的作用。比如，教师抛出一个较有难度或深意的问题，接下来不一定非要程式化地组织学生讨论，实际上可以转课堂“正音效”为课堂“负音效”，每个学生默默思考和教师安静等待，让课堂处于暂时的寂静无声状态，仿佛课堂时空的凝固，象征充满活力的解答呼之欲出。

又如，学生在问题回答中表述了一个颇有见地的观点，教师也不一定非得即时作出评价，可以暂时停顿，寂静无声的课堂留给每个学生思考评判的时间，观念的碰撞和沟通的期待由那一段的课堂定格静静铺垫着，随之而来的可能是真诚的掌声，也可能是更热烈的探讨，抑或针锋相对的辩论。再如，一段发人深省的视频观看过后，一篇精彩作品的共同品味过程中，或者一个重要结论产生前的临界时刻等，师生往往不由自主地沉入课堂的宁静中，思绪的酝酿在这一刻的默契中，经由寂静浸淫的教学氛围缓缓达至那个汇聚点的高潮，课堂在“负音效”的“烘焙”下熟化为“正音效”的爆发。

无声并不代表无所事事，寂静也不意味着寂寞慵懒，有时候无声就是有声，寂静就是喧腾。就像课堂上学生的小组讨论热闹无比，但热烈的“声效”环境不见得会让每个学生都能参与讨论、发言，而每个学生坐在座位上独立思考，看上去使课堂沉闷而无生气，但安静的无声环境也不一定就排斥了学习互动。动感的思虑在寂静无声的课堂运行于学生和教师的头脑，这就是课堂“负音效”下的思维互动，内心声音的涌动由此经过静态环境的定格，导向课堂“正音效”下的外现。

课堂教学过程中的声音广泛存在并且丰富多彩，既有自然的发出，又有刻意的追求；既有教学“镜头”里的“音画同步”，又有教学“叙事”中的单独呈现；既有“多声道立体声”输出，又有寂静无声的“音场定格”，它通过在课堂时空内的释放或添加，产生一定的听觉刺激，形成特殊的课堂“音效”。总体而言，课堂“音效”本身并无优劣之分，关键在于其与教学环节的匹配性。也就是说，课堂“音效”归根到底是为教学本质服务的，它不应喧宾夺主，不能对学生造成注意力干扰，影响学习效率和教学主旨。

以丰富多彩的情境创设引导学生活泼生动地叙述自己的想法和观点，也是表现课堂“音效”的简捷有效的方法。

课堂“音效”的表现当然也和教师的教学理念或课堂模式有关，不过也不绝对。比如，教学形式主义的教师可能在课堂“音效”的美感追寻上花费力气更多，但就课堂“音效”的具体形式而言，他也可能在音乐或“画外音”的细节表达上，显得较为实在而不“花哨”。教学现实主义的教师一般不太注重课堂“音效”的听觉冲击性，但也会出于引导学生本真学习的目的，而在语言声调、自然声、音乐或者课堂“正音效”和“负音效”的呈示形态上，表现出较强的情感渗透性或思维牵动性，这就又带有课堂“音效”美感追求的色彩了。

课堂“音效”的营造只要能为教学“叙事”的有效性烘托良好氛围，就可以帮助学生在听觉关注对课堂教学主题的融入中提升学习能力和课堂效果，这就如同《我心依旧》的优美旋律伴随《泰坦尼克号》的视觉画面，带给全球观众恒久的情感记忆和这部电影辉煌的成功一样。

视觉效果和音响效果在《泰坦尼克》中达到完美的统一，造就了该片在世人记忆里无法抹去的印痕。人声嘈杂、海水汹涌、跳舞狂欢、撞击冰山、音乐演奏、轮船断裂等各种声响，当然还有主题歌《我心永恒》，伴随着惊心动魄的视觉画面，无不把观众推向身临其境的真实现场。

6.3 课堂“光影”与“色彩”

很多时候，当我们享受着银幕上令人赏心悦目的影像画面时，会感受到电影灯光和摄影质量对视觉效果的重要影响。导演经由摄影师通过灯光方向和强度的变化，引导着观众的目光，表达着灯光的特殊意义。一般而言，艺术家常用光明象征安全、欢愉、真理、美德，而用黑暗代表恐惧、邪恶、未知之事。灯光的风格多种多样，往往和电影的主题、气氛、类型相关联。比如喜剧片和歌舞片的灯光风格高调趋于明亮，较少有阴影布局；剧情片的灯光常用高反差风格，即亮光处特别明亮，黑暗处亦极富戏剧性；悬疑惊悚片的灯光风格则趋于低调，阴影大都采用投射式，亮光也颇具气氛。当然，摄影棚内的灯光较为风格化和戏剧性，而外景灯光基本采用自然光源，因而较有自然化风格。

电影普遍通用三点灯光技巧。在这种打光法中，主光是光线的主要来源，用以制造影像的主导性，即在光照处造成强烈的光线光影对比，首先吸引观众的目光，而该区域往往亦是在外表和心理最具戏剧性的动作焦点所在。补充光主要用以降低主光的强硬度，显露一些次要细节不被黑暗吞没，它没有主光那么强烈。背光主要用以区分前景和周围环境，赋予三度空间纵深的幻象。电影借助光的明暗所带有的象征意义，向观众叙说着悲欢离合下的故事内涵，展现着生动形象的影音效果。

课堂教学是一个光影的世界吗？课堂里的灯光对教学能有什么特殊效果呢？的确，表面看来灯光的作用就是照明，在光线阴暗时就打开灯光，赋予课堂空间明亮的学习环境，在光线明亮时则不需要灯光的照耀。似乎也就仅此而已，如果过分夸大灯光或光线的意义，好像有牵强附会之嫌。不过以教学“叙事”的视角而言，知识的呈现正是在课堂“光影”的映照铺陈下进行的，只是不被刻意关注而已。

伴随着室外晴朗阳光向室内的播撒，整个课堂犹如光明之舟，学生身处其中会感到心情放松、愉悦，在开阔的心境和情绪下，学习的欲望自然也强，这时学生甚或连朗读课文都更响亮、思考问题也更积极。如果是阴沉的天气或者接近傍晚的阴暗光线下，学生自然在学习情绪上可能有些波动，多少会有压抑烦闷感，当然此时借助室内灯光可以使课堂恢复亮堂，学生的心绪会有好转，但就如同摄影棚内拍摄内景戏的人工光源一样，人为的课堂灯光对学生而言总有些异样的感觉，就好像有一种学习的外力强制一样。

从另一方面看，有时候教师在特定的课堂或课堂教学的特定阶段，依托不同光源的作用达成特定的教学效果还是必要的。比如，在一些自然科学课程的教学中常需依托实验演示呈现原理、定律等知识，学生在较亮的光线下当然会看得清楚些，师生一般都希望如此。实际上，教师假如在学生面前或讲台上进行物理或化学的实验操作时，适当关闭一些室内灯光或拉上一些窗帘，而达到主要光线集中于手头实验的“聚光”效应，可能更有利于学生注意力和观察力的提高。当然也有可能在地理或生物等课程教学的实验演示中需要较强光线，那就得打开更多课堂灯光，形成特殊课堂“光影”下的知识世界。

教学语言、自然实音、现场发言、视频音响、音乐旋律等组成的课堂“音效”，可以赋予课堂教学灵动的活力。同时，教师将课堂“音效”的生成和由教育技术推展的课堂“视效”有效结合，适时辅以课堂“光影”与“色彩”的铺陈，可能会使教学“镜头”的“摄取”带来更富意境的教学“影像画面”。

如同电影的三点灯光技巧一样，课堂以其“光影”的明暗层次性赋予教学“叙事”更深刻的寓意。也就是说，课堂灯光除了照明外本身并不具备特别意义，当它和教学流程的某些操作行为相结合时，则使该教学环节向学生传递了更多的课程内涵。比如，多媒体教学平台在课堂内就属于一个单独的光源，但在外界自然光源照射下，它自身暂没有特别用途，教师是课堂“光影”下的主体。当教师利用多媒体平台呈现教学内容时，投影幕或电子白板在投影光照处即产生了强烈光线对比，立刻吸引住学生的目光，投影照射区域成为该教学环节引导学生观察思索的焦点所在；同时，可以适当遮挡外界自然光源的照射，或关闭一些室内灯光，更好地凸显投影幕里的内容，或者说增加课堂“光影”的纵深感和区分度。这样的效果主要旨在让学生身临其境，在“内景”课堂体悟“外景”课堂的现象。当然，也可以用外界自然光线和室内灯光去降低投影光源的强硬度，形成一种投影幕内外时空相融的心理效应。不同的光线配合或者明暗对比，往往在课堂操作行为中带给学生微妙的学习情绪，也可以说是获取课程知识的“光影”刺激源。

灯光既有写实也有表现的效用。拿电影来说，现实主义导演喜用自然光，尤其是在拍摄外景镜头时，而拍摄内景镜头则喜欢用窗户、灯架等明显的光源。自然光的使用会使影像有光质感较粗糙不圆润的纪录片的感觉。形式主义导演较喜欢象征性的暗示灯光，常以扭曲的自然光源强调灯光效果的象征意义，像背光下影像的优雅柔和或曝光过度下情绪的夸大等，还喜欢用聚光灯产生强烈明暗对比，制造出主题及心理效果。所以，光影世界的营造还和导演的观念有关。

课堂“光影”同样如此，在教学形式主义的课堂里，教师不会视“光影”形态为无物，他在实施课堂操作行为的时候，往往会有意识地关注并调适教学光源，这倒不是说教学效果就真由光线调配决定，而是指教师在教学“场面调度”上的一种风格化处理意向。比如，教师可能更加注重多媒体课件或电子白板等教育技术手段所缔造的生动形象的“光影”内容，有时还设置多点“光影”源，在教学过程的不同环节，以不同的“光影”结点串接起教学“镜头”。又如，即使在以传统手段，像黑板演示、讲台实验呈示等进行课程知识表现时，也注意光线角度、自然光线和人工光线的交错、室内灯光的明暗调配等“不起眼”的细节方法，营造起在特殊“光影”氛围烘托下的知识学习场景。

在教学现实主义的课堂里，教师不是太在意衬托教学内容的“光影”表现形式，无论以何种光源所投射，知识呈现本身才是最重要的，所以不加刻意修饰的自然“光影”在其眼里更能表达课堂的本真性。比如，当教学内容不需要来自人为加工的“光源”映射时，直接源自“外景”课堂的现象呈现即是自然化的“光影”再现，简而言之，学生能在外界自然“光源”投射下见到或体验到的内容，就不必通过教育技术的重新包装再去“转射投影屏”。

在教学观摩和教研活动变得越发频繁的情况下，整班学生常被整体迁移到某个大厅前台甚或舞台上进行课堂教与学的展示，这时候课堂真的犹如变身为“光影世界”，照明灯、射灯、聚光灯、彩灯、追光灯等各种灯光，加上教育技术所制造的多媒体、电子白板等光源，将台上的课堂以最亮堂的场面表现给台下的众多观课者观看。当然，这些活动的确也需要，但课堂“光影”的过度膨胀极易带给学生和教师以极大压力，有时候极尽所能“表演”下的教和学的场景，实际上是令人压抑甚或烦闷的，也就是说，这种状态下的课堂灯光往往给教学烙上形式主义印记。

当我们说从一部精彩电影里享受到赏心悦目的光影世界时，其实在很大程度上也是在说我们体验着质感丰富的色彩带来的视觉冲击和情绪感染。色彩在电影里能对服装、化妆、布景等各种元素起修饰作用，由此增强美感。彩色电影基本上都具有表现主义特质，因为色彩的象征意义常和文化有关，并带有相当的共性。一般来说，蓝色、绿色、浅紫等冷色调代表着平静、安宁、疏远，在影像上不太凸显，而红色、黄色、橙色等暖色调则代表了危险、刺激、暴力，在影像上较为张扬。从心理方面来看，色彩作为电影中的下意识元素，具有强烈的情绪性，它诉诸的并非知性和意识，而是气氛和表现性，或者说象征心境和暗示意义。

课堂教学中的“色彩”元素对学生而言是下意识的汲取，是伴随现象展示或依附知识内容的“捆绑式”吸纳，但在教师来说则是含有特别意义的教学方式应用，是在由它描绘或渲染的教学内容上的意向性表达。在真实生动的教学现场，课堂“色彩”随处可见，当然对美术类课程而言，色彩本身就是教学内容的基本部分，就不同于衬托并赋予特定内涵的形式化“色彩”。

学生有讨论问题和学习知识的自主权，但并没有选择评判课堂“色彩”的自由，教师则有这样的自由，因为色彩既然是生活世界的灵动元素，也就可以被用作让课堂教学亮丽鲜活起来的动感符号。事实上，除了以色彩本身作为教学内容外，色彩在课堂上往往被视作孤立的点缀；正因为如此，当教师将色彩融入教学内容时，课堂“色彩”就已从单纯的色彩转化为丰富的形式，或者说课堂“色彩”是教学设计中的环节构成，是借色彩的传统象征意义表达知识内涵的方法与技术，课堂美感和质感由此而彰显。

比如，用粉笔在黑板上书写观点、结论、公式、题解、词汇、图形、表格等，是教师进行知识呈现或诠释的常用手段，当然现在还包括教育技术日益推广普及下电子白板所具有的功能类似而更便捷的书写手段，但不管是哪一种书写平台，长时间采用同一种颜色，或者整几堂课一直是满黑板相同颜色的文字，多少会使人产生视觉疲劳，甚至有密集灌输下的学习压抑感。这时，不同颜色的笔触变换不仅有利于缓解视觉压力，而且在教师特定色彩提示意义的应用下，有利于学生学习情绪的调适和思维倾注力的增强。像红色、黄色、橙黄等暖色调线格、框架图对蓝色、黑色、深绿等冷色调语词、知识点的交会、连接、勾画，或者不同色调笔触书写的重组编排等，往往在呈现知识点的同时，通过附加于其上的色彩寓意，向学生传达教师的教学重心或要点强调。

课堂“色彩”在多媒体教学平台上同样表现出丰富的形态和特定的意蕴。教师制作课件通过多媒体进行屏幕投影显示，本质上还是课程知识的呈现，但这并不是说课件文本就是传统板书的简单替代，或者说由教师的“手写”转化为多媒体的“机写”，如果是这样，教师的教学操作也许轻松便利了，但学生的视觉疲劳感依旧，或许还因为要跟着课件文本的不断翻页去记笔记、看问题、读材料而学习强度更大，这却不一定意味着学习效率的提高。所以，教师在多媒体教学过程中或多或少都要借助幻灯片板式、背景图案、字体样式、图文配色、填充效果等技术手段，为课堂教学内容的文本化呈现注入视觉调适、身心愉悦等元素，这既表现出课程的内在美感，又在舒缓学习压力的状态下带动起学生的学习情趣。这就是课堂“色彩”在基于教育技术的教学过程中的积极效应。

在湖光山色、春意盎然等风景图片的浅绿、湛蓝颜色模板上，以深红、紫罗兰、梅红等对比性强的颜色所映衬承载的文字，在知识点的板书或投影上常能带给学生轻快、显眼、鲜明的读看效果；而如果是在类似秋日田野的金黄色、鲜花烂漫的桃红色、彩霞满天的橙黄色这样的背景下，以深蓝、草绿、天蓝、深紫等颜色展现知识的文字，则又是另一番厚重、扎实、平稳的效果。当然，审美视角不同的教师，会以颜色的不同搭配与融合，去表达其心目中的教学想法，或彰显其对学生的学习引领。这些都没有定势，一切依课堂“色彩”同知识呈现的适合度而定。

课堂“色彩”的运用不能因为过度渲染而弱化了教学内容，始终要本着引导学生关注内涵的宗旨。就像张艺谋的电影一贯注重色彩追求上的精益求精，但并不总是成功，仍然要看他在故事设置和色彩衬托上的协调与否，例如《红高粱》、《大红灯笼高高挂》、《一个都不能少》等影片就比较成功，将色彩融入人物和情节，成为浑然一体的故事符号，而《英雄》、《满城尽带黄金甲》、《十面埋伏》等影片里虽然色彩应用美妙奢华、浓烈明艳，不过感觉上却是同故事、人物间相疏离，极端的色彩掩盖了内涵的薄弱。所以，课堂“色彩”可以由教师根据个性化的教学审美观，呈现出多姿多彩的视觉效果，但却不能本末倒置地使教学内容的重心，埋没于由色彩的过度堆砌而形成的“泡沫课堂”里。

精美绝伦的色彩构图和精益求精的光影调适，是张艺谋始终坚持的电影拍摄理念。例如，他的首部武侠电影《英雄》中的这一场景就秉承了其一贯的风格，的确在带给观众美的享受的同时，增加了影片的观赏性，即使该片所说的故事并不精彩。

课堂“色彩”不单是通过动态的教学操作行为予以铺展，另外还借助课堂环境的布置和教学氛围的营造去表现。比如，教室内部墙壁上名人名言、学生书画作品的悬挂，黑板报上丰富多彩的图文信息和赏心悦目的版面设计，“生活风采”栏里学生业余生活、课外活动的照片、成果展示，角落空间里学习或教学物品、书报、器具的陈列，等等，这些课堂环境元素不仅提供教与学的辅助用途，而且通过其中散发出的并且时常更替着的色彩气息，赋予学生积极向上的愉快学习情绪。也就是说，相对稳定的课堂环境以其色彩氛围，烘托着在其内部实施的不同课程教学中分别表达的色彩意义，由此在环境色彩氛围和教学色彩氛围之间形成渗透与共融，这使课堂“色彩”更具亲和力和感染力。

我们对《辛德勒的名单》这部黑白主色调影片中的那个红衣小女孩都无法忘怀，也都记得片尾当被辛德勒拯救的犹太人多年后到辛德勒墓前献花的镜头出现时，这部电影的黑白色缓缓转为彩色，悲怆、辛酸、感动、释怀的情感变化伴随着我们观看这部影片的全过程，色彩的意蕴烘托强化了观众的情绪体验，对观众而言其实也是一次灵魂荡涤的过程。这种黑白电影中彩色片断的插入，往往极具象征意义，其冲击力不仅是视觉上的，更是心灵上的。

有些彩色电影中的黑白片断也被导演用以表达象征意义。比如，意大利战后新现实主义名导德·西卡在影片《费尼兹花园》里，让画面的色彩伴随法西斯压制越来越严酷的过程，而由华丽耀眼的红色、金色、绿色等慢慢消退到最后仅剩的黑白、灰蓝色，这让观众也仿佛经历了那段黑暗岁月的心灵煎熬。另外常用的还有在彩色电影中插入历史纪录片的黑白片断，这能使影片的背景清晰、真实，当然有些导演用得更富技巧和深意。例如第83届奥斯卡金像奖最佳影片获得者《国王的演讲》，描述口吃的英国乔治六世国王以坚强毅力战胜顽疾的经历，中间插入了一段国王观看的希特勒演讲和纳粹德国狂热行为的影片的片断，那就是真实黑白纪录片里的影像。此刻导演极富寓意地向观众表现了英国在那个动荡不安岁月里的艰难处境，以及最终战胜黑恶势力的不屈信念，手法非常独到成功，因为希特勒的确在演讲上颇为出色，但他却将世界带入了灾难。这一段的彩色与黑白的画面剪接，将影片的主题、历史的厚重、宏大的背景、正义战胜邪恶的价值观很好地融入导演的理念中，经由色彩的巧妙处理展现出了该片的魅力。

影片《南京！南京！》没有鲜艳的色彩和耀人的光影，全以黑白色摄影完成，使用了与经典电影《辛德勒的名单》相似的拍摄手法。这样故意而为之的做法是导演陆川的理念体现，将南京大屠杀前后的悲怆历史以纪录片般的方式冷峻呈现，赋予影片沧桑的现实主义基调。课堂教学的现实主义基调与此相似，可以从中得到启示。

课堂教学借鉴这样的处理方法，可以通过增强课堂“色彩”的象征或符号意义，去实现课程内涵更深刻的表达以及教师教学意念更明确的指向。比如，包含在多媒体课件中的大量图片、视频、数形等教学材料，基本上都依附于活泼生动的课堂“光影”与“色彩”，在教学过程中向学生的呈现虽然较具吸引力，但如果数量过多且形式过于雷同、单一的话，学生反而会只看表面的“光鲜”，却忽略了原本应挖掘的内容。在这种状态下，教师适时回归传统方式，去除“色彩”包装或“光影”衬托，采用像在黑板上用粉笔呈示关键内容，或让学生在黑板上演示书写结论等返朴归真的手段，这就如同彩色电影中黑白片断的插入一样，给学生以严谨、真实的学习感觉。反之亦然，在较多传统、自然的“黑板与粉笔”单色调知识呈现过程中，适时插入色彩明快丰富的教学素材，会在添加课堂学习刺激点的状态下，带动起学生新一波积极的学习情绪，这就如同黑白电影中彩色片断的插入效应一样。

课堂“光影”与“色彩”犹如为教学内容穿上的“外衣”，其“合身性”就是其有效性，这就好比如果将经典黑白电影《公民凯恩》、《第三个人》等拍成彩色版，或者将《满城尽带黄金甲》、《金陵十三钗》等影片拍成黑白版，都会导致糟糕的结果。课堂“光影”与“色彩”本质上属于教学方法与技术的范畴，当它们同教学现实主义或教学形式主义相结合时，就可能分别产生简约的“光影”和自然的“色彩”效果，或者复杂的“光影”和修饰的“色彩”效果。这些都能带来不同的知识呈现形态，并营造出多样化的情绪状态，就如同观众随着画面的色彩变幻和光影照射而享受电影的欣赏过程，并即时调适观影心理，获取故事情节的发展态势一样。所以，课堂“光影”与“色彩”在为学生注入思维兴奋点、为课程注入教学激趣点的基础上，赋予课堂教学特定的表现意义，从而能有效地将课程蕴涵、课堂内质和形式美感融合在一起。

良好教学效果的取得并非一定依靠既多又好的课堂“音效”和课堂“视效”，这里涉及教学效益“性价比”即课堂价值效应问题。有时教师用简洁清晰的教学手段和启迪心智的教学语言，同样可以产生较高教学效益的课堂，“低能耗”的“低碳”课堂亦是我们的追求。

6.4　媒介运用

从广义上说，媒介是任何能使人与人、人与事物或事物与事物之间产生联系或发生关系的介质。从狭义上说，媒介是介于传播者与受传者之间，用以负载、扩大、延伸、传递特定信息或人类意识的物质实体。事实上，媒介可以是任何人或事，只要它充当信息传播的中介，也可以说，所有的人或事既能作为特定符号、信息被其他媒介传播，亦能作为媒介去传播其他信息、符号。

电影是大众传播媒介，在银幕世界的声光影像里向观众讲述着古往今来的人类悲欢离合的故事，或者大千世界的纷繁复杂而光怪陆离的景象。观众坐在电影院里借助电影媒介和剧中世界建立起视听联系，跟随情节发展而喜悦、感动、紧张、恐惧、愤怒、难过、兴奋。但人们是不是非得在黑漆漆的电影院里才能享受观影乐趣呢？显然，我们可以舒服地待在家里，通过电视观看电影，可以通过视盘播放机看电影，可以在网络上在线或下载观看电影，也能在外出时利用便携式影碟机甚至手机看电影，于是，这些物质又成了我们选择看电影的多种媒介。

课堂教学同样如此，它是教师与学生之间进行知识传承并发生人际联系的媒介。通过课堂教学这一媒介，学生可以汲取人类知识的精华，并从教师身上获取道德、学识、人格的榜样力量，教师可以履行“传道、授业、解惑”的义务，并从学生的发展进步上获取自身的职业幸福和专业成长。课堂教学作为媒介本身，架构并推进着教师和学生之间的教育联系，同时它又依托广泛意义上的媒介，更好地发挥自身作为媒介的作用。也就是说，媒介运用对课堂教学而言有两层意思。其一，课堂教学是被运用的教育传播媒介；其二，课堂教学运用其他媒介，即媒介的媒介而获得进一步发展。

如同电影通过多种媒介扩展其传播范围和价值一样，课堂教学可以运用与之相关的各种元素拓展媒介作用，由此达到课堂内涵的提升。课堂教学中的媒介运用往往同现代社会的发展和科技进步的支撑息息相关，比如网络就是如此。电脑技术和网络交往深深改变了世界，也极大地改变了教学。

语言文字原本是既传统又权威的教学媒介，由课堂知识在教材里化成的文字和经由教师诠释叙说而传递的语言，都是学生获取知识的最正规、最普遍的介质，这些如今依然存在，但却受到网络介质的冲击。语言文字通过电脑和网络得到了无极限发展，传统书面上有的和教师嘴里讲的，在网络媒介上全部都有，而且还更多更深入且没有课内学习时间的约束。如果不正视这一切，课堂教学将会走向僵化和单薄，但要是把这一切奉若神明，课堂教学又会迷失自己的方向和阵地。

网络作为课堂教学中的媒介，理应在适切的应用中体现对于教师和学生而言都具有的效益价值。网络的媒介作用体现于教与学之间的互动、教师与学生之间的沟通、课程静态结论与现实动态知识之间的共融等层面的联系工具。课堂教学在网络媒介下的运行意味着，信息资源对教学主题的非限定性，思维视角对课程主旨的多维度性，于是课堂教学更有一种时空纵横的大气感。这要求教师和学生展开合作式的学习资源建构，提升网络教学中信息筛选、鉴别、整合与提炼能力，使学生在课程知识的学习中获得延伸拓展的感觉，教师亦能营造出教学的开放性氛围。这里既包括师生在学校网络教室里进行的主题研讨，也包括在课外由学生进行的后续性网络学习。各种各样的观点、无法穷尽的实例、针锋相对的看法，这些无不让学生体会到无边界学习的开阔性。当然也要注意，对度的把握是重要的。

课堂教学中的媒介运用还凸显其即时体验性和现场感受性，或者说是“直播性”，网络、电视、广播等传播媒介都能表现该特质。教师固然也可以引领学生直接走进自然与社会现实世界去体会，即在“外景”课堂中实施生活实践学习。不过，媒介在“内景”课堂的运用仍是有其不可替代的作用的。

媒介一般能让学生在相对安全的环境里获得相对真实的同步现场体验，如网络媒介上的在线交流或图文直播，电视媒介上的实时画面或影像回放，广播媒介上的热线交流或实况收听，这些在人们每天的生活世界里是司空见惯的，或者说已成为生活的一部分。事实上，这些传播媒介也可以是课堂教学的丰富而生动的物质实体，它对“内景”课堂和“外景”课堂进行连接，或者说媒介的一端是课程知识，另一端是广阔生活世界的任何现实存在。教师运用媒介把外部时空的人与事物“拉近”至学生眼前，在“直播化”状态下增强课堂的现场感和学生的体验性，网络、电视、广播等媒介无不如此。

课堂教学中的任何话题、知识、疑问，都能借助网络的实时互动与搜索查找的强大功能，获得超出实际课堂容量之外的结果显示，这提供了师生更多、更广、更深层面的课程拓展交流，表现出课堂教学的民主性、自主性。当然这实际上对教师的教学设计要求，和学生的学习思辨要求都提高了许多。

支撑网络教学媒介的电脑本身是另一种重要媒介，它的数据信息的输入、储存或者输出，在和课堂教学有机结合的过程中，成为帮助学生提高文字处理、材料分析、语言归纳、主旨解读等学习能力的技术硬件。比如，在课堂教学现场，英语教师可以实时录入学生运用所学词汇、语法完成的造句或小短文，通过电脑和投影机的连接而予以大屏幕显现，让全班学生都能边看边分析句型应用的实例，达到活学活用目的。语文教师也可以录入一些学生习作中的精彩句段或问题句段予以即时显现，引导学生分析点评来自自己或同学的文笔构思，还可以把事先存入的阅读短文予以显示，让学生进行文章解析和领悟，甚或让学生直接在电脑上操作，在标注、注释中表达自己的语文学习思路，通过更多学生的讨论参与使大家得到收获。这种无网络状态下的电脑媒介，正是通过口说语言的键盘转化，变为可即时阅读、解析、修正、记录的动态性文字内容，这让教师、学生和课程的联系显得多重而生动。

电视、广播的媒介运用在课堂教学中亦能产生较好的效应。当然，教师在一般情况下会预先录制并保存好电视或广播的视频、音频材料，继而在教学的相关环节中进行播放，这对事先未接触过材料的学生而言仍能起到“现场直播”作用，对接触了解过的学生来说则失去了新鲜感。因此，有时不妨在课堂上真实地借助电视或广播媒介向学生展现一些大家有所期待的事件或现象，在当时、当课、当事的“现场直播”中让学生亲眼目睹、亲耳聆听，以此帮助和引领学生获得种种形象直观、生动亲切的“现场”感受和体验，并在同课程知识的“现场”链接中增强课程内涵领悟力，同时提升在实践探究中运用知识的学习能力。

在现代教育技术的背景下，纸质媒介可能不如以往受重视，但其在课堂教学中发挥的作用却不可小视。从广义上说，任何以纸质材料为载体的印刷品、书写品、图绘品等均可被视作纸质媒介，它在课堂教学中通过图文的阅读、思考、分析、提取等途径，将教与学、师与生、知识与应用连接起来。

比如，报刊媒介在课堂教学中的应用，带来的是生活与社会时空信息的书面化传播，是基于教师和学生图文延伸想象上的讨论与解读。报纸上的热点时事、追踪报道、社会新闻，杂志上的优美文章、人物访谈、科学知识、人文艺术等，都能经由文字品味下的思维魅力，激发和带动起课堂探究的热情。各学科课程学习都可以通过报刊媒介的特定信息纽带，连接起课内课外的知识贯通平台。教师就需要有敏锐的教学直觉和细致的课堂调度意识，生活化的报刊媒介在带给学生轻松阅读的同时，也树立了生活学习的课堂教学观念，即在随意中显深刻。

公众性图文宣传材料也是重要的纸质媒介，虽然没有正规发行的报刊那么具有权威性和覆盖性，但其在课堂教学中常常能巧妙地发挥承载、渗透、延展、链接课程知识的隐性作用。比如，在参观完博物馆、纪念馆等场馆后，学生可以将场馆宣传册转化为进一步拓展历史课或思想品德课学习的课堂媒介，里面所隐含的文化价值、民族风情、人文积淀正是这些课程的内涵所需要的。又如，观光游览结束后，学生可将在不同景区的游览券作为拓展地理课、语文课、美术课、政治课等课程学习的丰富的课堂媒介。另外，像看完电影或剧场演出后把宣传介绍单或节目单引申为语文课、美术课、音乐课上的媒介，在商场超市购物时把产品说明书、宣传广告纸，甚或发票单据延展为语文课、政治课、生物课上的媒介，以及将一些社区或公共场所发放的公益宣传小册子或招贴画，甚至房地产楼盘户型效果图，抑或装饰公司的装修设计广告图，都能够在思想品德、物理、美术、数学、化学、地理等课程教学中成为生动有趣的课堂媒介而提取和呈现相关知识。

电视媒介让学生通过“直播化”影像“看”到课堂外面的时空，广播媒介让学生凭借“直播化”声音“听”到课堂外的世界，纸质媒介则让学生依托书面化图文信息去想象并搭建其心中的现实场景。这些课堂媒介的功效在实物媒介上兼而有之，同时，客观世界的真实现象借助实物媒介，以“浓缩版”形式镶嵌于课堂教学过程之中，形成学生和实物“近身”探究接触的课内外互动学习形态。

当然，从广义上说，电视、广播、网络、报刊等媒介也可被视作实物媒介，如果它们在课堂的出现是用以探讨大众传播媒体本身的特征、作用的话，其他实物媒介的意义大抵如此。比如，带进课堂的植物花草、蔬菜叶子、稻谷小麦等实物，作为我们生活世界里的物质实体，连接着生物课程知识和自然生物现象，或者说是学生理性知识学习和感性生活实践的课堂媒介。当学生从家里把洗手液、洗洁精、洗衣粉、消毒液等家居常用品拿到课堂上使用体验时，这些向学生生动“讲述”着化学知识的物品，同样在充当着实物媒介的角色。镜子、手电筒、复读机、磁铁、保温杯等各不相同的物品，则可以成为物理课堂上的实物媒介，形象地将渗透着科学原理的生活现象带到学生手边。

实物媒介无处不在，无时不在。我们有时不必刻意携带，即能随意化“近身”物品为课堂媒介，体现生活即学习的特质，比如手机的应用。当然，学生是不被允许带手机上学的，但手机通信的普及性却是当代人生活不可分割的组成部分，于是教师在课堂教学中的特定环节，当众使用手机的某些功能时，这就令手机在学生感到既亲切又好奇的状态下，成为常态生活现象和严肃课堂学习间的实物媒介。例如，手机信息里有些是公益性或知识性的，教师选取几条展示给学生，既能反映社会道德文明的主流弘扬，又能说明现代科技对社会发展的促进；有些信息则是庸俗的甚或诈骗侵权的，教师同样选取几条呈现给学生，从中让学生感悟到依法行使公民权利和履行公民义务的必要性。

像学生手边的文具、书包、饮料瓶、食品包装盒等物品，都能作为课堂媒介，向学生传递肖像权、隐私权等法律常识以及多种经济成分性质、生态文明等观点。这些实物媒介让学生学习思想品德和政治课不至于觉得同生活脱节，而是倍感亲切地体会到社会现实即在课堂之中。当然，上述这些类似的实物媒介亦可向学生“述说”物理课程知识等。也就是说，生活实际中的真实物品可以被用作不同课堂的实物媒介，向学生传达各有侧重的课程知识，因为生活本身就是由丰富多彩而交叉贯通的知识架构并浸润的。

基于生活世界里的真实物品向课堂的迁移而向学生呈现知识的介质，我们一般可称其为“内景”课堂媒介，实际上实物媒介并不限于此，课外现实世界里的事物，无论是可迁移抑或不可迁移的，都应视作实物媒介，它们属于“外景”课堂媒介，不带主观色彩地向人们陈述着其承载的知识，它们是会说话的实物。

比如，南通市不仅有中国最早的博物院，而且以庞大的博物馆群闻名全国，像纺织博物馆、蓝印花布博物馆、风筝博物馆、城市博物馆、珠算博物馆等等，都是丰富的实物媒介。当教师带领学生徜徉其中时，博大精深的中华文化、多姿多彩的地方文化、历久弥新的民族精神，静静地透过博物馆的浓缩负载而向学生展现和述说。公司或企业车间是感受经济发展和环境状况的实物媒介，店铺或商贸街是了解市场经营和消费水平的实物媒介，交通信号灯、银行一米线柜台、个体工商户营业执照、经济合同文本等是体会法律、秩序、权利和义务的实物媒介，等等。这些“外景”课堂媒介全是学生在生活与社会时空里有所接触的实景事物，各种课程的相关知识依托这些实物媒介得以显现、拓展、融合。也就是说，学生从“置身事外”到“置身事内”的转化，是通过“外景”课堂媒介的衔接有效实现的。

如果说实物媒介是理性知识和感性知识间的物质形态中介，那么人际媒介就是现实世界传播源与课堂学习受传者之间的人际形态介质。比如，上面提到的南通蓝印花布博物馆，如果教师邀请该馆的工艺美术师来到（美术、语文、历史、政治等）课堂现场，蓝印花布的印染技艺、鉴赏价值、民族文化传承、审美情趣等传播内容，则能通过其实际的操作演示和语言介绍向学生进行传递，由此构建起蓝印花布这一享誉中外的信息源和相关课程知识之间的联系，这位工艺美术师就可视作理性与感性认识间的人际媒介。同理，受邀的人大代表或政协委员在课堂内的讲述与介绍，使他们成为现实社会政治生活和学生相关课程学习之间的人际媒介；受邀的志愿者或义工可以是社会道德氛围和学生品德学习间的人际媒介；受邀的企业家、经理、警察、学者、专家等都能作为人际媒介，在课堂上“现身说法”，让学生课堂内外的学习联系更为深刻、真实。人际媒介实际上是客观社会生活中某一领域的职责承担人或某一事件的当事人，通过将其所在场景的现象在课堂内向学生的呈现，而发挥理性学习与感性学习之间融合连接作用，并扩展、提升课程内涵的人本性介质。

事实上，课堂教学媒介并不止于这些，就如同电影的播映可以借助胶片放映机、视盘播放机、录像机、电视、电脑网络、手机视频进行一样，而且随着科技的进步和观念的更新仍将不断出现更便利、先进的形式。当然，电影本身作为人类文化与心智的影音媒介运作方式，同样会有新的发展，并促使其本质不断完善与深化。课堂教学作为人类文明的传播媒介，或者说作为人类知识在师生间传递继承的媒介，其自身形式和负载它的媒介都处于不断丰富发展的状态中，由此拓展着课堂教学的蕴涵。

课堂教学本身是师生知识传承的媒介，同时又依托其他媒介得以不断发展。语言、文字、人物、影像、事件、物品等都可以在广泛意义上充当课堂教学运作的媒介。

各种教学媒介各有千秋，电脑、网络的信息容量大、传播速度快，但依赖性较强；电视、广播的现场真实感和直观性强，但稍纵即逝；电子白板的内容即时性强、保存性好，但形式感过强，客观实物的感受性、形象性强，但普遍性较弱；纸质材料的复读性、修改性强，但生动性不够；人物叙说的互动性、亲和感突出，但主观性过强。所以，课堂教学的媒介选择与承载没有定势，往往需要根据课程知识的特点、学生学情的变化、课内外学习实践联系度等方面进行。课堂教学本身是媒介，并又在其他多层面媒介上实施，这也正是课堂教学应该且能够在开放式的时空获得持续发展的有利条件，一如电影通过种种新式媒介的放映而增加其价值效益的道理相似。

媒介运用的不同目的往往还导致课堂内涵在教学现实主义和形式主义上的不同价值取向。比如，课堂现场即时生成的媒介运用和课前精心准备的预设媒介，实际上分别表现出开放与封闭的形式。有时候，灵活生成的媒介应用不一定很精致，或者说缺乏课堂“光影”与“色彩”上的美感，但却带给学生真实、生动的学习感受。

第七章 教材与资源：铺陈教学的“置景”

如同布景既作为故事情节的物质承载和内涵延伸，又作为角色饰演的精神铺展和心境衬托，从而赋予电影更丰富的质感一样，教学“布景”通过教材与资源在“内景”课堂和“外景”课堂的铺陈，使课堂教学的本质蕴涵得以提升与拓展。教材从国家教育意志层面设定的方向性教学“布景”具有封闭性特质，课堂资源则从教师和学生的教和学的意向层面设置了灵动性教学“布景”，包括现实主义素材、形式主义素材和非课堂素材，具有开放性特质。教材与资源往往在教学“置景”铺陈效应的发挥中，为教师和学生更好更快地在教学“制片”过程中达到和维持“入戏”状态起着不可或缺的作用。

7.1 教学“布景”

教科书在课堂教学中到底发挥着怎样的作用？它究竟是维持着教与学秩序的平衡，还是限制了教师和学生的内在需求？如果没有教材，是否就抽离了课堂教学的根基？事实上，教材并非只是提供了“教教材”和“用教材教”这样的观点交锋的土壤，在很大程度上它往往被视作是人类知识与师生传承之间的媒介。这种媒介既可以是纸质载体，又可以是电子载体，它承载的并不是原汁原味的知识，而是经由人为意向重组的知识。也就是说，立足学生生命成长的教学本原，各种教材是传递与表达知识和文明的介质，其本身不应是知识和文明，即使移除了教材媒介，课堂教学的根基和实质也不会有改变。

教材媒介通过代表国家意志的编写者，在课堂内规划并实施着主流教育秩序，同时让内渗于教材体系中的思想和观点借助教师和学生的课堂互动而得到更大范围的延展，或者说当教师和学生人手一本教材就位于课堂时，教学“片场”的“摄影”与“制片”即已准备就绪，教学“布景”依托教材中的知识格局和观念导向得以搭建，这就如同在制作精良的电影作品中，布景作为主题与人物的物质环境性延伸，可以向观众传达许多信息，以引导观众经由导演的画面掌控进入其预设的情节布局和立意。

在前面的章节里我们已了解到，课堂作为教学“摄影棚”，通过黑板、讲台、学桌椅和工具等课堂装置，以及课程序列、学习环境和教学模板等课堂编程，架构起教学“拍片”的组织元素。在广义层面而言，这些组织元素实际上是教材媒介的物质性延伸，或者说都是教学资源的构成部分。比如，上述组织元素在教学“摄影棚”里，和教材媒介之间多多少少发生着或显性或隐性的联系：教材中的知识观点在黑板上的呈现，教师在讲台向学生进行的教材内涵解读和诠释，学生在课桌椅上展开对教材的学习，教材内容通过现代教育技术和学习工具获得的新表达，教材主旨依托课程序列在教学全程的贯穿，教材的意向目标在学习环境里的释放，教材的格局蕴涵借助教学模板的彰显，等等。这些同课堂装置和课堂编程相关联的教材要素，烘托出一种让学生入“静”、让教师入“净”、让课堂入“境”的教学“摄影”氛围，这就是教学“布景”在课堂的铺展。

教学“布景”能使课堂教学进入“拍片”状态，助推教学流程的演进，如同电影布景帮助剧情的展开。电影场景的布设怎样才能更有效地使故事素材和导演的艺术视野具体化，对此英国设计师罗伯特·马利一史蒂文斯说过：“一个好的电影场景必须能运作，不论是现实主义或形式主义、现代或古代，都必须适得其所。场景必须在角色出现前代表角色，它必须表现出其社会地位、品味、嗜好、生活方式、个性，场景得和表演有密切的联系。”

比如，美国表现主义导演蒂姆·波顿在《剪刀手爱德华》中完全在封闭的制片厂布景，而在《断头谷》里则又在户外布景，都制造出其偏爱的极具魔幻意味的世界，让置身其间的演员能体验到超现实的奇幻气氛，能比较快而真切地进入影片所需要的人物情绪或心理状态。又如，影片《无主之地》设置了这样的场景：在波黑战争中，分属交战双方的一个塞尔维亚士兵和一个波斯尼亚士兵被困在敌我交界处的战壕中，两人互不信任，谁逃都会被枪杀，但附近却躺着一个受伤士兵，身下还压着一颗地雷，只要他移动，地雷便会爆炸，那两个士兵也无法幸免。这种荒谬可怕的场景布设赋予该片政治黑色喜剧的标签，并非常清晰地将演员带进嘲弄、荒诞风格的表演情境中。

电影布景是情节发展和角色特性的衬托和延伸。电影《剪刀手爱德华》中极具魔幻色彩的布景赋予该片超现实主义的主旨导向。

相较于相对固定的课堂装置和课堂编程，教材与资源作为铺陈教学的“置景”，往往通过在课堂内动态组织元素的调配或重构，实现教学“布景”对学生课堂学习的定位和推展作用。教材与资源是课程知识的载体，是倾注了官方教育意念的主观加工性知识，也就是说，把客观真实的知识进行结构重组，使其分别成为课堂教学相应环节中的教学“布景”，让学生在经历学习的这些时刻时，能借助教学“布景”的目标导向作用，比较顺利地达到主题教学所需要的学习心理状态，如同演员身处拍摄现场而由布景的主旨关联性牵动起表演欲望和角色心绪一样。

教材在编写者手里以何种风格体系铸就，意味着教学“布景”代表怎样的教学理念或学习观念。公理、定理、公式、概念、原理、规律等，作为人类知识的归纳或提取，往往是带有严谨性的固定内容，但这不代表其表达的方法也是固定的、严肃的。当然，经过代代相传的人类知识精华用严肃、正统乃至古板的语言加以表述，也未尝不可，如基础教育课程改革之前的各科教材大抵如此，这就好比该体例的教材在课堂上形成了一种教学“布景”，师生间的课堂操作、语言交流在此“布景”的衬托下，往往也是不苟言笑的。但同样的知识亦可用轻松、活泼乃至俏皮的语言予以叙述，只要不违背知识的科学性本质，比如课改之后的各科教材基本如此，也就好比该体例的教材在课堂上造就了另一种风格的教学“布景”，师生间的话语互动、课堂操作行为，在这种“布景”映衬下一般也是松弛活跃的，甚至有时是必须如此运作。

即使是在课程改革后教材的编写格局和体例迥异于以往的情况下，也仍有不同区域、不同版本的教材，在课堂上的使用形成的不同教学“布景”效应。课程改革要求引领教师构建以学生主体性学习为基础的课堂，这对一些始终走在课改前沿并已在日常实践中落实生本理念的教师而言并非难事，不过对于相当部分从课改之前时代走过来的教师来说，要顺利地完成教学理念、教学方法和教学效果的成功转型也并非易事。

在这种背景下，通过能引发、推动甚或迫使教师实行课堂教学变化的教学“布景”发挥相应作用是必要的，也就是说，以思路、体例、风格转型为特征的教材体系变革，为新课堂的构建营造了主题情境。围绕着教材体系的学生主体性学习主旨，不同地区范围选择使用或编写适应区域学情，并能在本区域发挥更好效应的教材，应该是教学“布景”优化课堂氛围的体现。事实上，在基础教育阶段各科课程标准一定的前提下，版本不同的教材为课堂在不同教学“布景”下的实施提供了更多选择余地。有时候，针对同一知识观点而展开的语言组织、词句搭配、语态表达等，形成并强化着各有差异的教材风格，往往让这部分师生喜爱，却令另一部分师生无奈；或者不适应这部分师生的需要，却适合另一部分师生的需求。因此，相同的教学主题在不同的教学“布景”下，会让教师和学生的课堂操作行为有所不同，或者说这些微妙差异的教学“布景”，是不同课堂内师生意向的延伸。这就如同同一题材的电影在不同的布景下产生出不同风格效果的版本一样，像《战争与和平》在美国版本和前苏联版本里布景不同，置身其中的演员在人物诠释上也有所不同，电影的风格、气质也就各有千秋。

不同的布景带来不同的电影意境。美国版《战争与和平》里的场景布设明显类同于好莱坞史诗大片的布景风格，和奥黛丽·赫本、亨利·方达等美国明星的表演风格实际上很"般配"，虽然对这一俄国名著的理解不及原创国深厚，但影片也是成功的。

各国对本国文化的诠释毕竟要厚实许多，苏联版《战争与和平》的艺术成就确实高于其他版本，包括编导对内涵的把握，演员的表演气质，当然还有既宏大又细致的布景，都体现出该片对本国名著深入骨髓的理解力。

教材在一定时期内具有相对稳定性，选择了某个版本的教材，也就选择了某一教学周期内相对稳定的教学“布景”。这就如同某些较具规模的电影制片厂，往往通过其艺术指导、制作设计师或场景设计师同导演的合作，去决定装置、场景、服装和摄影风格的整合，从而在统一的布景效果中形成影片的视觉“外貌”，同时在周而复始的运作中渐渐依托特色化布景，而固化为标志性的电影视觉风格。在课堂教学中，教材就是据以依托去表达特殊“影像风格”的教学“布景”。教材在课程标准的支配、导向、驱动作用下，以其知识内容的选配、问题思路的定制、实践操作的设置，将教师的知识呈现与诠释、学生的学习目标与方向、师生的互动交流与合作，限制和调适在特定意向范围内，从而使课堂教学的风格化表征得以形塑，或在原有基础上得以巩固。

各科课程教材是在一个相对较长的使用周期内架构起教学“布景”的，这种教学“布景”就像电影制片厂的特色化视觉风格一样，凭借其教学内容支撑的广泛性和教学环境映衬的普适性，为课堂教学定下基调，同一课程体系内的不同内容，基本能在共性的教学“布景”里得到延伸。从另一方面说，教材系统内的各个章节主题之间既有联系又有区别，所以具体到某个教学主题内容时，又有从中细化或修饰的特定教学场景、装置、操作样式等，由此构成了个性教学“布景”。这就如同电影制片厂在保持其整体布景风格的同时，亦会根据题材不同的影片创作而彰显其局部或特殊性的布景风格一样。也就是说，每堂课的主题内容所铺就的局部教学“布景”，同课程教材整体内容所铺陈的全局教学“布景”，在相互交融的合力状态下，为教学与学习的推进营造着感性与知性环境。

就教学“布景”的局部或个性构架而言，教材体系格局的任何部分都与其他部分之间存在逻辑联系，每一章节或教学主题都通过教学目标、知识框架、课堂活动、问题探究等环节要素的意向化设置，向教师传达该课内容在课程教学中的地位和主旨要求，向学生明示该课内容在学习过程中的用途和目的意义，由此实现师生基于特定主题内涵释放的课堂互动，建立起承载教、学一体化课程实施形态的导向性环境。

基于教学“布景”而展开的导向性环境，让身处其中的教师和学生分别在透过教材表达的官方课程意志下，潜移默化地实现着“教学自觉”和“学习自觉”。这主要表现为：教师将教材章节细化分解的知识内容逐课分项地依次呈现给学生，按照某课时具体教材内容的容量和难度，预设该课教学环节和时间分配，依照教材中设定的探究活动或与之思路相仿的自设活动进行教学，运用符合教材叙述风格的教学语言予以课堂表达，包括文句组织、概念用语、语态语气等方面；学生按照教材上设定或编排的知识内容进行识记和理解，按部就班地完成教材中设置的练习或问题，运用教材中给出的主导性观点或与之相近的自述内容解答教师提出的问题，等等。教师的“教学自觉”和学生的“学习自觉”在教学“布景”所铺陈的课堂里属于合适的规范化存在，因为源自教材体系的多种内在元素，通过各层面的明示或暗示作用，提醒、指引并约束着教师和学生的课堂操作行为，从而确保课堂教学的实施，就如同电影布景对角色饰演的情境渲染一样。

布景对舞台剧和电影的效用是不一样的。剧场空间很有限，通常一幕一景，舞台布景无需也不可能像电影布景那么周密细致，戏剧导演往往迁就布景，他若要向观众暗示戏中的空间较大，只能借助外景图片、颜色线条等充任背景元素去引导观众想象。电影导演使用布景则有很大的自由度，无论内景还是外景，基本不受限制，并能随时将观众注意力带到布景上，提醒观众布景所显示的意义。实际上，电影里的任何布景都能为主题或角色心境服务，而有时布景也可提升到影片中心的地位，就像《2001：太空漫游》里宇宙飞船、太空运输站和外层空间的布景设计，让片中人物几乎变成配角，导演通过这种特意的细节展现，向观众传达该片哲学式的主题和深邃的力量。

在课堂教学中，如果说教材所铺就的教学“布景”类似于戏剧舞台，那么资源所搭建的教学“布景”则相当于电影。一般而言，教材一经编定就极具稳定性和权威性地环绕于师生课堂活动的过程中，教学和学习行为都要迁就这一主导性教学“布景”。但这并不是说教师和学生就完全成为教学“布景”里被动的“道具”或受操纵的“棋子”，事实上，师生自己是能够主动参与到教学“布景”的搭建中去的。当然，这主要是指教师通过教学资源的配置，以及学生通过学习资源的建构，共同为课堂教学主题补充、夯实、调适教学“布景”，以使教学内容在生动丰富的素材铺垫和映衬下，被学生更深刻、更有效地汲取，所以这不是教学“布景”的随意性取代。

资源可以视作教材的非正式拓展，是基于教材内特定知识点或视角而据以解读与诠释的教材外素材。从广义上说，教材本身亦可看作学生学习知识的资源，而这属于渗透国家教育意志的限定性资源。从狭义上说，资源属于相对教材的非限定性素材。资源具有广泛存在性和环境对应性，所以在常态下它只体现其实用性的一面，而当它被从其所属环境抽离至课堂时，则是借主观性意向强调它的教学意义，同时也为课堂的整体氛围插入了动态导向性元素。这种动态导向性元素是和教材作为教学“布景”的静态导向性元素相对应的，也就是说，教师或学生都可以立足于其自身理解教学内容的视角，而从教材之外将收集、汇总、归纳、选择的相关素材向课堂迁移，由此在课堂教学的那个节点上添加新的教学“布景”，带动学生在这一延伸的课堂情境中，转向新素材的讨论分析，从而实现在知识学习上的扩展或深化。

从人类知识传承角度看，课堂教学在本身充任媒介的同时，亦彰显着课堂的物质载体和精神载体作用，或者说发挥着教学的“场面调度”和“布景”作用，而教材和资源都是体现这些作用的素材铺陈，即教学“置景”。教材在承载课程教学时连带传递国家教育意向，为课堂教学预先做好结构性“布景”，资源在承载课程教学时则附带表达师生作为课堂主体参与者的意向，为课堂教学提供或增添过程性“布景”。

教材和资源本身并非严格意义上的课程知识，它们可以相互补充、依托、配合，成为知识浸润物或负载体，需要学生通过自己的思辨、判断和解析而提取为内化性知识。因此，即使没有教材和资源的映衬或烘托，人类的知识仍能源源不断地予以传递，只不过是在无需课堂“附着物”的“直传”状态下简洁进行，就如同电影假设没有那么复杂的布景去传达附加信息，同样可以在导演和演员的理解和诠释中向观众表现原有的主题，仅仅只是舞台戏剧化意味更浓而已。

基于这样的认识，我们实际上可以更开放、更民主地看待教材和资源，它们作为教学“布景”的存在，根本上是属于课程内涵的多视角意向表达，也是特定教学主题的多重信息化延伸。虽然在教学“布景”的导向性氛围里，教师和学生往往跟随潜意识中的“教学自觉”和“学习自觉”而进行课堂操作，但人类知识的与时俱进和人类文明的历久弥新，决定了课程教学与学习的自主性，也决定了课程素材的自由性。

教科书或者说广义的教材资源是课堂教学的“布景”。教材并不等同于知识本身，它在进入课堂教学系统时就已带有鲜明的国家教育意识形态特性，它是不同编著者对原始知识的选择取舍或排列组合。不同版本或体例的教科书相当于不同的教学“布景”，引导教师和学生不同的教学理念和学习基调。也就是说，虽然都是诠释和汲取知识，但不同的教学“布景”即教材，显然会影响学和教的方向以及长远效果。

一般而言，戏剧舞台上的布景只在幕启时受到观众瞩目，而一旦演员上台，演出开始时，立刻就被忽视了。事实上，教学“布景”在课堂上也应是这样的效应。教材为课堂设置了主题基调，资源为课堂提供了丰富素材，而一旦课堂教学开始，学生进入学习状态，师生关注的焦点就从教学“布景”转化为教学“摄影”与“制片”，即基于教学风格和学习理念的课堂“戏剧舞台”，以及课堂蕴涵的构筑。

7.2 现实主义素材

课程资源对于课堂教学而言是不可或缺的，这不仅在于它同教材之间的联动互补关系，赋予知识学习的教学“布景”意义，而且在于知识学习与生活实践的本源依存性。知识如果只是从教材上去学，最多也就是无源的符号或者抽象文字的排列，就像从电影布景中看到的表面化景观设计。知识如果从源于实践的资源中去学，则会在学生头脑中生根，或者成为记忆深处灵动的生活场景，就像在电影布景里触摸到故事与人物的内涵一样。

资源被视为课堂教学的“置景”铺陈时，往往通过根源于生活与社会时空的素材而予以体现。素材本身是一些现实场景中的原始材料，有多种表现形式，它并不完全等同于资源。资源是素材的课堂转化，它包含了课堂参与者教师和学生赋予素材叙事意义的主观倾向。素材在被引入课堂教学时，一般由于目的意义的不同而具有不同的风格特质，从而推展出不同的“置景”。

现实主义素材是生活化知识的铺展，是教材内容的动态延伸。学生置身其中的城市及其自然环境与社会的实际形态，是现实主义素材的广阔源泉。

这就如同电影素材向情节结构的形式转化，比如现实主义和形式主义的叙事都被视作风格一样。现实主义叙事在素材处理上偏向“未经操弄”的“如生活般”的自然化描绘，尽量不添加人工化渲染或扭曲，由此在情节发展上给观众的感觉是，没有特别清楚的开始、过程和结尾，好像在任何一个点上都可以切入故事；同时也没有清晰的戏剧冲突焦点，冲突通常来自那些自然发生的事件，故事往往以生活中的片段导入或向自然社会环境循环借镜，而不是那种安排好的完整漂亮的叙事结构。

如果我们细细体会一下伊朗影片《纳德和西敏：一次别离》神奇般的成功，那么对现实主义素材的意义感悟就会更深，无论是对电影还是对课堂教学。这是一部仅有 50 万美元投资的低成本电影，却连获 2011 年柏林电影节最佳影片金熊奖、最佳男女主角银熊奖和 2012 年奥斯卡最佳外语片奖。故事很简单：纳德和西敏是一对婚姻面临瓦解的夫妇，西敏为了女儿想移民国外，纳德为了照顾父亲不愿离开，他们的离婚申请被法院拒绝；西敏回自己父母家住，纳德雇佣孕妇瑞茨为护工照顾父亲，因发现她虐待父亲而将其推出门外，却造成瑞茨流产，遂被瑞茨潦倒的丈夫告上法庭；于是，一场离婚和一个案件让两个原本毫无关系的家庭纠缠在一起，生活被彻底打乱。完全是现代伊朗社会亲情、信仰、等级、道德等真实状况的反映，全片场景有限，道具简单，在片尾字幕升起前甚至连配乐都没有，然而，源于现实主义素材的故事情节在清新朴素的镜头语言里，带给观众全身心观影的魔力。所以，张艺谋那部耗资6亿人民币的《金陵十三钗》输给该片也就不足为奇了，事实上，张艺谋过往的《一个都不能少》、《秋菊打官司》、《有话好好说》等，都是和这部伊朗影片风格近似的现实主义杰作。因此，不同的素材撷取往往带来不同的电影效果。

获2011年柏林电影节最佳影片金熊奖和2012年奥斯卡最佳外语片奖的伊朗电影《纳德和西敏：一次别离》，没有眼花缭乱的视觉效果、音响效果或者电影特技，全靠朴实无华的现实主义取材和真实感人的镜头语言打动观众。

电影主题若源自现实主义素材，往往更能获得演员的认同，比如生活化的道具、场景、服装，同现实社会相仿的人物关系，倍感熟悉的事件环境，都能让演员较快、较真实地入戏，在“不是表演的表演”状态下完成本色化生活演绎。现实主义素材让电影纯粹以真诚的张力取胜，令观众在感同身受中和电影融为一体。所以有时候，当电影去除了技术的包装，剩下的可能就是最本质的内容，或者说当有的电影并非以形式吸引人时，现实主义素材的绵力就支撑了电影的内涵。

课堂教学是以现实主义素材，还是以形式主义素材作为课程资源的来源，应视教师的教学和学生的学习需要而定，素材本身都是独立于课堂之外的客观存在，这些原始材料有属于它们的运行时空，只有当它们被教师或学生运用于课堂时，才转化出其对于课程教学的附加值意义。当然，现实主义素材相对而言更容易被注意和采用，这不仅在于“生活即课堂”的观点深入人心，而且在于教材和资源在铺陈教学“布景”上的互动关系。

教材根据课程标准编写，是知识由编写者秉承国家教育意志的主观性选择或倾向性表达，所以较具稳定性，不轻易变动。但是教材本身并不代表知识的权威性或精确性，它只是传递课程标准的载体之一。不同的编写者根据课程标准可以编出不同版本的教材，因为编写者的不同课程理念和教育思维决定了对课程标准的不同解读。在师生使用教材的过程中，静态的知识通常会遇到时代发展的挑战，质疑、争鸣、完善往往是面对知识更新时的理所当然的科学态度，而这一般都通过客观现实世界里的动态知识的适时关注、鉴别和吸纳予以实现。

现实主义素材就是动态知识与时俱进的本色化产物，它也可视为基于课程标准的生活化知识的日常呈现。也就是说，现实主义素材是教材的无限延伸，是教材内的选择性知识得以提炼和呈现的丰富源泉。现代科技文化的日新月异、社会发展的不息脚步，造就出的现实主义素材，不仅是多姿多彩的现象、事件、实物，也包括实实在在的学科新知识本身。不断产生的新概念、新观点、新技术、新原理，经由信息媒介而持续充实、发展着各门课程的知识体系，它们不一定非得等到下一次修订教材时予以添加，才成为学生正式按照程序学习的知识，它们完全可以通过教师的课堂引入或学生的课外感知，在保持学习时效性基础上，让这些代表时代发展的新知识，适时适度融入教学相关环节，从而使课程内涵在现实主义素材的浸润和加固中更显厚实。所以，教师在课堂上以学生能够理解的方式增加一些学科前沿知识、交叉学科和新兴学科领域知识的介绍，或者从学科发展的现代视角赋予传统内容以新的表述，正是课程教学在现实主义素材“置景”铺排下的蕴涵拓展。

现实主义叙事的电影对生活的切片化处理，源于现实主义素材本身的松散，由于现实本来就没有完整结构，电影就是现实生活与人生的随意截取，观众在其中仿佛看到了自己。与此相似，教学现实主义的课堂可以从生活与社会时空的任意节点截取片段，不一定有清晰的开端、过程和结局，因为现实是生生不息、变化发展的，如果呈现给学生的教学资源每次都要考虑其完整性和吻合性，那么刻意操纵的现实主义素材则成为一种矫饰，即美学和意向化的“现实”。

学生在课堂探究或者实验操作中，自己发现现象、自己录入数据、自己寻求结论等，是“内景”课堂里现实主义素材的实际应用，虽然不似形式主义素材那么完整精致，但是稍显粗糙的表面下是实践学习的真情实感。

现实主义素材在课堂教学而言，应该是中立于教师和学生的意愿之外的原始材料，它在自然、真实、随意中表现出在课堂上的教学“布景”意义。客观发生的任何事实、存在的任何现象，作为物质化实体表现通常是稍纵即逝的，你总不可能让那些人和事来到课堂“重演”一遍，或把课堂预设在可能发生事件的现场去等候，这样做恰恰是反现实主义的。所以，我们说现实并非现实主义素材，已发生的物质化现实通过媒介形式的记录、转存或定位则成为现实主义素材，而这些素材在课堂上不加渲染的再现，总体而言保证了原始信息的准确，由此作为相关课程资源为师生课堂运作提供教学“布景”。

通过媒介记载固化的现实主义素材，在课堂上可以经由其他媒介予以再现，有如启动思维的开关，让师生“亲临”或“重回”事实的“现场”，在教学“布景”铺展的主题学习氛围中，进行感知、解读、思辨、讨论等课堂操作行为，从现实主义素材的课堂还原里，向学生昭示现实的知识。比如，现场拍摄的自然或社会现象照片，在课堂上可以经由投影仪再现，摄制的实景录像可通过多媒体播放再现，电视节目内容经过录制或网络下载后在课堂同样可以由多媒体视频再现，报刊类平面媒体内容则以直面接触的方式交予学生，抑或生活与自然现象以其标志性、代表性实物直接与学生面对面，等等。

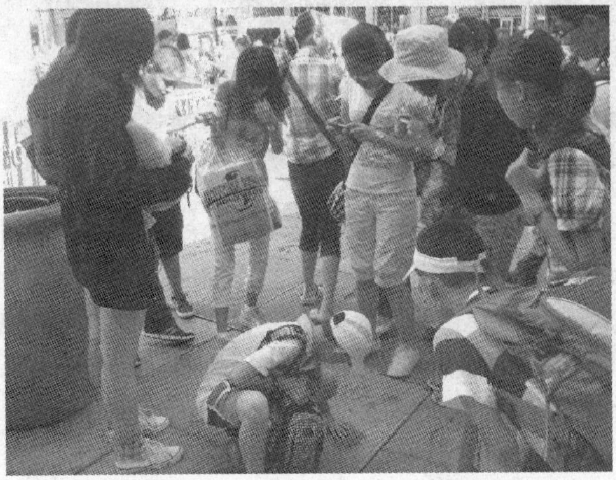

生活学习是基于现实主义素材的本真学习。比如，学生在街道管理、市场状况、人文景观、市政建设等方面实地感知体验，能获取第一手“近身”课堂的学习资源。

需要注意的是，无论是以原始媒介还是二次媒介在课堂进行现实主义素材的教学“布景”，都应确保现实还原的准确性、真实性和中立性。现实主义素材本身不应夹带主观感情或人工操控色彩，否则那就是形式主义课堂“叙事”了。重要的是现实主义素材的“信号无衰减”呈现，这能引领学生展开“真学习”、推动“真实践”。

我们说现实主义素材作为已发生现象的“文件存储”，理应保持其客观性，主要旨在养成学生独立思考、判断、解决问题的良好学习习惯，避免先入为主的他人评判或先期结论影响学生的思想。在现实主义素材的“置景”铺陈里，除媒体评论类内容外，其他一般都具备客观中立性特征，也就是说，即使教师本人其实对某些现象、事实是心存想法或持有不同观点的，也不应以权威式灌输或强制式导入去取代学生的探究，依然要引导学生树立置身现实时的客观严谨的思辨意识。

现实主义素材的客观中立性意味着，其内在的任意部分都可以是课堂教学的切入点，都能据此展开一段非限定性的学习探讨，或者说自然与社会生生不息，我们在其中任何一点都可以进入相关课程教学环节，课堂“叙事冲突”并非来自明确清晰的焦点，而是来自自然发生的事件，无论它们是“精彩”还是“平淡”，这就如同现实主义电影的取材效果一样。

有时候，源自“外景”课堂的所见所闻在“内景”课堂，亦可通过简洁生动的形式成为现实主义素材的延时呈现，比如来自学生的多角度、多层面课堂“叙事”。

一般而言，以现实主义叙事架构的电影大都避免抒情化，而代之以平实直接的表现方式，对内容进行不予置评的客观“报道”，摒弃公式化角色和场景而偏好独特个案，反对通俗、专横、想当然的观点，虽然也表现积极正面的观念，但拒绝虚伪的乐观主义或过于完美的结局，有时喜欢揭露现实疮疤，甚或以“耸人听闻”和“低俗粗鄙”的题材引发争议。

我们曾在不少现实主义叙事的影片里感受到生活的纯真和人情的温馨，就像许鞍华的《桃姐》里满溢的伦理情怀，小津安二郎的《晚春》、《东京物语》、《麦秋》里家居生活琐事所散发的朴素亲情，《当幸福来敲门》里情深父子追寻幸福生活的不屈意志，等等。当然，我们也曾在一些现实主义叙事的电影里体会过生活的冷酷和人性的黑暗，例如《坎大哈》里塔利班极端分子对妇女的病态压迫和残酷折磨，《天生杀人狂》里那对疯狂情侣的变态杀戮和歇斯底里的媒体暴力，《大象》中对美国校园枪杀事件触目惊心的直白描绘，《上帝之城》中里约热内卢贫民窟令人毛骨悚然的暴力血腥和无法无天的恐怖，等等。事实上，这些电影令人触目惊心的主题恰恰是现实世界的反映，只不过是以让人不安的手法从负面现实主义素材中表达出阴暗的真实，这样的电影可以说使观众又厌恶又着迷，或者说现实主义素材能在负面图征里提解出正面意义。

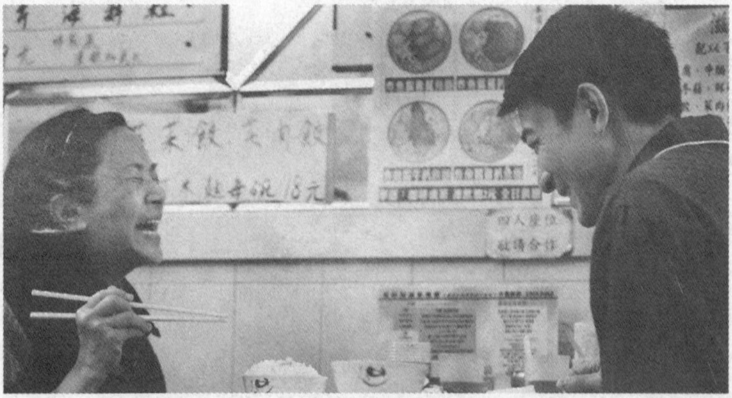

在 2012 年香港电影金像奖和台湾电影金马奖上连获多项大奖的《桃姐》，同样以温情、平实、细腻的现实主义叙事风格取胜。

贫民窟、暴力犯罪、帮派仇杀等，都是巴西电影《上帝之城》里毫不隐晦的表现内容，而这些实际上就是巴西社会的现实写照，导演敢于客观真实地以负面现实主义素材作为电影主题来源，对观众的震撼力是强烈的，而反思更是深刻的。

现实主义素材与形式主义素材在美国影片《天生杀人狂》中达到相互依托的极致。作为影片表现内容的杀人犯罪与无良媒体问题本身属于负面现实主义素材，而表现这些现实问题的手法，如卡通片、肥皂剧、摇滚乐、彩色与黑白变幻、镜头跟拍与晃动等无所不用其极，并且夹杂在正常拍摄方法之中，给人的感觉犹如“过山车”般既惊心动魄又大呼过瘾。如果用平铺直叙的表现手法可能也行，但那就是完全不同的另一部电影了。

课堂教学在现实主义素材的应用上道理与此相似。在客观事实、现象经由“压缩转存”的“文件夹”里，哪些“文件”可以进行课堂“打开”呢？在教学现实主义看来，应该是没有不能打开的“文件”，没有不可以呈现的素材，无论它是正面的还是负面的。具体到某门课程或某节课上，不同的教师会有不同的想法。素材是现实主义的，教师如果“原汁原味”地予以无修饰呈现，那么课堂教学亦是现实主义的，而如果教师对素材加以主观取舍或故意掩饰部分内容以达到“改装”效果，则课堂教学就变成形式主义的。现实主义素材铺展的教学“布景”，可以将课堂引向不同的格局方向。

一般而言，教师在大多数情况下会依托积极意义的事实或正面作用的现象，在理想主义色彩映衬的教学“布景”里，向学生进行情感的陶冶或理性的引领，这种惯性思路下的素材处理比较规范、正统，也是可以理解的。比如，以“感动中国年度人物”颁奖词作为原始素材，可以延伸为不同课程的教学资源，犹如将“中国人的年度精神史诗”在课堂上铺陈为让学生心灵激荡的教学“布景”，像思想品德（政治）课程引导学生从中对道德、文明、正义、责任、民族精神等内涵的实践提炼，语文课程引导学生从中对优美文字、语言蕴涵、修辞文笔乃至祖国文化厚重积淀的感悟等就是如此。类似的现实主义素材都能铺就引领学生在多门课程学习中从不同视角感悟知识的教学“布景”。

客观现实处于动态发展变化中，其内含的事件、现象、活动等当然不可能全是积极、正面的，消极、负面的现实亦是我们生活中不可分割的组成部分，世界的真实也正在于此。源于负面现实而记录储存的现实主义素材，犹如分类文件夹中的文件，当它们在相关课程学习的主题目标中打开的时候，也就令教师和学生在教学

“布景”的置身中进入教学和学习的互动状态，就像我们身处负面事实的现场，疑惑、焦虑、烦躁、愤懑的消极情绪，让我们在努力寻求应对策略的状态中，逐步转向并达至积极情绪的确立。

负面现实主义素材可能因其表现的消极现象的反常理、反社会、反人文等特质，而在课堂教学中引发其与积极现象的“冲突”，并导致学生学习情感的弱化，这其实也是不少教师排斥和拒绝负面现实主义素材的原因。当然，这并非科学的现实主义的教学心态。实际上，学生在负面素材形成的消极情绪临界点上，正需要教师在此处适时予以理性的引导，而不是自欺欺人的逃避，由此经由负面现实主义素材开发出正面意义。

比如，频发的食品安全事件、煤矿安全责任事故、重大铁路交通事故、校车安全事故等，这些近年来牵动人们不满情绪的消极事件，经过多种媒介的记录转存而成为负面现实主义素材，当这些素材在课堂上再现时，学生波动的心理状态反而可以转化为直面探究的契机，对社会责任感、思想道德建设、依法治国、可持续发展、科学发展观、保护资源环境、新能源开发、社会监督与管理等正面观点的提取和理解反倒更深刻。另外，像“房价虚高物价上涨加大社会风险隐患”、“欧美债务危机冲击全球经济”、“暴力拆迁引发群体性事件”、“社会转型时期道德滑坡令人忧虑”、“官二代富二代现象”、“腐败丑闻令公众愤怒”等负面现实主义素材，同样可以通过在课堂的教学“布景”效应，引领学生在不同课程的视域里，实现相关知识的积极和正面的汲取，即从“阴暗素材”里开发出光明意义。

现实主义素材从总体上说是各科课程资源获得供应、更新、拓展、深化的源泉。现实客观存在，无论是积极事件抑或消极现象，它不以个人意志为转移。作为对现实的忠实记载或反映，现实主义素材同样在师生意志以外的中立状态中客观存在。现实主义素材向课堂的迁移也就是教学“布景”的课堂定位，在没有人工化加工或修饰扭曲的形态下，提供师生课堂操作的基调。

所以，现实主义素材不管是正面还是负面属性，关键是它在课堂还原的准确性和真实效果，这将在很大程度上决定教师和学生的课堂互动与合作态势。也就是说，对现实主义素材的“完整版”与“剪辑版”应用，往往赋予课堂教学现实主义风格或形式主义风格。如果我们换一个视角，亦可这样认为，对现实主义素材事无巨细的忠实呈现本身，其实也是一种形式主义风格的变异，就像形式主义素材同样带来的效果一样。

7.3　形式主义素材

从教学“布景”的角度看，形式主义素材和现实主义素材并非是完全对立的，两者主要在对素材的组织以及向课程资源的转化上具有不同的处理手法，目的都是为了提供教师和学生展开课堂教学和学习的心境氛围，也是对教材搭就的主题教学“布景”的延伸。这就如同在电影布景设计中，现实主义和形式主义的传统只有大略的划分，而没有绝对的区分一样。实际上有许多现实主义电影反而是在制片厂内搭景拍摄的，景观设计的艺术美带给观众视觉享受。有时候导演依照真实事件照片复制重建当时的场景，如格里菲斯在《一个国家的诞生》里、卡梅隆在《泰坦尼克号》里所做的；而有时导演却利用真实场景制造人工效果，如爱森斯坦在《十月》中在真实的冬宫所用的原有陈设。另外则有不少形式主义的电影却偏偏在实景或外景拍摄。这些往往模糊了现实主义和形式主义在布景效应上的界限。

无论是现实主义电影在形式主义的人工化布景中拍摄，还是形式主义风格影片在真实场景里拍摄，本质上都反映了电影创作者主观的场景设计理念，或者说形式主义的电影布景能在多大程度上提高主题表达的风格化效果。课堂教学也是如此，当教师围绕每堂课的主题内容展开教学时，总要在特定的教学“布景”中依托相关资源进行。教学主题的基本依据即是教材的对应内容，而它是编写者主观意向下的知识重组，具有明显的形式主义特征。教师根据教学主题对相关补充素材的选取和应用，在深化或拓展教材内容的同时，亦使课程资源多少带有形式主义的印记。

其实形式主义素材和现实主义素材的物质本源都是客观现实，是因为在基于客观现实的“文件转存”上的不同处理观念，导致了两者的差异。形式主义素材转化为课程资源，并非是外在现实事件或现象在课堂的“原汁原味”的重现，无论再现的素材内容是通过语言描述或阅读，还是借助影像媒体或实体标志，都是经由资源提供者个人评判与重构的主观化素材，这些素材的使用目的，就是在课堂上展示个人化观点或表达对课程知识的倾向性态度。

形式主义素材的提供者主要也是其运用者，即教师和学生。作为主体课堂参与者，教师和学生之间虽然存在较大的知识落差，但他们各自对课程知识和现实世界的现象、事件都有基于自身视域的看法，而立足这样的看法，他们在向人们表述、呈现一些素材内容时，潜意识里总有希望展示某部分而不想展示另外部分的心态。

对教师而言，他往往要从针对客观事件、现象的“现场描绘”里，截取他认为能更好体现课程知识或反映其教学意向的片断，并加以组合，将原本的“现场直播”变为事后的“录像剪辑”，从而在课堂上向学生呈现出有利于实现教学目标的相关资源，这就是教师教学的形式主义素材。

对学生而言，他可能会在课前预习或课后拓展阶段，或者出于自己的探索愿望，或者出于教师的任务要求，而在通过自我体验、媒体重现、他者叙说等途径产生的客观现象、事件的材料中，记载、摘录、归纳一些他认为能代表自己学习效果或表达自身态度、观点的内容，从而在课堂上和其他学生交流时，共同呈现有利于实现课堂学习目标的相关资源，这是学生学习的形式主义素材。

简言之，形式主义素材是对客观实际现象描绘的主观化雕琢，一般根据教师或学生的观念喜好去选择和重组细节片断，以着力凸显某个课堂教学主题。教师在运用形式主义素材时往往并不持中立态度，而是通过张扬的素材处理表达特定内容。同样的事件或现象，以未经修饰或删节的完整素材再现，和以特意筛选或整合的部分素材重现，其目的、效果是不一样的。后者的形式主义素材运用具有结构紧凑、叙事严密和表现美观等特点，使“人工的现实”或“加工的真实”成为营造学生学习氛围的教学“布景”。

每个人心中都有基于某一事实、现象的素材取舍，而它则为课堂教学提供了丰富多彩的个性化解读。由此来看，即使是现实主义素材在课堂的呈现，也不一定就是实际事件或现象的非加工客观呈现，而可能却是形式主义的课堂资源应用。比如，教师从中央电视台《焦点访谈》栏目中，将某次节目内容完整录制或从网络上完整下载，把它作为在思想政治（品德）课上引导学生思辨分析的课程资源予以课堂重现，在此过程中，教师并没有对该材料进行倾注自己主观想法的取舍，或者通过视频材料的剪接加入自己的评价意向，教师在态度上看上去是中立客观的，是能带有悬念地去启发学生思维的。那么该课程资源是现实主义素材吗？从技术层面看应该算是。不过，我们也都清楚，当电视节目在公众面前播出时，就已经在制作过程中经由编导的素材剪辑与重组而明显带有其主观意念了，尤其像《焦点访谈》等新闻评论性节目，更是在国家意识形态的渗透中彰显其作为课程资源的形式主义色彩。所以，相对于“内景”课堂的外在现实主义素材，有时相对于课程内涵而言则并非是现象、事件的纯然性客观呈现，而是先导性形式主义素材在课堂的导向性运用。

《焦点访谈》作为中国家喻户晓的舆论监督和新闻评论性电视栏目，其每期节目内容都可以作为人文社会学科类课程教学资源运用。当然需要注意的是，新闻事件本身是现实主义素材，但在经过栏目组编辑加工后则带上了主观化意向，因而《焦点访谈》节目内容被用于教学时往往是作为形式主义素材，除非教师将其本身作为一项原始素材重新应用。

形式主义素材实质上是“人工化的真实”，即经过“他者”主观性意向对原始现实主义素材进行出于各自教学目的需要而形成的教学资源。比如，教师事先制作的课件及其内含的各种图片、视频、文字材料等等，本身当然也是实实在在的学习素材，但对学生而言它们已经是经过教师先前选择取舍过的内容了，不一定全部都是学生需要的，这就是形式主义素材自身所具有的封闭性，虽然较具美感，但可能效果有所“误差”。

现实主义素材和形式主义素材在某些时候的确很难绝对化地予以区分，它们交叉共融的情况虽然并不必然或经常存在，但却赋予课堂教学更深刻的内蕴。就像上述实例中，现实事件、现象经过电视编导的主观视角记录和评论式反映，转化为形式主义素材的“文件储存”，即向公众播放的新闻节目，而该节目的视频内容若在未经改编或加工的状态下被教师重现于课堂，则又成为现实主义素材的“文件打开”，当然相较于最初的“原型”事实，它仍是形式主义素材的整体迁移。如果只是到此为止，教师最多是带领学生重温一遍该事实上的“他者”观点，或者是借助“权威导向”观点向学生输入既定的课程知识。

但如果换一种方式，形式主义素材里则会展现出现实主义的光彩。比如，教师将潜含“他者”观点的形式主义素材本身，当做是一种客观事实的课堂存在，引导学生从这一课程资源中去自主思辨、判断、评析“他者”观点，并由此从不同视角还原出事实的本真形态，从而养成学生独立思索学习的良好习惯，而不是“人云亦云”似的在“他者”观点的掌控和牵引下被动接受现成知识。

当然，形式主义素材的“人工化”真实，并不一定就造成课堂的“表演作秀”或学生的定势思维，关键还是看素材主观化重构的目的，而不是仅仅看到客观事实被修饰、加工就予以否定。原始真实在经过浓缩、归纳、概括等人工化处理转制成的形式主义素材，有时就是明确提醒学生对课堂主题学习内容的集中关注，或者是借助风格化的包装手段，彰显内在教学主题的重要性。

既然形式为内容而服务，只要形式主义素材所表现的人工现实能帮助、引领学生实现课程知识的学习，有效地承载课程内涵的外现，这就是成功的或具有积极效应的。当然，除非教师在向学生展示形式主义素材时，纯粹是出于表现装饰手法本身的感官刺激，或者说追求技术至上主义下的课堂美观效果，以致使教学内容的关注度退居第二位这样的目的、态度，否则，即使课堂上呈现的形式主义素材凸显着看上去怎样张扬的“特殊效果”，或较显夸张的新奇手段，都是有其合理存在的理由的。

形式主义素材支撑的电影叙事经常穿插着纯然风格化的抒情片段，就像科幻片、歌舞片、灾难片等类型电影，都是编导赋予其华丽风格和炫目效果的丰富园地，充溢其间的风格化片段时不时地打断影片情节的发展，看上去似乎有些凌乱不连贯，不过这正是形式主义叙事电影的魅力所在，即把影片里的时间或场景打散予以重组，通过情节进程中的风格化片段插入或雕琢，着力突出某个主题或重点。所以，你根本无法想象没有歌舞片段插入的印度电影是什么模样。虽然印度电影并非部部都是歌舞片，但所有类型的印度影片里全部都有歌舞片段的时不时地插入，包括剧情片、警匪片、恐怖片、战争片、科幻片、喜剧片等等，无一例外。事实上，印度电影中的情节的确是经常被插入的歌舞片段打断而“暂停”的，但观众又不由自主地投入到歌舞片段的欣赏中，因为这些片段大多正是形式主义叙事下角色心境或故事场景的着力写照。因此，尽管我们常常“厌烦”印度电影里不断出现的歌舞片段，不过一旦真的没有了这些片段插入，而把印度电影全都拍得中规中矩，或者像美国片、中国片那样，就又让观众感到怅然若失了，那也就失去印度电影的独特魅力了。这就是一种“甜蜜的烦恼”，或者说形式主义的电影叙事毫不隐瞒素材重组和结构重排带来的鲜明表征，情节有时只是风格化片段插入的背景，而有时则是风格化片段交织映照的中心画卷。

形式主义素材之于课堂教学的意义是与此相似的。教师有时特意选取较具轰动性、吸引力的事实转制成教学“文件”，或者将本身平淡朴实的现象通过教育技术和艺术手段等予以令人瞩目的彰显。这些都是形式主义素材，目的是非常明确的，即刻意选择在教学流程的某一个或某几个环节进行添加，使这种带有教师个人化风格倾向的片段式资源插入，能在集中学生注意力的基础上提供学生新的思维兴奋点，或通过“暂停效应”形成的课堂节奏调适和课堂结构重组，发挥形式主义课堂叙事的主题凸显功能。

如果说现实主义素材是外在客观实际在随手拈来中的平铺直叙，那么形式主义素材就是风格化手法包装下的主观性现象的精雕细琢及其定向化运用。也就是说，形式主义素材虽然相较现实主义素材而言，在内容的挖掘上可能深度或广度不够，但其在烘托内容的氛围营造上方法更多、形式更丰富，这恰恰是体现教学形式主义课堂理念的基本元素。

的确，有时候将浅显、直白的现象或者在表面上看法“一边倒”的事件，尝试用悬念切入的教学“运镜”方式，将其转化为新颖别致的教学资源时，是能借助类似于电影风格化技巧的表现主义处理手法，引发学生从不同视角探究问题的学习心绪，并由此打开一扇更广阔的学习之窗的。毕竟，身处循环教学职业使命中的教师会面临一批批学情不同的学生，怎样将同样的知识内容在与时俱进的教学过程中让学生有更深刻的体悟，始终是教师需要研究的课题。“旧瓶装新酒”抑或“新瓶装旧酒”，都是不妥当的，这里主要还是缺乏教学理念的即时跟进，以及对学生学习需求的关注。

教师不仅自己要保持对专业知识和课程体系的关注和思考，更要有帮助和培养学生化知识学习为思想伸展与生命成长的开放意识，现实主义素材的应用固然能推动这一目标的实现，形式主义素材的运用亦能赋予课堂创造性教学的力量。比如，中学历史课关于抗战初期及南京大屠杀历史的教材表述，基本为课堂设好了严肃而正统的教学“布景”，教师只要依照这一基调去做就行了，面对那段史实的沉痛、愤慨基本上就是课堂教学的定势效应。如果在程式化的教学“布景”里插入一些形式主义素材，又会产生怎样的效应呢？就像把电影《拉贝日记》里众多中国难民躲在一面巨幅德国纳粹旗帜下而得以逃过日军飞机轰炸的镜头，作为视频素材展示给学生时，会带来怎样的思维震撼和教学效果？中国国民政府和希特勒政权的微妙关系，纳粹德国与日本既同盟又微妙的关系，受日本侵略的受害者中国人居然靠日本的盟友予以保护的既屈辱又不可思议的史实，等等，这些不同于惯常历史教学思维的资源作为形式主义素材的片断插入，在为学生带来耳目一新感觉的同时，更将历史唯物主义的思辨因子注入学生心灵，由此依托原有内容的形式主义素材下的结构重组，去着力凸显教学主题的新视域解读，从而让学生的探究学习和创新思维习惯，在潜滋暗长中渐渐成为将来受用人生的基本素养，课堂和课程的内涵都因此而厚实。

在历史课上直接让学生运用原始史实材料进行观点分析，能够培养学生客观辩证的历史唯物观。比如，《拉贝日记》原文并非中学历史教科书上的内容，但适当让学生接触思辨，是教材与资源在历史课堂上教学“布景”的联合铺陈。

根据《拉贝日记》改编拍摄的同名电影非常成功，它引领世人从另一个视角看待南京大屠杀前后那段悲惨历史。比如，将影片中类似于这样的片段（南京难民在巨幅德国纳粹旗帜下躲过了日本侵略军的炸弹）作为教学资源让学生探讨历史，就属于对教科书预设观点的深度拓展，这种形式主义素材引发的思维震撼效应是很深远的。

形式主义素材的课堂表现性更强，但它不一定就和其衬托的内容间存在“头重脚轻”的不协调关系，有时它反而能将简单问题“复杂化”，即引领学生从熟悉得近乎麻木的现象、事件中，由创造性的资源设置导向新的疑问场景。适时的片断插入给予学生视觉、听觉或触觉的刺激，以及思考、探讨、实践的兴趣或热情，让看上去没有了新意的问题、现象在意想不到的教学“布景”里，又衍生出它的课堂价值增长点。当然，现实主义素材往往是将复杂问题“简单化”，即引导学生在尽量摒弃现象“附着物”的非包装状态下，直面事实本身，从中直接抽取内在知识及课程理念。

一切都不是绝对的，形式主义素材和现实主义素材各有千秋，它们所承载、反映的现象、事件是客观实在的，而它们所代表的课堂发展生态则是主观操控的，本质上也是教学理念的差异。教师在课堂上实际是意图通过课程资源的呈现铺陈教学“布景”，而这中间就出现了形式主义素材和现实主义素材的不同。如果把“内景”课堂迁移至“外景”课堂，当学生直接面对现象或身处事件中时，也就不存在“文件”转存了，现实中的物质性素材就是第一手教学资源。

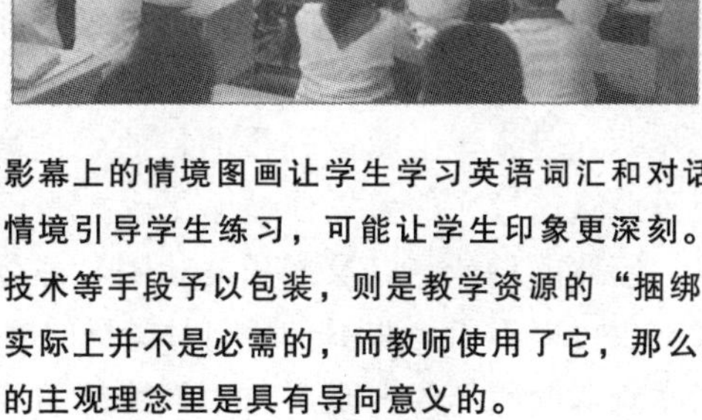

像英语课堂上用多媒体投影幕上的情境图画让学生学习英语词汇和对话的做法，效果也许不错。如果直接在现场生成会话情境引导学生练习，可能让学生印象更深刻。这是现实主义素材运用，而将该素材用外在的教育技术等手段予以包装，则是教学资源的“捆绑式”呈现。比如，承载视频画面内容的多媒体手段实际上并不是必需的，而教师使用了它，那么外在的多媒体手段就是非课堂素材，它当然在教师的主观理念里是具有导向意义的。

正因为如此，生活现实作为拓展课程内涵的资源，它的课堂存在形态不可能全部都是外界现象与事件的原初迁移，而往往通过“复制转述”表现为现实主义素材，通过风格化、个性化的技术或艺术转承重组表现为形式主义素材，总之是生活现实基于课堂教学主题的合乎意义的再现。学生无论是被表现形式所吸引，还是被资源本身所触动，都能经由教学“布景”的导向、调控作用而仿佛重回生活现场。形式主义素材或现实主义素材在此可以看做是学生“往返”知识课堂与生活课堂的桥梁，抑或是学生置身客观实际展开思辨学习的触发器。

7.4 非课堂素材

非课堂素材并不是和课堂教学无关的素材，它本身同样是教学资源，同样能在教学“布景”的铺陈中引领教师和学生分别进入教学心境和学习心境。任何素材都可以成为教学“布景”中的装置或物质元素，它们按序布位或错落有致，使体现课程内涵的知识或隐或现地融入素材，并通过教师和学生基于课堂“戏剧舞台”的导演式执教和表演性学习予以彰显。像教科书就精细而严谨地为相关课程教学设定了基调和路线，例证型、检验型或推论型资源，则在生活与社会现实同课程知识之间预设了限定性、导引性或指向性的学习情境，以便于知识或结论的课堂显现。一般而言，这些直接作用于教学流程，并作为课程知识的直接延伸和承载物而发挥教学“布景”效用的素材属于课堂素材。

从广义上说，所有素材都可能成为教学资源，而这其中有些素材并非是教学流程的直接作用元素，不是课程知识的自然化延伸和必然性承载物，而是以技术或艺术的外力介入赋予课堂某种特殊效果，从而让学生在“他者”素材的交融中间接获取或感悟课程知识，这些素材亦在教学时间与空间里铺就教学“布景”，但我们称之为非课堂素材。也就是说，非课堂素材并不是特意围绕教学内容而组织，它有其自身的表述主题并依此组织起结构类型，它和课堂教学的联系程度往往也依教师的主观意向而定。

比如，教育技术的运用既是课堂媒介又是教学资源，关键看教师的应用目的和教学主题。如果本身就是一堂信息技术课，作为专业教师而言，音频、视频、图像的存取和播放格式等就是课堂教学的内容，这些当然也是教育技术的组成部分，这时教育技术的运用就是课堂素材，直接作用于学生的课堂学习过程，以让学生掌握信息技术课程知识为目的。如果是其他课程的课堂教学，教育技术的运用就不一定是必需的，例如一篇优美散文的呈现，既可以借助多媒体投影，也可以采用纸质文稿等方式，语文教师都能达到引领学生阅读分析的目的，这篇散文作为教学资源就是直接的课堂素材，而承载这篇散文的多媒体教学平台则是间接的非课堂素材，像投影屏幕上文字的背景、字体的设计，以及配乐的相随，都可以赋予这篇散文美妙意境，但这些技术性素材也可以不用，并不会影响对文章的解读领悟。

与此相似的是，艺术资源既能作为课堂素材，又能作为非课堂素材发挥其教学

“布景”作用。比如，抒情优雅的乐曲或者热情奔放的歌曲，当然是音乐课程教学中的直接课堂素材，是教学内容之所在，而当音乐从音乐课迁移至其他课程教学中时，原先的教学资源则成为非必需的资源，它能为诸如历史、政治、语文、英语甚或体育等课程的教学内容提供背景音乐，为这些课程的教学资源注入一些附加意义，但若没有这些“他者”音乐元素也无关紧要。同样，赏心悦目的色彩搭配、精巧细腻的构图设计、内蕴丰富的画作欣赏等，显然是美术课程教学中的必需的课堂素材，而相对于其他课程来说，则是非课堂素材，它们可以不被采用或关注，但也可以被教师用作某个物理现象、化学实验抑或数学定理的辅助资源，用或不用全凭教师的主观意愿，无所谓优劣之分。

从表现形式看，非课堂素材还包括物质环境资源，即一些确保教学得以顺利运作和课堂得以有效建构的实物硬件，上述多媒体教学平台的组成要件如电子计算机、投影仪、电子白板、音响设备等实际上也可算在其中，另外像课桌椅、黑板报、照明灯、墙壁文化布置、讲台等课堂装置内容，亦是其重要部分。这些存在于课堂内的设施装置，为什么不是课堂素材，而反倒是非课堂素材呢？

一般情况下，这些实物硬件并非是课程教学本身的主题内容所在，也就是说除非像电灯、课桌椅等现场物件成为物理或数学课程教学的实际资源，黑板报、墙壁文化布置等内容成为语文、政治或美术课程教学的现实资源这样的状况出现，课堂内存在的实物装置基本上只是提供师生进行教学和学习活动的条件保障和环境气氛，它们的摆放、安置、性状并不会对课程知识的学习本身产生必然影响。所以，这些实物硬件往往通过其课堂媒介作用的发挥，而表现出非课堂素材的特质。

非课堂素材不论是来自课堂之外还是课堂以内，总是发挥其相对教学资源的作用，这不仅是素材相对于不同课程所表现出的直接或间接反映课堂学习的效应，而且在于素材相对于不同存在状态所体现出的主观或客观反映课堂学习的效应。当非课堂素材同样作为教学资源铺就其教学“布景”时，我们知道这并非教学内容的自然延展，也不是对教学主题的定向预设，一切都在于教师对非课堂素材的主观考虑。因为非课堂素材并不附属于任何教学主题，它自有其素材组织结构和主题表达方式。就像前述教育技术的运用作为教学资源的话，其实是将任何课程所要呈现的素材内容在其体系结构内予以程式化输入，即通过由多媒体教学平台所含各部件对课程内容的“视效”和“音效”的转制，而使教育技术成为所呈现课程内容或资源的间接拓展和衍生素材，由此表达课程资源的附加值意义。

比如，PM2.5 数据监测及发布、机动车尾气排放及检测、春节燃放鞭炮、扬沙浮尘及沙尘暴等，这些都是现实生活中的客观现象，它们作为素材的课堂反映就是教学资源，从这些资源中析出的生态环境保护、科技与能源开发等观点，能在化学、生物、地理、政治等课程中得到相关表述。那么这些教学资源该怎样予以课堂呈现呢？显然并没有固定格式，教师的不同处理可能会使素材的不同形态带给学生微妙的学习心境。

当然，这些事实现象本身是时新鲜活的，教师如果以直接叙说或纸质材料阅读的简易方式呈现给学生，就属于直接作用于学生思考学习过程的课堂素材。如果这些资源的呈现注入了附加内容，像借助现场图片或影像播放、新闻视频再现、实物拟真演示等技术性手段，那么虽然事实现象本身未有改变，但学生获取资源信息的感官渠道，由单一的视觉或听觉转为视觉和听觉乃至触觉的并举，这可能对某些学生产生更强的学习激发力并形成更积极的学习情绪。也就是说，像多媒体平台、实物媒介这样的技术性资源在同客观现象等教学资源的嫁接中，潜移默化地注入了较具感染力、临场感和体悟性的导学因子，这就属于间接作用于学生思考学习过程，并在其中提供助力的非课堂素材。

非课堂素材和课堂素材为课程教学架构丰富多彩而形态各异的资源格局，如同非剧情叙事和传统模式叙事为电影故事的表达提供电影语言的丰富源泉一样。非剧情叙事电影不重剧情，或者不像剧情电影那样讲述传统的故事，它们往往依照某个主题或论点来组织影片结构。尤其是纪录片，处理的素材全是事实——真实人物、真实事件、真实地点，不同于剧情片的故事编造，所以是在报道既有的世界，而非创造出新的世界。当然，纪录片也如剧情片一样，通过原始素材的筛选、修剪，来诠释和塑造导演所要表现的主题。不过，“真实电影”或“直接电影”运动则将纪录片推向写实主义，拒绝拍摄前的剧本筹划或定见，不将情节强加于素材之上，不干扰现场真实。也就是说，没有必要根据剧本重新安排，重塑事件，让现实变得不客观，事实上，摄制组就在事件发生现场，完全能即时摄取到真实素材。

另外，一些先锋派或实验艺术影片根本不以讲故事为目的，导演对发生什么事不感兴趣，而在乎他们自己的内在感觉和事件的意义，有时偏好抽象形式和设计，而不像传统剧情片导演始终以推动故事情节向前发展为己任，非剧情叙事电影坚持真实哲学，拒绝剧本的限定，反对虚构的现实，以科技硬件设备让导演能全新诠释真实的概念。

非课堂素材可以说是包罗万象的，它们存在于课堂之外，或者说是并行于教学时空的“待机状态”，可以经由教师教学意向的触发，实现向课堂之内的迁移，或者完成融入式教学资源的课堂激活，非课堂素材显然不是服务于课程知识或特定观点的专门化教学资源，但却为课堂教学的开放式推进营造丰富的“布景”氛围。在这个广阔的教学“布景”里，教师和学生各有其不同的视角，非课堂素材在不同视角中都可通过选择比较、排列组合，去形塑和表达师生各自的想法或态度。非课堂素材一般不必硬性围绕教学主题去组织，它自有其结构组织方式，以保证课堂教学的现场真实感，即它不勉强介入却始终环绕于课堂。

从一定意义上说，非课堂素材在构筑“真实课堂”的基础上，让教师教的行为和学生学的行为，浸润在自然化的课堂进程中。教学任务是否完成、教学目标是否完整、教学手段是否新颖等，并不是立足长效眼光的受关注焦点，课堂效果远非衡量学生学习收获的根本标准。更何况，课堂效果本身所包含的显性效果和隐性效果、长远效果和短期效果、主动效果和被动效果、应然效果和实然效果等，其真正的考量并非在经过筹划和定见的主观性课堂教学中，而着实在于客观性非课堂延伸中。

所以，非课堂素材可以被视为学生的课堂学习在内心的印记，向广泛而真实生活时空外现表达的现实平台。

非课堂素材不以实施课堂教学为目的，但它可以为课堂教学铺展外延动力，当然这需要随教师的观念而定，这就不同于课堂素材，它自始至终都以表现和实施教学主题及其内涵为目的，这就如同同一部电影在不同叙事风格下的效果差异。比如，詹姆斯·卡梅隆导演的《泰坦尼克号》在 1997 年初映时即已盛极一时，成为影史最卖座影片，而 15 年后该片在情节未作任何改动、镜头未有任何增加的情况下重映，依然在全球获得极佳反响，原因在于导演将该片逐个镜头予以转制，打造成 3D 版全新面世。该片在剧情素材保持原样的基础上，融入高科技制作手段，注入导演一以贯之的追求视觉效果的电影理念，即以新的非剧情叙事模板同原有的剧情叙事相互结合产生了合力作用，赋予该片在新时代背景下新的放映意义。

同样的道理，在相对稳定的教材体系格局下，相同主题内容的课程教学在众多不同教师的课堂或同一教师的不同课堂内进行着，这些周而复始的课堂教学实际上是能够保持鲜活性和创造性的，教师对非课堂素材的运用是其关键因素。这就好比纪录片等非剧情叙事电影对事实素材的处理一样，重点是导演怎么将变化繁多的非课堂素材经过合理的筛选和整饰，较有效率地化作传统教学主题“旧貌换新颜”的诠释力和推动力。例如，现代教育技术的日新月异，教学艺术的赏心悦目，客观现象的层出不穷，这些的确存在却并非必需的元素一旦和教学内容相嫁接，即展示出非课堂素材所传达的科技、文明、情感的理念。

教师是更关注非课堂素材的运用，还是更看重课堂素材的应用，倒不一定说明课堂教学的内涵发展程度，两者并非是矛盾冲突的，都是夯实课堂的教学“布景”。非课堂素材本身是用于在真实客观的教学状态中，对课程教学资源的不同角度或多种层面映衬，实际上是从属于课堂素材的主体资源“置景”基调的。

非课堂素材若作为教学焦点而被关注，要么表明它本身就是特定课程的教学内容，而体现出教学现实主义风格；要么说明它在形式与内容关系的把握上，偏向表现色彩而体现出教学形式主义风格。一切因人而异，一切也因课程特质而异。但不管怎样，非课堂素材总是教学资源的组成部分，并且还是其中更具发展性、客观性、真实性的部分，因为它在很大程度上是课堂教学的拓展延伸承载者，由此将学生的课堂学习导向自然、轻松、严谨的状态，而不是完全跟着教学主题的感觉去找寻或验证那种对应性主观素材。

第八章　观课与评课：推介教学的“电影节”与“奥斯卡”

教师既作为执教者在自己的课堂里完成职业使命，又常作为观课者在其他教师的课堂里体悟专业反思，这是推动课堂教学和教师成长一体两面的发展源泉。这就好比每个电影人——导演、编剧、演员、摄影、剪辑、美工等，既在自己的领域为影片制作或者说为观众贡献才智，又常作为观众在其他电影作品中借鉴和汲取有益的养分，电影业由此不断繁荣与进步。

如同奥斯卡金像奖等电影评奖活动和风格各异的国际电影节，提供了电影业界从业者相互交流与促进的舞台一样，教育界通过自己的交流与宣传平台发挥着类似的积极作用，教学比赛和教学公开课以及教学流派展示等活动就是这样的推介平台，这些平台往往就是教学领域的“奥斯卡”和“电影节”。或者说，教学公开课与电影首映式，教学比赛与电影评奖，教学流派展示与国际电影节，教学评价与电影评论，实际上在异曲同工之妙中从另一个层面告诉我们，观课与评课是课堂教学走向更广阔天地的杠杆。

8.1　教学公开课与电影首映式

一部电影从摄制完成到发行放映，往往离不开宣传的策划，电影首映式作为其中的一项基本内容，一般是指为电影首映举行的仪式。在首映式中，一部电影的主创人员大都会出席，并与观众发生互动，媒体记者亦可对明星近距离采访，仪式的结束常伴随电影的播放。同一部电影还常在多个国家分别举行首映式。电影首映式已成为电影营销宣传的重要手段，越来越以奢华的场景和丰富的活动强化人们的期待感，并扩大着它对电影票房的直接拉动作用。

教学公开课可以视作教育领域的“电影首映式”。它当然不是指教师为了自己的一节新课而作仪式宣传，因为教学过程本身即作为承载教学的“摄影”与“制片”，而向人们展示着每一节课的“作品”创作，一堂课的教学“摄制”和教学“放映”具有同一性，并且也就是课堂教学的宣传过程，课堂是教学“摄制”、“放映”和“宣传”的共同场所。教学公开课既是常规课堂教学流程的演绎展示，又是个性化课堂教学理念的集中表达，更是教师执教风格与水平的全面推介。也就是说，公开课承担着课程教学和自我宣传的双重功能。从这一层面上说，不一定是一节未曾上过的新课可以成为公开课，已经上过的课亦能在重新执教中变为公开课的载体。公开课作为课堂教学“首映式”不是强调教师就某个教学主题或教材内容的首次执教，而是突出教师以某节特定课堂教学为承载平台的整体教学规模化呈现，无论这一课是首次执教还是在循环教学中已数次执教。

各种层面和规模的公开课，在特定区域甚或跨地区范围展示着执教教师的风采和所在班级与学校的风貌，同时带动和促进教育界同行之间的教学交流。

教学公开课是相对于教学日常课而言的，实际上这两者之间本不该有区别，或者说原本不应在课与课之间做这样的划分。很难确切地说清公开课从常态课中抽离出来另成系列的原因，虽然一般认为是出于通过课例研究达到促进教学进步的目的，但情况远非如此简单。就拿公开课作为课例研究的对象来说，它里面的一切都有积极有益的借鉴意义吗？至少公开课上学生惯性化的“良好表现”和教师熟练性的“程序操作”，给人一种有意而为之的感觉，事实上也不具有日常课堂教学中的普适性。公开课经常只是存在于为了研究而观课的表现主义氛围中，并不是自然行走于教师之间基于教学本质的诠释而相互学习的状态里。

如同为电影的宣传营销而搞的首映式一样，教学公开课自成体系并行存在的最大价值是教师自身及其执教风格的推介。课程教学在公开课上的功能已居于次要地位，基本上就是宣传推介功能的辅助工具。公开课上的课程教学作为副线贯穿的表现是：知识呈现强调规范、条理、完整，严格控制生成性较预设性的低比例，课堂的知识容量较大但纵深度较小。这样做的目的就是要凸显公开课宣传推介的主导功能。否则，假设没有副线的约束，课程教学的外延很有可能经常超越“边界”，课堂显得过于开放拓展，这在日常课上倒可以放手尝试，并能在下一课予以自行调整，但在公开课上就会因表象上的散漫杂乱，而破坏向人们表达教学理念和展示执教风采的宣传推介的主线运作。

公开课上的宣传推介功能作为主线贯穿的表现有：教学整体框架设计严密，环节流程衔接自如，教师的素质才能尽可能在多层面展现，教学的手段、工艺、形式推陈出新，总有某个平时没有或较平时更为出色的课堂亮点。这样做的目的就是意图让以教学理念和风格特色为核心内容的教师专业发展状态，依托特定的课堂教学予以集中呈现。这就决定了作为特定承载者的课堂教学，明显具有不同于日常课堂的较多特点。

日常课堂教学应该更能全面真实地体现教师的教学理念和风格，它是在一个相对较长时段内面向学生的相对稳定的表达。正因为这种理念和风格释放的长期性，平时也不可能真的全程开放课堂，让同行教师们去观课和了解。另外，教师在日常课堂上可能更注重教学的生成性，对学生学习行为的实际状态和学习效果的表现程度一般持开放性认可态度，不刻意追求一时一课的完美无瑕。因此，教师的教学理念“细水长流”般地渗透于日常的课堂教学体系中，很难通过随意的一课完全外现。基于这样的现实情况，教师若要借助课堂教学向人们较为集中地表达教学风格和理念，或通过课堂教学去了解、吸取其他教师的风格理念，依托教研活动中公开课的宣传推介功能，的确也是必要的。

就师生关系、教学常规、时间长度、课程内容等元素来看，公开课与日常课并没有什么不同。两者最大的差异实际上就在于，前者是将教师的教学风格和理念向观课者整体展示的外向型课堂，而后者则是把教师的教学风格和理念转化为学生生命成长的思想养分的内向型课堂。所以，既然要在较大规模的校际或异地教研活动中开设公开课，就该将体现公开课宣传推介功能的多种元素充分融合，最大限度地发挥外向型课堂的特质和作用，从而据此表达个性化教育愿景。也就是说，教学公开课是利用一种大范围、公开化的教学传播机会，实现常态课堂在分项优势或特色上的集约式彰显，如同一部电影尤其是焦点大片，不惜代价地通过首映式运作，在媒体及其影响下的观众面前极力进行自我宣传，以此汇聚人气、扩大卖点，进而实现潜在票房的抬升一样。

一部电影平平常常地进驻院线放映，也能取得相应的收益，如果还有事先一直关注的影迷捧场，票房会更理想，但是这和一部电影轰轰烈烈地在热闹非凡的首映式后放映，并强势带动起大规模观影热潮相比，依然是不可同日而语的。比如，历时五年、耗资六亿人民币打造的大片《金陵十三钗》，于 2011 年 12 月选择在北京全国政协礼堂举行了首映礼，影片导演张艺谋，影片主演、奥斯卡最佳男配角得主克里斯蒂安·贝尔和神秘的“谋女郎”等众多热点，吸引了全国媒体会聚北京，首映式现场座无虚席。华丽大气的舞台布设，剧中演员的现场造型，张艺谋的访谈，当然还有“玉墨”饰演者倪妮为首的“十三钗”身着华美旗袍戏服的隆重亮相，以及倪妮独自弹唱剧中琵琶曲《秦淮景》的才艺展示，另外还有精通英文的倪妮现场为贝尔担任翻译、与主演曹可凡撑起新闻发布会等让人眼前一亮的场景，这一切首映式上的丰富活动在吸引众人目光的同时，极大地提升了观众观看影片的期望值，事实上首映式形成的轰动效应，的确也带来了该片全国公映的高票房。

国外影片尤其是好莱坞大片的首映式宣传更是有过之而无不及。比如，2012 年美国科幻动作电影《复仇者联盟》在洛杉矶举行全球首映式时，主要明星演员全部出席，包括“钢铁侠”小罗伯特·唐尼、“美国队长”克里斯·埃文斯、“绿巨人”

马克·鲁法洛、“鹰眼”杰瑞米·雷纳、“黑寡妇”斯嘉丽·约翰逊等，现场星光灿烂，气氛十分热烈；首映式后引发的影迷狂热甚至连电影院都措手不及，连香港都有影迷身背睡袋通宵排队购票。3D科幻大片《黑衣人3》则在北京与纽约同时举行盛大的“双城”首映式，在紧张刺激的电影放完后，远在美国的影片主演威尔·史密斯通过视频连线瞬间“跨洋穿越”至现场DMAX巨幕，用流利的普通话问候中国影迷，影院立现火爆氛围；这种首映式上好莱坞巨星“突袭”中国银幕，与中国影迷面对面零时差互动连线的做法在国内尚属首次。又如，美国大片《超级战舰》在北京举行全球宣传最后一站的首映礼时，主办方将反映该片的超长背景板竖立在影城走廊一侧，巨型军舰样纸模悬挂于影厅当空，长廊中更是出现了“蓝地毯”，即刻将“战舰”君临的场面气势传达给现场所有人；随后廖凡、徐静蕾、霍思燕、滕华涛、殷桃等国内知名影人悉数走上“蓝地毯”并在签名板留名，以及导演彼得·博格幽默接受媒体采访等活动，让首映式现场气氛达到高潮。

教学公开课以贯穿其中的宣传推介的主线，引领更多人对课堂教学的深度关注，以及对执教教师的广泛了解，在促进课堂教学进步和教师专业发展这层意义上的公开课效用，和电影首映式引发对影片热点聚焦和票房增收的功用是基本吻合的。一部电影在首映式上进行放映犹如电影套上了精美的包装，由此扩大了知名度和潜在价值收益。电影首映式往往由主办方在紧扣电影主题的基础上打造成晚会形式，在布景和流程设计上注重仪式感的凸显，包括演员走红地毯、向观众展示风采，现场访谈，主持人串词，音乐、歌舞和节目内容选择，多媒体舞台设置，强大的嘉宾阵容等环节要素。同时，像出演电影的明星们所进行的不同于剧中角色的真实现场秀，大大增添了本场活动的娱乐性，而这正是电影首映式赖以吸引观众、取得最大宣传效果的追求目标。首映式上的这一切活动内容，通过对电影精神实质的承接，为即将公映的电影提供了观念引导和情绪铺垫。

电影首映式基本上采取的是宣传营销仪式加影片放映的活动模式，与此不同的是，教学公开课是宣传推介和课程教学的“合二为一”，并不存在一个专门为某节课而进行宣传的单独仪式。当然，现在也有一种特地为名师举办的专场教学展示与研讨会活动，里面采用的倒是类似电影首映式的模式，即课堂教学观摩加名师教学风格理念专题介绍与研讨两大板块，而这更多地反映了较有名望的教学流派的交流展示。现实情况是，教学公开课并非只有名师才有资格和能力开设，它为所有教师平等地敞开着大门、提供着机会。所以，公开课作为教学领域的“电影首映式”，是教师利用课程教学的“宣传营销仪式”，在开放式观课范围向教育界同行或相关人员所进行的课堂教学风格与专业发展风采的双重展示。

教学公开课的关注主题并非教学内容，而是教学内容的表达方式。就像人们已不太记得李吉林老师在无数节课堂教学中的内容，但始终记得她“情境教学”的重要模式，或者很多人回忆不起邱学华老师在课堂上教过哪些知识，但却津津乐道于他的“尝试教学”模式，等等。事实上，这些名师们通过大量教学公开课，借助课程知识教学中思想、理念的渗透与表达，逐步构建起影响深远的课堂教学模式，并同时以其独特的风格而形成卓越的声望。因此，是公开课的宣传推介功能，而不是在公开课上执教的内容，决定了教学理念的知名度和教师风采的认同度。

儿童教育家李吉林老师不仅是育人楷模，而且是教学改革的旗帜性人物。

公开课的实质意味着用以展现宣传推介功能的各项元素会被尽可能地应用，如同电影首映式中各种丰富多彩的活动环节设计所映衬的影片宣传华丽闪亮一样。当然，公开课上的元素应用并不是简单的罗列或叠加，而是基于教师的个性气质和执教主题嫁接状态下的物尽其用的整合。比如，教师的教学涵养表现力通过哪些元素能最大限度地的展示呢？像优雅博学的谈吐水准、情感真挚的诵读能力、抑扬顿挫的音调语态、丰富多彩的体态语言、严谨专业的学识表达、轻松幽默的课程诠释等元素，可以构建起一个能让教师的教学基本功和专业发展力全面外现的承载体系。

教师的教学技艺表现力该利用哪些元素予以最大限度的展示呢？像课堂视角、教学“景框”与“构图”、教学距离与区域空间、教学“镜头”与“剪辑”、课堂“视效”与“音效”、课堂“光影”与“色彩”、教学“布景”、媒介运用等元素，则可以架构起助推教师、课程与学生之间开放性学习效应的动态承接系统。又如，教师的教学思想表现力能通过哪些元素得以最大限度地展示呢？除了课堂问题设计、学生活动安排、师生互动设置等常用基本要素可以向人们传达隐含于其中的教师教学观念外，亦可插入一些独特元素，像课堂符号、教学文化、课堂意识形态、课堂“叙事”与教学“剧场”、课堂素材与非课堂素材、教学风格与模式、学习理念与基调、开放或封闭的形式等，都是能被选择应用于课堂去进一步提升教师教学思想表现力。

这种种元素均用于宣传推介课堂教学和教师专业发展力的目的，其运用的数量、频率、程度远甚于日常教学课，表面上看公开课似乎只是为教研活动而生的“作秀演出”，但正如前述公开课以副线功能烘托主线功能的课堂教学常态特色的集约式彰显本质所体现的那样，这种“作秀”的确也是必要的，除非一切教研活动和教师专业发展评估中均明确取消公开课，而以完全真实常态的阶段性平时课堂教学取而代之。

当然，这里所说的“作秀”，不是也不应该是那些为了获取观课好评而采用事先多轮试教，并且在反复演练下固定好内容、步骤的“表演式公开课”，否则就和课堂教学的本真追求背道而驰了。我们说公开课的“作秀”，实际上是“教师专业成长秀”、“课堂生态秀”、“教学理念秀”和“学生发展秀”的和谐统一。这种“作秀”原本就存在于平时的课堂教学，公开课则将它们予以集中展示。也就是说，出于在相互观课中交流、研讨、借鉴的需要，由教师自己将分项“秀”借助多种公开课元素进行集中“秀”，实际上是类似于课堂教学的“电影首映式”效应，即对教师及其教学“作品”的集中宣传推介。

一节常态课要成为公开课，宣传推介的主线功能必须居于主导地位，但无论是何种或多种元素的运用，都不能脱离副线功能的支撑承载。这就如同不管电影首映式搞得怎样异彩纷呈，都不能脱离电影主题而单独存在一样。令人印象深刻的首映式往往能在挖掘电影内涵的基础上，巧妙地将电影主题融入宣传当中，而不是只注重规模和猎奇效果。因此，如果电影主题被忽略或者本身内涵浅薄，抑或口碑、质量不佳，哪怕首映式和宣传手段五花八门都无济于事。比如，美国迪斯尼公司曾在航空母舰上举行电影《珍珠港》首映式，以及该片当年引进中国时，国内电影公司还别出心裁地主办过“空中首映礼”，但都未能带动起理想收益，该片最终因其缺乏蕴涵和创意而导致评价和票房双重失败。又如，像《2046》、《关云长》、《赵氏孤儿》、《无极》等国内大片，也都曾在首映式和宣传营销上大张旗鼓地进行过众多令人眼花缭乱的活动策划和运作，但同样是电影产品本身的不佳口碑导致商业票房的惨淡。

首映式必须要同影片质量互为条件，否则，纵使有最好的明星团队和大导演，最精彩的预告片和海报，最靓丽的名人红毯秀，或者话题不绝的热点和耳目一新的形式，最终亦会由于过度营销与质量脱节而导致信任危机和效益崩盘。电影作为娱乐产品，通过适当宣传炒作吸引大众关注是必要的，但应把握尺度，而不要物极必反。所以，在很多情况下真正能为电影带来良好口碑和票房价值的是营销思路的高屋建瓴。比如，《英雄》靠国产制作模式突破和发行方式革新带来票房的井喷，《建国大业》靠第一次用一百多位明星演绎革命历史题材取得票房奇迹，《唐山大地震》靠选取别人没拍过的题材引发票房大热，《泰坦尼克号》、《阿凡达》等则是以视觉奇观的革命性垄断票房，等等。因此，在题材选择与判断上是否做到首创性、独特性、引领性，实际上很能衡量电影制作者的功底和营销水平。

教学公开课要实现良好的“营销”目的，同样需处理好宣传推介和质量口碑的协调性关系。也就是说，课程教学作为公开课的副线功能，在作为凸显宣传推介主线功能的载体中，应该如对待电影题材的敏感度一样，去做好课堂教学主题内容的策划与运作。当然，这并不是说执教内容的选择决定着一堂公开课的优劣，毕竟人们通过观课主要是关注教师在公开课上所表现出的教学理念和专业素养。课程范围内的任意内容都是教师应该并且必须能熟练驾驭的载体，就像教学比赛或优课评比一般流行随意抽定课题让选手临时准备并执教的做法一样。所以，课堂教学的口碑根本上取决于教学理念和专业素养，而非作为载体的教材内容。

明星云集的《建国大业》配以同样星光闪耀的全球首映式，令该片吊足了观众的胃口，最终在人气暴涨中取得票房大卖就不足为奇了。电影首映式作为现今不可或缺的电影营销与宣传手段，对电影市场的繁荣具有重要推动意义。

不过，教学公开课到底和竞赛评优课还是有所区别的。既然公开课是教师个性化教学风格理念的展示，那么由教师本人掌控执教内容的选择与策划就是必要的。在任何课程的教材内容中，执教难度或梯度都有不同，学生在学习中的理解和接受度亦有差异。由此，教师可以选择较易执教的，以确保公开课效果的稳妥；也可以选择较难执教的，以达到和同行切磋研讨的目的。但无论如何选择，教师在执教主题上的策划，应该要和自身教学理念的表达保持尽可能的高度吻合性，从而在公开课的宣传推介功能上获得尽量高的效益。

有时候选择曾有较多教师据以执教过公开课的课题，甚或一些名师执教过的经典课题拿来重新演绎，以图变为自己的公开课，这种选择实际上是风险和成功的可能性并存。如果仅仅照搬思路，即使添加或替换了一些自己的流程设计，依然会是平庸的复制；而如果只是借用课题，但在整个课堂“编导”中都采用了自己的理念与风格，那么就是一堂创新公开课，虽然不能保证一定是出色的或必然超过其他人在同一课题上的执教效果，但这种努力在课堂教学上取得突破的信心和精神应是每一名教师都需具有的。另外，直接选择未曾或极少有人借以开设公开课的“冷门”课题，通过个人风格的特色化注入所产生的特殊合力，常能获得公开课效果的新突破。

总的来说，教学公开课和电影首映式可以被视作不同领域的“宣传营销”项目。电影的首次上映以及为此而策划的宣传活动仪式构成普遍意义上的电影首映式，从这两项内容的合并运作中提取的环节、元素向课堂教学领域的借鉴式迁移，便是教学公开课。公开课的课程教学功能丰富着学生的学习体验，它的宣传推介功能扩大着教师专业发展力度和教学思想互动层面的活力，但同时又导致公开课和日常课存在差异的现象，亦提醒我们在表达个性化教学理念的过程中，需坚守两者在体现教育本质上的一致性和协调性。

8.2　教学比赛与电影评奖

如果说教学公开课是由教师自己主控下的课堂教学宣传推介，那么，教学比赛则是由“他者”主控下的以竞赛评比为途径的课堂教学宣传推介。教育主管部门和教研机构常通过主办优课评比或教学比赛，检验教师的专业发展水平，并对学科教学理念及其主导下的学生课程学习状态予以评估，同时借助奖项的设置与评定，表达对相关课堂教学的官方式认同，从而依托这种权威性考评力量，达到引领教师、教研团队和课堂教学发展进步的目的。

优课评比或者教学比赛的确是比较流行和公认的考核、评价教师教学水平的平台，其特点有：参赛教师抽签选定执教课题或共同执教同一课题，限时封闭式独立备课，包括制作课件的素材来源、与学生的课前接触等方面都是受限制的，多名评委按照评价标准共同评判，奖次评定及时公布。这些较为普遍的做法总体上应该说是公平公正的，在操作层面上评选出来的课堂教学基本上是具有较高认可度的，其执教教师相对而言亦具有较强的基本功素养。

这一切在教学比赛的组织程序上都是严谨规范的，其评比结果的官方权威认定，往往代表着人们对某些教师能力水平和执教观念的欣赏与否的态度，因而优课评比奖项经常能为教师的后续专业发展提供目标指向、理念动力和反思结点，另外还可以带来教师在日后职评、学术荣誉评定等方面的相关便利。从竞争促进行业发展角度看，教学比赛也能造就教学风格的“百花齐放”和教学模式的“百家争鸣”，以及教学风采的“百舸争流”。

各级各类课堂教学比赛从广义上说也属于公开课范畴，但它在评奖效应上的权威性使其更具广泛影响力。

教学比赛对教师而言具有后续发展上的职业利益性，这种实实在在的影响的确为人们所看重，并且提供了教师自身专业成长的广阔舞台。

既然如此，我们需要重新考虑教学比赛在看上去客观公平下的实际状况，或者审视这样的问题：优课评比认证机制上的权威性是否一定代表获评优课本身的权威性？几个评委的评选思路能否代表更多教师的意向？评选方案和标准是不是就一定涵盖广泛且具有普适性？教学比赛大多采用硬性切分式的等级奖序列作为奖项设置，例如一等奖、二等奖、三等奖，有时还设特等奖，甚至夸张到在一等奖里再设第一名、第二名、第三名，这样做到底是权威还是武断？这种粗线条式的综合奖次划分，就一定区分出“优课”和“劣课”吗？优课必定是大开大合的认定，而不能有局部分项的多维度评价选择吗？

电影评奖其实在很多层面为教学比赛提供着借鉴和启示意义。同优课评比之于推动课堂教学发展的作用相当，电影评奖对促进电影业的繁荣进步具有积极意义。比如，通过对表演奖项的评定，激发演员在演技上的风格追求；通过对编剧、导演奖项的评定，带动起影片题材、拍摄理念、创作路径等方面的革新变化；通过对技术类奖项的评定，彰显电影人对电影科技支撑下的“造梦世界”的不懈探索，等等。

电影是综合娱乐项目，其成品制作本身也是系统工程，编剧搭建故事格局，导演统领演职团队进行拍摄，演员要领会和诠释编导意图，摄影师、美工、化妆师、录音师、灯光照明师、服装设计师、音响师、电脑特效师等众多技术人员，为影片提供全方位保障和坚强后盾，而责任最大的制片人更要做好找题材、拉赞助、请导演等重大方向性事务。为一部电影做出贡献的每个环节、每个部门都很重要，当人们说某部影片优秀时，实际上也间接肯定了该片制作团队的成绩，但这并不是说团队内每个职能部门做得同等出色。反过来说，当人们认为某部影片很平庸时，虽然是间接表达了对其制作团队整体成绩的态度，但这也不是说团队内就没有做得相对优秀的职能部门，电影制作整体中局部出彩或成就突出的情况还是常见的。

电影与电影之间的质量比较，很大程度上细化为内部相同环节之间的效果对比，或者说是不同电影中从事相同职能部门间的成效比较，本质上就是看电影的各个分项制作环节和这部电影的融合程度，包括诠释力、表现力、支撑力和拓展力。因此，对电影之间质量水准的评估判定，通过导演诠释水平、演员表演水平、布景支撑水平、技术拓展水平等多层面的同类环节互比方式，会显得更加全面、准确、合理。事实上，这些都是主流电影评奖的主旨所在。

比如，被称为“中国电影双奖”的大众电影百花奖和中国电影金鸡奖，分别由观众投票评选和电影专家评选产生，两者所设主要奖项有最佳故事片、最佳编剧、最佳导演、最佳男女主角、最佳男女配角、最佳摄影、最佳音乐、最佳美工、最佳剪辑、是佳化装、最佳录音、最佳特技等。又如，有“法国奥斯卡”之称的恺撒奖作为法国电影的最高荣誉，每年一届，设有最佳法国片、最佳外语片、最佳导演、最佳男女主角、最佳男女配角、最佳编剧、最佳摄影、最佳布景、最佳音效、最佳剪辑、最佳原创音乐等奖项。另外，被视作“英国的奥斯卡奖”的英国电影学院奖也有相似的奖项设置。

美国电影艺术与科学学院主持评选与颁发的奥斯卡金像奖，是世界各国运作最为规范的电影评奖。其奖项设置、资格限制、评选规则、程序流程等方面都较为成熟，奥斯卡金像奖在数十年发展中一直享有国际盛誉，基本上成为各国电影评奖的“鼻祖”。

百花奖和金鸡奖是中国最具权威和影响力的电影评奖。奖项获得者往往能由此打开电影星途，或者进一步提高知名度。

事实上，在电影评奖上做得最成熟，同时也能对优课评比的机制运作带来最广泛借鉴意义的是由美国电影艺术与科学学院颁发的奥斯卡金像奖。该奖自 1929 年开始，每年评选、颁发一次，80 多年来一直享有盛誉，不仅反映美国电影艺术发展进程，而且对世界许多国家电影艺术产生了重要影响。奥斯卡奖设有最佳影片、最佳导演、最佳男主角、最佳女主角、最佳男配角、最佳女配角、最佳原创剧本、最佳改编剧本、最佳配乐、最佳艺术指导、最佳摄影、最佳服装设计、最佳视觉效果、最佳音响效果、最佳音效剪辑、最佳化妆、最佳剪辑、最佳录音、最佳外语片等覆盖面详尽细致的奖项。奥斯卡奖作为各国电影评奖的源头，基本体现了对电影与电影之间质量评判的立体性、公正性、稳定性。

在教学比赛中借鉴电影评奖中的分项开放式评选思路是很有必要的。很多教师都曾对教学比赛结束后等级奖次的公布有过或多或少的质疑，这种质疑并非是针对获奖者本人的不满，而是觉得评出来的优课比较模糊，似乎并不能在各个层面令人都信服。比如，获得一等奖甚或第一名的课就真的十全十美，一定好过二等奖、三等奖的课吗？获得二、三等奖甚或在赛课中没能得奖的课就真的质量不佳，一定不如一等奖的课吗？有些在教学比赛中奖次不高的教师会这样想：我的教学思路和策略体现了新课程理念，结果遇上一班“启而不发”的“不合作”学生，导致课堂沉闷，而他在教学思路上不见得有多新颖，却遇上一班个性活跃、互动热烈的学生，明显给人带来课堂效果好的感觉。有的教师则会说：我的教学风格是沉稳舒缓的，并非靠张扬情感去影响学生，而他却以快速凌厉的风格让人感受到激情四溢，赚取了不少“印象分”，但这只是个人性格原因，并不能反映课堂效果的真实性。还有的教师会想：他以令人眼花缭乱的课件增添了不少课堂“视听效果”，而我没有采用多媒体手段，就是想在简约平实的教学方法上带给学生实用本真的学习效果，难道便不如他的课吗？

类似这样的现象在各种各样的教学比赛里的确存在着，引发的疑惑实际上是有道理的。课堂教学是遗憾的艺术，没有任何人能确保执教效果毫无瑕疵，也没有任何人的课堂教学是一无是处的。教学比赛正是能让人们看出形式不同、风格各异的课堂教学所表现出的长处和不足，而不是笼统地粗线条式地评出几个等级奖就代表一次优课评比的结束。参加活动的教师会问：我们到底学的是获奖优课里的什么环节？未获一等奖的课或没能得奖的课，我们该从中发现哪些亮点，又该收获哪些反思？

所以，教学比赛的等级奖评定，并不能清晰准确地向教师传递优课“优元素”对更多课堂教学的启示意义，相反，对获奖教师的荣誉认定在其课堂教学的专业优势上，却产生了模糊不明的指向。基于这样的现状，对课堂教学的构成要素予以细化式分项评判——犹如奥斯卡奖中的单项评奖，以此取代硬性等级切分的过于笼统的优课评比机制，从而能让参加赛课和观课的教师都能确切体悟到不同课堂教学的优点与不足，这不仅有利于营造教学比赛的学术公平氛围，而且有利于推动课堂教学在内涵拓展上的可持续发展。

无论是教学公开课还是评优课，作为身处课堂现场的观课者实际上都是“评委”，都可以在自己的视域上作出相应的教学评价。显然，不同观课者的教学评价很难完全一致，这是教学评价的特点所决定的。所以，借鉴奥斯卡金像奖的评选启示，实行开放式的教学内涵要素细化式评课机制应该是切实可行的。

最佳执教。如同“最佳导演”奖项是对电影制作过程中，在诠释剧本、表达主题、指导演员表演、协调拍摄元素等方面，展现出最佳执导技艺的导演进行表彰一样，在教学比赛中设“最佳执教”，意在认同和表彰通过自身教学理念的外现和业务能力的应用，在驾驭课堂、引导学生、呈现知识、灵活应变等方面，表现出最佳执教水平和艺术，从而对课堂教学的成功发挥决定性作用的教师。

最佳课案。如同“最佳原创剧本”和“最佳改编剧本”奖项是对电影制作过程中，在故事创意、剧本架构、情节铺陈、线索布设等方面，展示出最佳剧本编创技艺的编剧予以表彰一样，在教学比赛中设“最佳课案”，旨在认同和表彰通过细致严谨的教材解读和新颖独到的编排处理，在实施课堂教学的目标、方案、策略、流程等方面，体现出相对最佳教学思路与理念，从而有利于课堂教学取得成功的教师。

最佳学生学习。如同“最佳男主角”、“最佳女主角”、“最佳男配角”和“最佳女配角”奖项是对电影制作过程中，在角色理解与塑造、人物对剧情融合度、题材内容适应力等方面，展现出最佳表演技艺的演员进行表彰一样，在教学比赛中设“最佳学生学习”，意在认同和表彰基于学生主体作用与教师引领作用有机统一关系，通过班级整体学习理念的外现，在学习习惯、思维能动性、实践创造性和师生互动程度等方面表现出最佳学习状态，从而对课堂教学富有成效的运行发挥积极作用的授课班级学生。

最佳课件制作。如同“最佳摄影”、“最佳录音”、“最佳音响效果”、“最佳视觉效果”、“最佳音效剪辑”、“最佳配乐”、“最佳剪辑”等奖项是对电影制作过程中，在场景构建、气氛营造、环境渲染、剧情衔接、观影流畅、感官体验等方面，展示出最佳技术水准的幕后制作人员予以表彰一样，在教学比赛中设“最佳课件制作”，旨在认同和表彰基于现代教育科技和课堂教学的融合，在创意构思、表现手法、内涵层次、学习引领、心智启迪等方面体现出最佳课件制作技艺，从而最大程度发挥多媒体辅助教学作用的教师。

最佳课堂。如同“最佳影片”奖项是对在主题立意、价值观和社会影响上表现最为深刻，并且在整体制作上表现最为均衡全面的参赛电影进行表彰一样，在教学比赛中设“最佳课堂”，意在认同和表彰通过和谐、平等、合作的师生关系的构建，在实施课堂内涵和提高课堂效率方面呈现出最佳状态，并且在课堂教学各环节运作中整体表现和作用发挥更为均衡的教师。该奖项和“最佳执教”虽然都是表彰执教者，但区别在于“最佳执教”必须突出教师个人在理念、素养、能力上的超过他人的表现，“最佳课堂”则不特意以教师个人表现为焦点，而是置教师执教、学生学习、课程诠释、氛围效果等要素表现于同等重要的评判面，通过各方面内容在均衡协调状态下的整合，向人们传达课堂的内在质感。

上述这种五位一体的优课评比机制，摒弃长久以来粗线条的奖次等级分割式评选方式，代之以内涵细化、视域全面的多维度开放式评比方法。一、二、三等奖甚或第一、二、三名的封闭式等级奖均予以取消，以凸显课堂教学内涵要素的各个环节领域独立奖项的设置取而代之，能从最大程度上保障优课评比的公正性。凭借精巧生动的教学课件和优异出色的学生表现取得极佳课堂效果的教师，可能其总体执教能力与素养并不佳；教学功底和业务技能很强的教师，可能却偏偏遇上一班沉默安静的学生，教学效率由此大打折扣当然并非其本意；整体课堂效果平庸的教师，却在课案设计构思方面有非常出彩的亮点主张，只是因种种客观原因未能完美实施……类似这样的情况在教学比赛中常会出现，等级切分式评选难免会造成过于笼统、模糊的感觉，而细化的优课评比单项奖设置，是能够通过对课堂教学各个重要环节出众表现的认可体现出公正性的，这在很大程度上可以使获奖教师的优势、特色、亮点得以清晰明示，并避免上述那些不合理现象。

这就如同在奥斯卡金像奖评选史上曾有过的不少例子：《泰坦尼克号》作为超级巨片在第70届奥斯卡席卷了包括最佳影片、最佳导演、最佳摄影、最佳视觉效果等在内的十一项金像奖，但在剧本和表演方面没有得到任何一项金像奖；斯皮尔伯格执导的卖座大片《侏罗纪公园》在第66届奥斯卡获得最佳录音、最佳视觉效果和最佳音效剪辑三项技术奖项的肯定，但在诸如导演、编剧、表演等艺术奖项上一无所获，而斯皮尔伯格执导的另一部佳作《辛德勒的名单》在同一届奥斯卡中则获得包括最佳影片、最佳导演、最佳改编剧本等在内的七项金像奖，可是当届奥斯卡的四项表演奖这两部热门影片均未获得，而是被《钢琴课》、《费城》和《亡命天涯》三部影片夺得；《金色池塘》在第54届奥斯卡获最佳男主角和最佳女主角等奖项，但最佳影片是《火的战车》……当然，类似梅丽尔·斯特里普凭《铁娘子》和海伦·米伦凭《女王》分别获得第84届和79届奥斯卡最佳女主角，以及《无间道风云》(《无间行者》) 和《指环王3》(《魔戒3》) 分别获得第79届和76届奥斯卡最佳影片与最佳导演奖这种众望所归下的获奖在奥斯卡颁奖史上也存在，但是从某种意义上说，结果的出人意料往往正是公正的体现。

《莎翁情史》当年能击败《拯救大兵瑞恩》获得奥斯卡金像奖最佳影片，在很多人看来是非常离谱的，但这也恰恰说明不同视角电影评论的大相径庭其实是正常的，这并不能确切反映一部电影的真正质量。

《火的战车》在当年奥斯卡金像奖评选中战胜不少热门影片获得最佳电影，现在看来的确是准确的选择。该片立足真人真事的主题立意与诠释，表现了人类内心深处不屈的理想、信念和勇气，其丰富的内涵感染了一代又一代观众，甚至在2012年于英国伦敦举行的奥运会开幕式上，该片情节片段还被巧妙移植，幽默地展现在全球观众面前，获得极佳效果，这是该片持久艺术影响力的一个侧面反映。

传统优课评比对参赛教师设置一、二、三等奖的等级，有时夸张到在一等奖里再分一、二、三名，表面上看似乎是在表彰优秀课，实际上只是在片面评选“优秀授课教师”，全然忽视了学生的学习层次与状态在教学比赛中的重要性。学生成了衬托成功教师的绿叶，甚至是教师登上领奖台的执教工具和道具。同时，传统优课评比机制也忽视了作为渗透教师执教风格与理念的课案设计对课堂教学所起的隐性作用。因此，等级分割式优课评比模糊了组成课堂教学各要素之间的密切联系，弱化了整体课堂与人文课堂的内涵，反而变相鼓励和造就了不少功利型教师与表演型课堂，这显然背离了优课评比的初衷。

内涵要素细化式优课评比机制，在视课堂教学为有机统一体的前提下，将教师的执教风格与理念、专业素质与能力、创意构想与亮点，和学生的学习能力与水平、参与程度与效果，以及师生互动的和谐与课堂效益的真实，共同置于一个综合评价格局中，既关注课堂教学效果的整体成功，更注重课堂教学各构成要素的闪亮光彩。这样能通过尊重教师、尊重学生和尊重创造的思想体现，彰显教学比赛的人性化特征，这样的人文性优课评比机制，才能使人们对教学比赛结果心服口服，而这才是真正的权威。

内涵要素细化的优课评比分项独立奖项设置，并不代表教师参加教学比赛就只能获得一项奖，事实上各个奖项之间是可以兼得的，一切在于教师据以参赛的那节课的内在各环节要素的实际表现，而这正是通过优课评比挖掘和辐射课堂教学蕴涵的基本体现，其道理同电影评奖是相似的。比如，一部电影如果获得“最佳影片”，也就基本上认同了其导演的高水平，因而往往同时能获得“最佳导演”，像《艺术家》、《拆弹部队》、《贫民窟的百万富翁》、《老无所依》、《勇敢的心》、《英国病人》、《走出非洲》等都曾同时获得奥斯卡最佳影片和最佳导演，而像《国王的演讲》、《雨人》、《甘地传》、《桂河大桥》等影片除上述两奖外，还同时获得最佳男主角和最佳原创剧本。当然也有例外，像《莎翁情史》和《拯救大兵瑞恩》、《为戴茜小姐开车》和《生于七月四日》、《火的战车》和《赤色分子》、《教父》和《酒店》、《炎热的夜晚》和《毕业生》等在奥斯卡上均分别获得最佳影片和最佳导演，却都不是同一部电影。

又如，一部电影获艺术类奖项，不等于其技术就粗糙，一部电影获技术类奖项，不代表其就缺乏深度。像《末代皇帝》、《莫扎特》、《巴顿将军》、《阿甘正传》、《与狼共舞》等既获最佳影片和最佳导演奖，又得过最佳摄影或最佳录音或最佳剪辑或最佳视觉效果等技术奖。当然，也有两类奖完全泾渭分明的电影，像《国王的演讲》、《老无所依》、《沉默的羔羊》、《雨人》、《母女情深》、《普通人》等影片的成就全在艺术类奖项上，在技术类上一奖未得；而《盗梦空间》、《谍影重重3》、《生死时速》、《未来战士续集》、《谁陷害了兔子罗杰》、《夺宝奇兵》等奥斯卡获奖片的成功尽在技术类奖项上，而在艺术类奖项上则一无所获。

由此看来，在教学比赛中，某位教师借助特定的课堂教学可能会在不同视域获得部分认同，也可能兼而有之，获得多项认同。比如，某位教师在现代教育技术的运用上水平很高，围绕教学主题制作的多媒体课件条理清晰、内容丰富、活泼生动，胜过其他参赛教师，获得“最佳课件制作”，但在课堂教学其他方面的确乏善可陈；另一位教师课件制作简陋甚或根本没用课件，但能极富创造性地应用多种教学策略，切合学生实际，并灵活自如地调动起课堂气氛和学生学习状态，其专业教学素养得以很好呈现，因此获得“最佳执教”，也可能同时获得“最佳学生学习”或“最佳课堂”。

又如，某位教师的执教水准看上去中规中矩，课堂效果似乎也是平淡无奇，但发现其原始课案设计实际上颇有创意，思路方向、环节衔接、活动设置、方法选择等综合编创水平确实优于其他参赛教师，是可能获得“最佳课案”的；另一位教师的课案设计很一般，但在付诸实施时较好地处理了预设与生成的关系，在灵活变化中引发了学生的积极配合，反而取得超出原始课案设计的极佳效果，这是有可能获“最佳学生学习”甚至“最佳执教”或“最佳课堂”的。

当然，也可能某位教师在课堂教学的各个环节都表现出众，包括自身专业技能和教学理念、现代教育技术应用以及在自己引导下学生的状态等，他由此就可能连获“最佳执教”、“最佳课堂”、“最佳课案”、“最佳课件制作”，但即便如此，这也不是传统的优课评比一等奖或第一名的奖项分解。等级分割式评比让人们看到的只是参赛教师在奖次数字下的重新排序，而内涵要素多维度评比机制则让人们清楚地知晓，参赛教师在课堂教学各环节中的优势或问题所在。更何况，任何教师不会直接获得所有奖项，因为“最佳学生学习”是用以表彰参赛课堂教学过程中的学生出色表现的，即使学生的良好学习状态也许有教师很大的引领功劳，但那已经通过“最佳执教”对教师予以间接肯定了。所以，这样的奖项设置与表彰，实际上体现了对课堂教学的立体化解读，是立足于教师与学生相互尊重和促进基础上的人性化的公平的优课评比。

传统的教学比赛往往由主办方或评委定课题、定时间、定班级，这样做经常是依托“同题异课”方式将参赛教师置于几乎相同的环境中评选，虽然是强调公平，但反而显得枯燥并且缺乏灵活性。为什么不能由教师自己定课题呢？奥斯卡金像奖的评比程序给出了值得借鉴的启示。凡上一年一月一日至十二月三十一日在美国上映的影片均可参加评选，评选经过两轮投票，第一轮是提名投票，由美国电影艺术与科学学院下属各部门——包括演员协会、导演协会、摄影协会、编剧协会、电影剪辑协会、录音协会、美术师协会、电影执行人员协会、音乐协会等，负责提名相关领域的优秀影片各5部，获得提名的影片在学院本部轮流放映，学院所有会员观看后再进行第二轮投票，最后以得票多少决定影片的获奖。获奖名单高度保密，各项获奖名单分别装入各个密封信袋，直到颁奖当日当刻才当众拆封宣布。

教学比赛可以在相对较短的时限（比如一两周）、在相对固定的地点（比如一所学校）集中进行，其实也完全可以在相对较长的时限内、在各参赛教师所在的多所学校内分散进行。教育主管部门或教研机构作为主办方，不一定要采用课题统一的硬性规定，可以通过参赛者自选课题申报执教的开放形式。分散进行的教学比赛可采取两轮评选法。任何教师在当前学期内都可以凭借自己确定的某一课报名参赛，先由所在学校负责首轮提名评选，每个学校评委组应由教导处、教科室、教研组、信息技术学科等相关人员和分管教学校长等构成，由他们评出能代表学校各相关学科水准的各一节分项“提名课”。

各校获得五个分项奖项提名的各科课堂教学，可以按照一个合理的顺序，依次在各校展示，按适当比例由各校推派的包括教导、教科、教研组等部门在内的相关人员组成第二轮评审团，对所有提名参赛课依照分项提名类别进行评选，决定各科课堂教学在五个奖项上的最终获奖结果。可以在学期结束前举行颁奖表彰活动，在所有参赛者、评委、各单位与会代表等面前揭晓宣布，将贯穿大半个学期的教学比赛活动推向高潮。

这样一种优课评审规则已经不仅仅是简单的教学比赛结果评定了，更是校际乃至区域教学交流和研讨活动的拓展延伸。参赛教师都是自己选定执教课题，用自己日常承担教学任务的班级学生，在自己所在学校，并且基本也是按照自己正常教学进度设定那节赛课的展示时间，这体现了优课评比的人性化和对教育规律的尊重。不然，为什么要跨校借班上课？为什么要打乱赛课承办学校的正常教学秩序？为什么不能由教师面对自己熟悉的学生执教？事实上，这样的顾虑是不必要的。即使有教师选择相对容易或相对较难的执教课题，或者教师与自己执教的学生配合默契程度高，这都不会阻碍评比的公正性，因为从任何载体中真正反映出教师的风格理念和学生的学习状态才是根本。

从另一方面说，一味强调全封闭备课、同课题执教、不接触班级等，搞得好像如临大敌似的，也不见得就多么公正，说到底也就是一个最终的按奖次的教师排序。实际上，如前所述，把参赛教师所执教的课，根据课堂教学内涵要素的构成，进行包括五个奖项在内的细化定位，这五个奖项既可单独分解授予又可相互连带获得，体现了课堂教学元素的广泛涵盖性。这种将整体与部分的平衡关系协调得较好的优课评比机制，让教师在知悉自身教学长处和短处的同时，不会由于某个环节的暗淡而掩盖其在另外环节上的光彩，也不会因为具有突出优势就一定能得到整堂课的全面肯定。每个人都有机会被认同，每个人也都有需改进提高之处，这样的评比公正性才值得信服，由这样的优课评比引申的教研活动才有深度。

教学比赛或者说优课评比具有相对于公开课的更大权威性，所以在评选规则、分项指标、操作流程等方面比较严格细致，往往采取的都是全封闭形式，看上去似乎客观公正，不过在一定程度上也有背离教学本质的现象存在。实际上，以开放视域看待优课评比，做到各个环节的开放也未尝不可，这些是值得进一步探讨完善的。

把教学比赛和公开课形式予以有机结合，借助更为开放的时空舞台呈现评比过程，无论在现场教学还是在即时评价层面，都有利于全方位课堂的发展。比如，图中依托媒体与舞台等新颖手段予以同步展演就是一个不错的尝试。

如同电影的发展孕育了奥斯卡奖、恺撒奖或者金鸡、百花奖等电影评奖，而电影评奖又促进了电影的繁荣一样，课堂教学的发展孕育了教学比赛或优课评比，而优课评比又不断推动课堂教学的进步。课堂是展示的舞台，教学是遗憾的艺术，没有十全十美的教学，只有星光闪耀的课堂；对教学效果的整体认同，不代表对教学细节的全面肯定，构成课堂教学的各个环节都可以成为亮点，整体最佳与部分最佳可能一致，也可能不一致。公正合理的教学比赛和人文化优课评比机制，能赋予教师蓬勃的创造力，赋予学生活跃的学习能动性，赋予课堂深厚的人文积淀和文化意义。这样的机制通过赋予教学比赛更深刻的蕴涵，使课堂真正成为师生合作探索、展示自我、启迪人生的广阔舞台，以及推进课程实施的催化剂和重要动力。

8.3 教学流派展示与国际电影节

我们来看这样一则报道：2011 年 5 月 18 日—20 日，李庚南“自学·议论·引导”教学流派发展研究报告会在江苏南通市举行。本次报告会由江苏省教科院和南通市教育局主办、南通市教科研中心和启秀中学承办，教育部、省教育厅、省教科院、南通市人民政府、市教育局等单位的领导和专家，首都师大、华东师大、南京大学、南京师大等高校的博导和教授，来自《中国教育报》、《中国德育》、《江苏教育研究》等专业报刊的资深记者和编辑，全省各市教科研专家，省内名校以及省外李庚南教学流派团队的代表出席了活动，《中国日报》、《光明日报》、《新华日报》、《扬子晚报》、江苏教育电视台等各大媒体也聚焦本次盛会。本次系列活动的内容包括：名师李庚南作回顾其创立和完善“自学·议论·引导”教学法历程的专题报告，李庚南本人和来自南通市及河北、辽宁、安徽等地的 10 位流派团队成员共同向与会者展示“自学·议论·引导”教学流派的特色课堂教学，专家报告会从不同角度对“自学·议论·引导”教学法及其流派的内涵、定位等诸多问题进行深度论述。

这是一次典型的教学流派展示。来自江苏省南通市启秀中学的李庚南老师作为全国著名特级教师，在初中数学教育教学改革领域坚持了 30 多年的实践验证和推广实验，创造了在全国中学数学教学界独树一帜的“自学·议论·引导”教学法的理论和操作体系，李老师的教学风格与模式由此形成和完善，事实上，这也和这些年来该教学流派类似上述展示活动所产生的影响息息相关。教学流派展示提供了教师独具特色教学理念和个性化教学风格在教学同行间亮相和研讨的平台，有利于教师的专业发展和教学流派的成熟壮大，这就如同备受关注的电影节所具有的广泛影响力一样。

电影节是为推动电影业发展、提高电影艺术水准而举办的活动，并由此奖励有价值的、有创造性的优秀影片，促进电影工作者之间的交往合作，并为电影贸易发展提供便捷平台。电影节和电影评奖既有联系又有区别，电影节通常也设立各种奖项对有成就者予以表彰，但它作为一项系列活动，更重要的是起到宣传、交流的作用。国际电影制片人协会根据电影节的性质，将其分为四类：A 类，即竞赛型非专门类电影节，如德国柏林国际电影节、法国戛纳国际电影节、意大利威尼斯国际电影节、日本东京国际电影节、中国上海国际电影节等，此类电影节有评奖，可以没有特定主题；B 类，即竞赛型专门类电影节，此类电影节突出特定主题；C 类，即非竞赛型电影节，此类电影节不设评奖，主要展映入选的各国影片；D 类，此类主要是纪录片和短片电影。

戛纳国际电影节作为著名的国际A类电影节之一，多年来一直是全球电影人的向往之地。事实上，国际电影节提供了各国电影及其制作者展示与沟通的机会和平台。

另外还有一种分类方法，将电影节分为三类：(1) 综合性国际电影节，特点是规模大，时间长，各种类型影片均可参赛或放映，如前面提到的A类国际电影节、纽约国际电影节、伦敦国际电影节等；(2) 专业性国际电影节，特点是规模小，时间短，主要放映某一专业题材影片，如法国昂西国际动画片电影节、西班牙希洪国际儿童片电影节、法国巴黎国际军事电影节、比利时安特卫普幻想片电影节、瑞士日内瓦国际自然影片电影节等；(3) 地区性国际电影节，特点是只放映某一地区或几个地区某些国家出品的影片，如日本、新加坡、泰国、中国香港、中国台湾等地共同创办的亚洲电影节（亚太影展）、法国南特三大洲电影节、巴尔干国际电影节、法语区国际电影节、北欧电影节、地中海电影节等。

尽管性质、规模、主题等有所不同，但国际电影节就是电影、电影人和电影地区的盛会，并且已拓展为以电影展映与交流为枢纽的集世界文化交流、电影经济贸易乃至政治科技合作等为一体的大舞台。教学流派展示实际上可以视作教育教学领域的“电影节”。它旨在通过系列活动展示风格化课堂教学，促进教学思想和主张的交流，推动教师与教师之间、学校与学校之间的交往合作，由此构建起集教学、教研、教科、教改于一体的开放式教育盛会大舞台。

教学流派展示一般具有这样一些普遍性特点：(1) 规模性，即不仅参加人数多，而且覆盖面广，教师、教科研人员、教育理论研究者或专家学者、教育行政管理人员等都有参加，同时还表现为参加者的跨区域性；(2) 高端性，即相对于普通的教学公开课而言突出主题的力度和深度，像流派专题报告、团队课堂展示、专家或主题论坛等内涵丰富的活动；(3) 学术权威性，这并不是说获得展示的流派就一定是教学的主流方向或示范模式，而是基于公正严谨的学术标准，通过给予不同流派表达与推介的机会，去形成教育学术认同或争鸣的局面，以体现教学思想交流的公开平等性氛围；（4）非评奖性，它虽然常以系列公开课形式展现，但不涉及奖项评定，不属于教学比赛，它就是代表教师个人或团队的比较成熟的特色教学模式借助民间意愿和教育行政合力的呈现。

像李庾南“自学·议论·引导”教学流派发展研究报告会，其规模效应、高端引领性和学术权威性，同李庾南老师30多年教学改革历程中提炼并完善的独创性中学数学教学模式体系的地位与作用是相适应的，事实上这样的教学流派展示活动在李庾南老师连续不断的教改进程中已举办过数次，见证了她“自学·议论·引导”教学法至今八个阶段理论与操作体系逐步深化的探索成果，可以称之为教学领域的“专业性国际电影节”。

除此之外，教学流派展示也可以是风格各异的数个颇具影响力的教学模式的共同展示活动，我们可以称其为教学领域的“综合性国际电影节”。比如，2010年10月30日至11月2日，国内基础教育阶段中“尝试教学法、六步教学法、成功教学法”三大教学流派语文数学外语“同课异构”教学教研展示会在浙江宁波万里国际学校进行，来自全国各地中小学校的教育同仁与会；三大教学流派的18位骨干教师同台展示不同的教学方法；教育家魏书生、尝试教学法创始人邱学华、教育专家刘京海等多位名家作专题报告。又如，2012年3月24日至26日，全国三大教学流派中小学语、数、外“同课异构”专场展示活动又移师青岛市经济技术开发区实验初级中学举行；教育家魏书生、天津市教科院基教所王敏勤所长、常州市教科所邱学华老师，分别对六步教学法、和谐教学法、尝试教学法进行透析讲解；来自天津、河北、辽宁、南京、青岛等省市的18位优秀教师，分初中和小学两个学段以及语、数、外三个学科，按照各自流派的教学主张同上一堂课；6名特邀专家在授课教师“说课”、参会代表“议课”、特级教师“评课”的基础上分别进行学科教学专题讲座。

这样的活动虽然都不搞什么评奖赛课，但不同流派教学思想的交流碰撞，却带来胜似赛课的精彩纷呈的课堂教学，并且从中伸展的互动评议、专家讲座、流派解析等深层活动，更令与会人员大开眼界、启迪心智，教学流派展示的高端前瞻与学术权威性由此得到淋漓尽致的体现，从而滋养润泽着教育教学的繁荣。这就如同国际电影节为电影的交流展示发挥的中介平台作用一样，既有类似综合性国际电影节那样的各种教学流派的大规模集中展示，又有类似专业性国际电影节那样的特定主题教学流派的单独特色化展示。

教学流派展示就好比国际电影节，无论是哪一种类型，都能从不同视角造就光彩夺目的课堂教学和影响力广泛深远的教师或其团队。就像英格玛·伯格曼、米开朗基罗·安东尼奥尼、罗曼·波兰斯基、让-吕克·戈达尔、弗朗索瓦·特吕弗、萨蒂亚吉特·雷伊、罗伯特·阿尔特曼乃至李安、张艺谋等一大批著名导演，都曾以他们的影片在柏林电影节上获得巨大国际性成功，或当初曾被电影节“发现”一样，许多教学名师也在教学流派展示活动中，以他们的课堂教学和流派风格获得广泛认同或荣誉。而以这些名师的教学风格或其团队所代表的教学模式为主要内容的教学流派展示之所以能举办，也就反映了教育界的官方与民间在教学流派影响力上的态度平衡。

人们从教学流派展示中除了感受、汲取一些名师的先进教学理念和独特风格外，往往还能通过系列活动获得更多潜在的有益教育教学的成效。比如，众多教师通过这样较大规模的教研活动相识、相知，在沟通交流中实实在在地了解不同学校的教学状况和不同学生的学习状况，这种一线教师之间利用活动平台进行的真实互动是有利于教师的校际友谊与合作的，也就是一种轻松随意的非正式教研话题中的心路敞开与交会。又如，活动承办学校整体风采和特色的展示，流派团队成员的专业成长，不同流派教学理念的碰撞，区域之间教科研管理机制的交流与借鉴，教师日常教学行为习惯的反思，教学视界的扩展，等等。这些实际上相当于电影节效应在教学领域的类同迁移，并还可以借助教学“电影节”的丰富功用，进一步推动教学流派展示的繁荣与发展。

就像我们熟知的戛纳国际电影节，它在短短两周之内组织开展“正式竞赛”、“导演双周”、“一种注目”、“影评人周”、“法国电影新貌”、“会外市场展”六个活动项目。“正式竞赛”单元由颇具声望的各国电影文化界人士组成评审委员会，非竞赛部分主要是提拔新人，并让杰出的非商业影片有机会公开放映，其中的“导演双周”和“一种注目”单元已发掘了不少有潜力或已成功的导演。华语影片在戛纳国际电影节上的多次成功经历，从另一个侧面证明了国际电影节在表彰、鼓励、关注世界范围内优秀影片和影人上的平等尊重态度和开放胸怀。

例如，李翰祥导演的《杨贵妃》在1962年成为第一部在戛纳获奖的华语电影，胡金铨在1975年以《侠女》获戛纳最高综合技术奖，将中国武侠电影推向世界，陈凯歌的《霸王别姬》和侯孝贤的《戏梦人生》分获1993年戛纳金棕榈大奖和评委会大奖，葛优、梁朝伟分别在1994年、2000年获得戛纳影帝，王家卫在1997年成为首获戛纳最佳导演奖的华人导演，并于2006年成为第一个担任戛纳评委会主席的中国人，以及于2007年以《蓝莓之夜》使戛纳首次以华人导演的电影作为开幕影片，伍仕贤的电影短片《车四十四》在2002年成为首部入选戛纳电影节“导演双周”单元的华语短片，同年廖琴以《哭泣女人》获“一种注目”单元特别提名奖，等等。

上海国际电影节依托电影产业全球化和中国电影产业快速发展趋势，业已成为每年都有数百名海内外明星、1000多名记者、1万多名业界人士和30万观众共同参与的国际性电影盛会，其主要活动有“国际电影评奖”、“国际影视节目市场”、“金爵国际电影论坛”（包括“主席讲坛”、“产业论坛”、“电影圆桌”和“电影大师班”板块）、“国际电影展映”四大主题单元。上海国际电影节在呈现电影多元艺术特色的同时培育电影新人，体现一流电影节应有的国际视野，搭建专业化产业平台和中外电影合作桥梁，由此不断提升着业界号召力和国际影响力。另外，像著名的美国圣丹斯国际电影节是专为没有名气的电影人和影片设立的独立制片电影节，它每年收到超过9000部参赛作品，从中选出200部进行展映，入围的大部分影片是独立电影的代表，具有强烈的批判意识和人文关怀特质，反映现实生活问题，在创作理念和拍摄手法上和商业电影迥然不同。圣丹斯电影节既是独立电影人切磋交流的盛会，又是众多发行公司寻找影片和制片公司寻找新秀的人力资源库。

国际电影节也是向世界宣传推介影片的大好机会，有时候一些电影就选择在电影节上进行首映。比如，中国香港著名导演徐克率领其《七剑》电影团队亮相第62届威尼斯国际电影节红地毯，高调宣传其影片。

由此来看，教学流派展示其实并不应仅是教学名家和专家学者面向广大普通教师的“楷模式”或“指向式”带领，它应在呈现课堂教学理念和风格多元化的同时，着力培养与提携具有潜质的年轻教师，表现出广阔的发展视野和铺展长远的辐射意识，为各个层面的富有理想追求的教师搭建交流合作、表达展示的专业成长平台或桥梁，从而更好地体现规模性、高端性、学术权威性等教学流派展示所内含的特质，更有效地发挥在教育教学领域的影响力及号召力。

要使教学流派展示作为一个整体项目真正发挥出上述效应，可以如国际电影节那样将活动单元板块规划得更细致合理，设计得更具灵动开放性，也就是说能让参加教学流派展示的所有教师在单元活动间自由充分地选择，也能使课堂教学的构成元素有专门展示其效果作用的时空。比如说，设置“课堂教学展示与评析”（包括“名师专场”、“承办学校专场”、“综合观摩专场”等）、“名师风格论坛”、“学术论著交流”、“理论讲坛”、“教师专业成长论坛”、“关注与争鸣”等单元或类似的活动板块，就不单纯是突出名师流派于聚光灯下，而是以其为支点转动起所有参与活动的教师的积极性和交互性，使教学流派展示成为名副其实的教学“电影节”，让活动的每个单元都成为展现丰富教学风格的载体。

“课堂教学展示与评析”单元，提供有意在教学流派展示中向众人表达自身教学风格理念的教师亮相的机会，任何参会教师可在事先提交执教展示意向申请，经主办方或组委会选择数量适当且有代表性的课堂教学，分别归入“名师专场”、“承办学校专场”和“综合观摩专场”，以分别向与会者展示名师的教学理念、承办学校的特色教学模式和来自其他学校或单位的教师独特的教学风格。三个专场的课堂教学展示之后，都可采用现场参会者和执教者互动以及专家点评的方式相结合，这会让该单元的活动更加深入人心，并体现出教学流派地位的平等性。

“名师风格论坛”单元，秉承“名师的思想，共同的价值”的宗旨，为教育教学改革与探索之路提供高端专业引领服务，是教学流派展示中最具特色与影响力的业界话语交流平台。在这个论坛上，名师通过专题报告等集中讲座方式，向人们系统全面地阐述其特色化教学模式的理论架构和操作体系，并与参会者就该教学流派的实际意义或价值展开平等对话，其中可能既有一线教师的请教、教科研专业人士的提问，又有媒体的采访，甚或理论界的质询，而这正是这一单元活动的积极效应所在，成为教学中业内交流和改革发展的风向标。

“学术论著交流”单元，提供参会教师公开呈现自己教科研成果的机会，可以分设“个人专著首发”、“学术论文宣读”、“课题研究成果展示”等板块或专场。人人都有权申报提请大会交流，主办者则需精益求精，作出高质量选择，推出具有前瞻性、创造性、实践性的学术论著成果，以期发挥教学新理念对业界发展的推动作用。这一单元活动旨在鼓励教师将教学实践与著书立说有机统一在夯实教育科研意识的基础上，营造教学与科研交融共进的和谐教育氛围。

“理论讲坛”单元，旨在为系列活动提升理论高度，并为教师的专业发展之路注入理论养分，往往可以邀请一些教科研机构和高等院校的专职科研人员、教授、理论研究专家等为参会教师作教育理论讲座，但不能是传统的那种“台上报告，台下记录”的形式，要避免为汲取理论而设讲座却和实践脱节的旧有局面。主办方应始终视“理论讲坛”为教学流派展示的内在组成部分，以活动中展示的流派风格为基准设定“理论讲坛”的主题，把教学流派的实践操作同理论要义的拓展提升紧密结合起来，为参会教师在教学流派观摩的感性体验之后，自然而然地植入理性升华的种子，同时提供教师和专家交流沟通的渠道。

“教师专业成长论坛”单元，为更多一线教师提供展示自我，并被业界了解、推介、认同的机会。比如，在“承办学校专场”和“综合观摩专场”被选择推荐展示课堂教学的教师，可以由主办方邀请向所有参会者讲述自己专业成长历程中的收获、反思、目标、理念，这样将两个单元的活动衔接起来，增强了活动的交互性和主题性。当然，也可以给予一些未在活动中执教但已在现阶段发展过程中呈明显上升势头的青年教师登台亮相和表达主张的机会。这一论坛单元旨在在大胆推出新人的基础上，扩大学校和区域之间的教师交流，共同分享成功经验，共同应对问题困惑，为教育理想的实现提供合作平台。

“关注与争鸣”单元，表达出主办方对待各种教学流派和主张的宽容、平等、尊重、民主的态度，无论某种教学理念同主流教学观是格格不入的，反其道而行之的，过于前卫或不可思议的，还是敢于向名师教学流派公开叫板的，提出尖锐质疑的；也无论某种教学主张的提出或实践者是声望卓著的教师，还是看上去资历尚浅的教师，只要某种教学观从某一层面有助于教学发展，就理应受到关注，而不应被压制。这就如同前面提到的圣丹斯电影节，旨在鼓励不被商业和政治因素所局限的独立电影创作，展现与好莱坞截然不同的意趣一样，或者如同戛纳国际电影节上的“一种注目”单元对创新作品和影人的关注一样。这一单元通过对教学理念或主张多元性和非常规性的关注，在业界不同视域的争鸣中体现出对课堂教学的不同追求，也为教学业界的发展进步营造热烈的氛围。

有时候，国际电影节专门提供小众电影或电影新人展示的舞台。比如，美国圣丹斯国际电影节就是鼓励独立电影制作并表现自我的著名电影节。

“项目合作与交流”单元，就如同很多国际电影节常有的电影交易市场一样，一般在大会活动之外提供学校与学校之间、校际教研组与教研组之间甚或区域与区域之间，诸如洽谈教育科研课题合作、联合组织大型教研活动、校本课程合作开发、教学业务互动对接等重要项目运作事宜的服务平台，显然这对教学业界的繁荣大有益处，尤其在目前不同地区、学校之间存在教育管理机制差异的情况下，更能有利于课堂教学作为共同目标实现跨区域性的快速而高效的发展。

教学流派展示与国际电影节，这看上去不搭界的两个领域的活动，却有着异曲同工之妙，或者说有着奇妙的交集。当然，我们用了“教学流派展示”这样一个概念或表述词来归纳，是涵盖了类似教学业界“电影节”的种种迁移性特质的结果，像当前不少名师及其团队的流派展示活动就是直接使用了该名称，例如前面提到的“全国中小学三大教学流派教研展示会”和“李庾南‘自学·议论·引导’教学流派发展研究报告会”等，不过也有一些名师的流派展示活动不一定直接沿用该名称，但却符合其内在特征。

所以，我们用“教学流派展示”来凸显教育教学领域事实上存在的“国际电影节”式的极具影响力和深远意义的大型教研活动。它不同于其他“主题菜单式”的泛化教研活动，如同国际电影节星光璀璨般的影人和影片盛会一样，教学流派展示就是各具特色的课堂教学及其所代表的丰富多彩的教学风格理念，在打破地区界限下的权威性集中展现，它显然就是教育界令众人瞩目的“国际电影节”。

儿童教育家李吉林老师的“情境教育”理论与实践已经超越国界，成为国际教育界所推崇的教育思想和理念。像李吉林“情境教育”国际论坛这样的活动，其实相当于教育界的“国际电影节”，为情境教育的发扬光大提供了推广与交流的舞台。

李庚南老师“自学·议论·引导”教学流派，通过类似于“国际电影节”的系列活动的推介宣传，不断取得长足的发展和进步。

打造更多更好的“教学流派展示”，对整个教育教学改革进程是积极有益的，其必要性不仅在于推动课堂教学的繁荣进步，更在于构建源源不断的梯队式教学人才资源库，并彰显特色化教学流派所推展的面向未来的先进教学理念源泉。教学流派展示成为教育人乃至业界内外人士“电影节”般的盛会的确实至名归。

教师的个性化教学理念不一定都能发展为教学流派，但是也可以在专题式活动中向教学同行展示与诠释，在相互切磋中推动教学思维的“百花齐放、百家争鸣”，这对教师专业成长和课堂教学进步的意义都是举足轻重的。

教师个性化的教学风格展示不单是课堂教学的观摩，更在于各方参与者围绕该风格理念展开的主题研讨，这种反思性的对话有利于教学风格理念在内涵拓展上的推广。

8.4 教学评价与电影评论

电影理论家玛雅·戴伦说："电影媒体可表现的范围极广：如同平面艺术，它是将视觉组合投射在二维空间的平面上；如同舞蹈，它以各种肢体动作来表现；如同剧场，它制造事件的戏剧张力；如同音乐，它依节奏及时间来组构，并可伴以歌曲与乐器；如同诗词，它将影像普列排比；如同文学，它在其声轨上可包含语言独有的抽象性。"这告诉我们，对电影的分析评论是很复杂困难的。每个人看完一部电影后自有其主观态度，电影评论的视角和结果在不同人眼里经常是不一样的。就像前面提过的《公民凯恩》，在其上映那年（1941 年）得到的以恶评居多，但却也被《纽约时报》称为"最伟大的电影之一"，它赢得纽约影评人最佳影片大奖，却在奥斯卡上惨淡收场，而此后数十年它一直是专业影评人的最爱，但却不见得被观众厚爱，它在普通观众眼里获得的影评不佳。

《公民凯恩》长久以来一直是电影评论家的最爱，它也位列 20 世纪美国 100 部经典电影排行榜第一名，但其实不一定受普通观众的青睐，这是电影评论所具有的特点。

这就是电影评论的特点：视角与观念的差异，个人好恶的不同，专业性与功利性的冲突等。这也导致了同一部影片在影评人和观众之间、在不同的影评人之间、在不同的观众之间都有可能得到大相径庭的评论结果。这里所涉及的电影评论并非是指电影评奖，主要就是针对人们观看一部电影后的影评。同理，此处我们所讨论的教学评价也是如此，它不牵涉到教学比赛或优课评比的结果评判，而只是教师或其他观课人在各种教研活动中对特定课堂教学所作的观后评课，也就是并非只是专家评委，而是任何观课者不分资历都可进行的教学评价。

教学评价如同电影评论一样，常常也会出现不同人眼里的不同结果。就像在众口难调的不同观众看来，《泰坦尼克号》、《星球大战》既是最优秀的电影，又是最幼稚的电影，抑或如《莎翁情史》击败《拯救大兵瑞恩》获评奥斯卡最佳影片，有人认为是准确的，而有人则认为荒唐离谱一样，同一堂课在不同的观课人来看可能是精彩的，也可能是平庸的，或者说对两位教师的课堂教学进行观课评价，在有些人眼里是前者获佳评、后者获差评，但在另一些人眼里却恰恰相反，等等，不一而足。对同一节课教学评价的不同结果，一般在于观课者自身观念、视角的差异，专业心态、情绪品质的不同，主观与客观要素的非一致性等原因所导致。另外，同一堂课教学评价结果迥异的现象，在专家与普通教师之间、专家与专家之间、以及教师与教师之间都可能发生。

那到底有没有，或者应不应该有专门针对教学评价的相对统一或普遍适用的标准呢？如果本着“教学有规律，但教学无定法”的原则来看，似乎不应定下整齐划一的评课指标。不过现实是，当教师拿着观课记录本或评课记录表参与教研活动中的观摩课时，总会按照大部分人所采用的或所谓主流的评课套路，去对所观摩的课进行教学评价，而在某些大型教研活动中，组织者还回收这些教学评价记录表或进行集中评课活动。事实上，无论是写在评课表上的还是评课发言中所说的，往往思路、格式甚或用语都大同小异。尤其在教学比赛或优课评比中，教学评价细致到必须按事先定下的分类环节部分逐项打分，而不在分项打分表上预设的内容，即使课堂上有所体现也无从评价。

从另一方面看，如果开课教师对普遍使用的主流评课指标也熟记于心，都忠实地参照各项指标实施，那么大多数课堂教学可能给人一种“同一模子浇铸出来”的感觉。虽然开课教师这么做也没什么错，但为了获取好的教学评价而跟着评课指标亦步亦趋的功利心态，毕竟不利于立足更广阔视域去创新教学实践的目标追求。因为课堂教学的原点是学生，回归学生成长本原的课堂教学是教学评价的真正源泉，所以，教学评价能切中内核、使人豁然开朗的出发点和落脚点必须是学生在课堂上的学习。

基于这样的认识，我们来看看实际存在的教学评价的主流标准有哪些呢？虽然不可能列举、穷尽各地各校的评课标准，但类似于这样一些指标内容是常见的：(1) 教学设计：能依据课程标准和教材要求确定教学目标，能把握学生学习水平，教学策略和活动能关注学生发展，能体现严密的计划性和组织性，能有所创新；(2) 教学过程：能把握好教材，突出重点和难点，教学内容和信息提供准确无误，教学方法灵活多样，注意培养学生探究兴趣和学习生成能力，能通过提问技巧促进学生的理解和反思能力的发展，师生、生生之间课堂合作融洽，能形成民主、平等、积极的课堂氛围；（3）教学效果：教学容量合理，内容适合并有助于学生的发展，教学方式运用行之有效，能运用课堂教学管理策略提高教学质量，达成率高；（4）教师素质：能体现现代教学思想与教学行为的有机统一，有深厚的教学素养和灵活的教学机智，能体现一定的教学个性与风格……

看上去这样的教学评价显得挺全面，划分也挺细致，而且上述种种指标内容都往往还有各自分值和所占权重，似乎每堂课按照这样的标准去评价就很准确了，同时评价人好像也无须费多大周折，根据评价表内容与教师的实际教学逐项比对打分就行了，操作起来简便易行。果真如此吗？表面上教学评价的各项指标内容明确了观课的目的要求，实际上从中反映出的是教学理念的本质外现。所以，我们需要从教学和评价双重角度反思深层次的教学观、学习观、课程观等方面可能存在的问题现象。

我们从普遍流行的教学评价指标内容里，至少发现这样几个需要重视并解决的问题。首先是过于看重教师的“教”，而弱化学生的“学”，基本上是以教师角度去观察和评价教学，着重于教师本身的各种教学行为，强调“教”主导“学”，侧重教与学双方任务的实现，以及学习内容和要求的整齐一致。其次，过于突出知识的掌握和理论的强化，掩藏个性，弱化在体验中对问题的解决能力。再次，过于重视结果，一味要求规范化，但又太过笼统和概括，显得抽象、模糊，如强调“提问技巧能促进学生学习能力发展”或者“能培养学生探究兴趣”等，但对如何运用提问技巧发展学习能力，或怎样具体培养学生的探究兴趣和能力等，则缺乏明细说明，显得导向性不强，这并不利于实际操作，尤其不适合青年教师通过评课提升自己。

另外一个细节问题其实也是有必要关注的，那就是很多教师习惯于称观摩课堂教学为“听课”，我们觉得称“观课”无论从表现形态上还是从内涵理念上，都更符合教学评价对观摩和执教双方以及课堂教学全方位元素的要求。听课，从教师的潜意识里是着重于“听听教师的课讲得怎么样”，或者顺便“听听学生的发言说得怎么样”，即使全程身处课堂，可能对教学现场的把握仍显片面，或者说教师虽然也会注意到师生的一些课堂行为，但其评价指向仍以知识掌握性和结果终结性为目标。观课，则在教师的潜意识里始终提醒着要尽可能全面把握课堂动态，在观察中倾听，在倾听中观察，或者说，通过观察教师教学言行、观测学生学习行为、观看课堂实际效果，获得课堂教学的整体观感。因此，听课往往在视域面上局限于教师角度，观课则更能从学生视角出发得到比较全面准确的教学评价。这就如同从导演角度去评价一部电影虽然会很专业，但却和服务观众的目的有所脱节，而从观众视角去评价一部电影，则更能体现电影的本质和成效一样。

电影评论不仅仅是对某部影片的价值评判，它实际上还是电影制作不断发展进步的助推剂。从专业电影人士的视域去评价一部影片，往往能看到普通观众不易察觉的方面，对细节、技艺、效果的评析常能精辟独到。比如；有人对贝纳尔多·贝尔托鲁齐在《末代皇帝》中、大卫·里恩在《阿拉伯的劳伦斯》中、斯蒂文·斯皮尔伯格在《拯救大兵瑞恩》中的卓越导演艺术赞赏不已；有人对海伦·米伦在《女王》中、安东尼·霍普金斯在《沉默的羔羊》中、费雯·丽在《乱世佳人》中、劳伦斯·奥利弗在《王子复仇记》中、达斯汀·霍夫曼在《雨人》中的精彩表演赞不绝口；有人对《埃及艳后》、《伊丽莎白》、《纯真年代》、《玛戈王后》、《红磨坊》等片中精美绝伦的布景和服装设计欣赏有加；有人对《钢琴课》、《肖申克的救赎》、《哭泣的游戏》、《教父》、《唐人街》、《人鬼情未了》、《霸王别姬》等片中精巧的剧本布局和厚实的情节编排钦佩不已；有人对《指环王》、《星战前传》、《终结者》、《阿凡达》、《黑客帝国》、《独立日》、《2012》、《后天》等片中的非凡特效运用惊叹不已；有人对《辛德勒的名单》、《英国病人》、《英雄》、《花样年华》等片里色彩、光影、构图、角度、运动等摄影技巧津津乐道；有人对《辣手神探》、《赎罪》、《夺魂索》、《蛇眼》、《人类之子》、《400击》、《战争之王》、《大事件》等片中的长镜头技巧，或者对《泰坦尼克号》中船撞冰山后一系列快速凌厉的镜头剪切带给观众的紧张惊悚感、对《刺杀肯尼迪》中令人喘不过气来的镜头组接造成人们历史错觉感等等镜头剪辑技巧极尽溢美之词。

如果是针对同一部影片，专业影评人一般会将上述多种视角综合起来，也就是按照构成电影的各项环节要素进行评价。就像那部里程碑式的作品《公民凯恩》，倒叙引领故事的悬疑和戏剧性，主题复杂、有如拼图般结构紧凑的剧本，演员阵容出色而具说服力的表演以及整体魅力，音效和视效的平行、对白的跳接与重叠以及精细的配乐，深焦摄影配合广角镜头、远景与特写的交错、低调与高调灯光的对比以及构图设计的大胆，灵活大气的场面调度，摄影机的动感或静止同剧情的配合带来的重要象征意义，风格各异并且精雕细琢的剪辑，等等。类似这些细致具体的分析，对提升电影评论的可操作度和清晰度大有裨益。电影是一门复杂艺术，它综合了多种表意系统，导演尽管是拍电影的统领者，但不一定精通其中每个系统、每场戏的表意，每个镜头轻重大小的处理会带来变化万千的结果。所以，将分门细论的表意系统予以综合分析，而不是简单笼统地进行分值式终结性判定，对电影评论而言非常必要，同时还能将由于影评人个人好恶而导致的评价误差降低，由此增强电影评论的客观性。

专业影评人在进行电影评论时，应该始终以观众视角为基准，这并不是说上述各种电影表意系统的专业化评析不重要，而是强调无论何种专业化影评，都应使导演、编剧、表演、场面调度、摄影、布景、视效、音效、剪辑等元素上的表现技巧与效果回归观众的出发点和落脚点。也就是说，电影是为观众而拍，不是为专业影评人特意拍摄，客观公正的影评就要设身处地站在观众角度，展开各项电影表意系统的实际效果评价。

教学评价当然也是如此，无论谁坐在课堂上观课，其教学评价的出发点和落脚点必须是学生。我们可以把课案设计、教学主张、课堂符号、教学风格与气质、学习理念与基调、课堂教学模式、教学方法与技术、教学流程与实际调度、课堂素材运用、师生互动氛围、课堂效率等环节要素，视作细化的课堂表意系统。这些元素内容归根到底应站在学生立场上去衡量其表意效果，而不是处处以教师的教为支点，去做出多么深刻的专业性解剖，否则教学评价会给人们这样的感觉，即观课教师或教研专家等围绕执教教师的观摩课展开的“孤芳自赏”般的“学术联谊会”，或者说是看上去气氛热烈而却抛开学生主体的单方面评论会。

这样的现象是普遍的，绝大部分参会者并不觉得有什么不好，执教者和评课者往往还都视其为专业成长必由之路。问题是，教学评价作为教师专业成长推动力虽然作用积极，但如果评价指标和学生相脱节，则教学、教师和学生的发展均会受影响。我们需要对教学评价作出以学生为出发点和落脚点的思路体系调整，事实上，当课堂表意系统的细化元素始终以学生视域为基准形成观课导向时，教学评价才能真正发挥其在教师专业成长、学生生命成长和课堂教学发展上的助推剂作用。

在设计教学评价指标内容时，首先就必须确立以学生与学生的学习为核心的观念，要能真实反映学生在学习过程中的参与度和自主性，不刻意去强调教师必须使用什么教学策略方法，或者个人教学技能和专业素质必须达到何种水准，而是立足学生角度去观课，突出学生学习方式和能力的培养，以及学习成就感的表现。通过这种观课重心的转向，我们会发现教学评价的路径变得明晰许多，就是依托对学生和学习的关注，去间接评析教师的课堂教学行为。

教学评价的着眼点其次应在于对学生能力培养的关注。观课时就该有大局观，不过于细究知识学习的程序和规范性，或者拘泥于某个题目讲得清楚与否等问题，而是在整体上和过程中关注学生在教学活动中解决问题、体验实践、创新思维等方面的表现，以及在课堂学习大环境中学生的主体学习和合作能力的状态。并非只是按部就班地观察教师怎样去培养学习能力，而同样应“反其道而行之”，通过观察学生是否有过小组讨论、自主知识梳理、质疑或提问、生活角色体验、学习内容操练等课堂行为或者在这些方面的表现状况，去间接但却是真实地评价教师在培养学生能力方面的教学策略、学习刺激和课堂调控等要素的运用效果。

教学评价还应在导向性上重视全程跟进和自我反思相结合的综合评价，这就要求指标内容避免抽象和概括，而应具体广泛。比如，评价项目可以覆盖教师在课前、课中、课后能否或怎样灵活地进行教学设计、实施、反思与改进的指标内容，依然是基于学生在课上学到了什么和怎样学到的等方面去评价教师的教学行为。同时评价指标要能清晰细化到让观课评价人容易把握和操作的程度。比如，像前面提到的“提问技巧能促进学生学习能力发展”作为一项指标内容，就应进一步详细分解为类似于这样一些观课要求，即观察教师“提问男生或女生、提问教室前排或后排学生、提问教室一侧或两侧学生、提问班级平均水平之上或平均水平之下学生、提出封闭性问题、提出开放性问题”等多层面提问表现，及其对形成或发展学生学习能力的效用，由此作出的教学评价不仅更精确，而且在帮助教师自我反思和教学技能提升上更显实在。

传统的教学评价常采用分值判定方式，评课人只需按照指标所列各项比较笼统的内容，比对执教者所处的大概档次，从类似“优、良、一般、较差”几个等级中打上相应分数即可，这实际上就不需要评课人另外添加什么项目打分了，而实际上在课堂教学实施过程中，超出预设指标内容的状况是常会出现的，结果却由于评价表中没有而不予判分，这就显得不太公正，而且生硬的数字权重式评判也不利于教师全面准确地掌握和知悉自身的不足或有待改进之处。所以，我们完全可以在教学评价的指标设计中尽量使内容开放拓展，但不设指标的分级权重和各项具体内容的分值，将课堂教学各组成环节元素视作同等重要的评课指标，每项指标的表述语不以定论的语调形式约束评课人的思路，而是多以问句形式引导评课人通过自己的亲自观察和分析判断去填写观课评价表，从而作出开放式教学评价。

比如：学生了解教师对他们的学习要求和期待吗？教师怎样使学生进入学习氛围？教师是否向学生清楚讲明了本课学习内容？教师在课堂上使用了哪些设备和材料？教师从何处获得材料的，都有必要吗？是准备好的吗？你（观课者）会使用那些材料和设备吗？教师是怎样提问的？学生如何发问的？教师是怎样对学生的回答或学习状况进行正面或负面评价的？学生准备或使用学习素材了吗？教师怎样保持学生的注意力？观察教师的肢体语言和课堂行动路线，看看对学生有否影响？教师有没有随时根据学生学习情况运用或调整教学方法？教师是怎样体现教学情趣和幽默感的？教师在必要的时间和地方强调学习内容了吗？学生是否通过公开形式练习所学内容？练习与学习内容直接相关吗？教师对每个学生的练习都监控了吗？教师怎样保证所有学生的成功或进步？对任意一名学生观察两分钟左右时间，看看该学生在课堂上做了些什么？教师使学生理解掌握本课学习内容了吗？学生在课堂上的参与度如何，是显性反应，还是隐性反应？事先索要一份观课班级学生名单，根据课堂观察，尝试把学生分为平均水平之上、平均水平和平均水平之下三组，对每组学生的学习状况给予评判……

我们觉得，如果以类似上述这种设计理念为指向的观课项目去进行教学评价，其可操作性和公正性会强很多。既有直接观察教师教学行为的，又有通过观察学生学习情况去间接评价教师教学能力的；既有对当下知识学习的关注，又有对未来终身发展的关注；既有对整体学习效果的强调，又有对分层教学的重视；既有对教学与学习硬件的考量，又有对课堂软件要素的留心；既有对整个观课内容的评价，又有观课者自身的换位反思，等等。也就是说，这样的开放式和引领性指标虽然是用于观课的目的，但其细致入微、涵盖全面的观课内容本身，就是帮助教师实实在在提升教学技能、实现专业发展的杠杆，教学评价在此同教师、学生以及课堂的发展其实已融为一体。

因此，教学评价不能仅被视为对某堂课的评判，聚集在评课现场的观课者和执教者，当然不应将教学评价定位于一次教研观摩课活动行将结束的标志。事实上，教学评价犹如内蕴丰富的辐射源，其交织外现的教学理念、思想争鸣，在学生层面、教师层面、课堂层面乃至教改层面所形成的各有所指而又兼具灵动性的辐射点，正是带动和促进新一波课堂教学探索与发展之路的支点。

就像任何普通观众和职业影评家都可以进行针对某部电影的评论，并且以丰富多彩的视角和门类细化的观影评析推动电影业的繁荣进步一样，任何观课者，包括普通教师、专家评委、教科研人员、教育管理者等，也都会有内心评价的“自我标尺”或者说基于观念不同的视角差异，但这恰恰是营造教学多样化发展的关注源泉。当然，正如从观众原点出发的影评最贴心一样，以学生及其学习为观课原点而展开的教学评价也是最真心的，这其实体现了教育本源的回归，也正是教学评价的根本归宿。

第九章 从过去到现在：流淌在电影里的教学故事

电影是现实的反映和时代的缩影，中外各国拍摄的很多电影都讲述着令我们感同身受的教学故事。或者震撼感动、或者催人泪下、或者诙谐幽默、或者激情澎湃、或者心酸无奈、或者荡气回肠、或者清新朴实、或者情真意切的影像画面，带给我们直达灵魂深处的充盈与反思。从中我们可能会思索：教师到底是理想主义的道德楷模，还是理性视域的人性回归？学生到底有着怎样的成长悲欢？教学体制究竟是批判现实主义，抑或是教育革命的对象？从过去到现在，现实中的教学故事和电影里的教育情怀交相辉映，见证着一代又一代教师和一批又一批学生在人生成长中的生命年轮，映射着时代、社会、环境变迁下教学体制的发展。

9.1 教师：理想主义的道德楷模，还是理性视域的人性回归

“教师的幸福是其他行业的人所无法体会到的。作为一名普通的教师，也许你永远默默无闻，但还要承担来自各方的压力——难以管教的学生，考试成绩亮红灯，家长和社会的过高期望……然而，只要看着一群心存感念、求知上进的学生，在你引导下茁壮成长，难道不感到幸福，不为之感动吗?”令人尊敬的于漪老师用朴实真挚的语言表达了她心目中教师事业的崇高和永恒。

“我们每个人生命中都有托尼这样富有爱心和智慧的人相伴，他们总在我们最需要时守候左右，畏缩时帮我们加油打气，迷途时拉我们重回正轨，不论我们多难相处，就是拒绝放弃我们。……我和米歇尔的成长背景都不出众，但我们生命中某一时刻遇到了像托尼这样的人，他们帮我们修正方向，这是我们得以身处今天位置的唯一原因。”美国总统奥巴马在授予特殊学校教师托尼·马伦 2009 年美国“全国年度教师”称号时的致词，同样道出了教师以心灵影响学生、以人格塑造学生、以爱心激励学生的优秀品质。

在我们面前经过的还有霍懋征——一个被薄一波称为“一代师表”、被温家宝称为“把爱献给教育的人”、被刘延东称为“教育大家”的杰出教师；还有坚守“童心母爱”教育无怨无悔的斯霞老师；还有以 90 多岁高龄仍奋斗在教学科研一线的周小燕教授，被称为“只有脖子能够动的导师、中国的霍金、材料科学的活地图”的金展鹏院士，被青年教师称为“爱的教科书”的桂贤娣老师，扎根山区教育三四十年、待学生如子女的左相平老师等一批赢得全社会敬重的全国教书育人楷模们……

这一切真情画面感人至深地萦绕在我们的脑海心田，犹如一组组隽永的电影镜头穿越心灵的时空，从过去到现在乃至未来，将人们心目中道德楷模般的教师形象，

以理想主义的靓丽光影激情四溢地呈现于世俗的凡尘，并缔造着一幕幕不朽的传奇。有时我们会觉得这些现实的传奇，仿佛同一部部经典电影中圣洁的教师形象交织在一起，在激荡我们灵魂的同时，也引发我们深沉的思索。

电影常常是生活的映照，生活也常是电影的来源。自电影诞生以来，世界各国制作的描写教师或教育现象的优秀影片丰富多彩，事实上，当太阳底下最光辉的事业成为电影的主题时，电影也似乎涂抹了神圣的色彩。苏联1947年的经典影片《乡村女教师》中，乡村女教师瓦尔瓦拉在从平凡到不平凡的教师生涯中，全身心地付出对教育的忠诚，享受桃李满天下的喜悦和幸福，最终也获得祖国给予她的终身荣誉。《万世师表》（英，1939）将拉丁文教师奇普斯从年轻时认真木讷到晚年慈蔼宽容的50年教学生涯描绘得真实可信，由此一个默默无闻但坚守岗位努力教学的好老师从平凡中见伟大的精神令人感慨不已。《桃李满门》（美，1967）中，白人女教师桑迪·丹尼斯被分派到纽约贫民窟高中任教，在面对种族偏见和校园暴力问题时，以柔性沟通获得学生的信任，建立起深厚的师生感情，她也寻回献身教育的信心。《吾爱吾师》（美，1967）中，由黑人影帝西德尼·波蒂埃饰演的中学教师，面对惹是生非的顽劣学生，施展浑身解数感化他们，终于赢得应有的尊敬。《让爱传出去》（美，2000）中，历史教师尤金通过行动家庭作业，以爱的直销法引领孩子关爱他人与社会的勇气和行动力，把爱传出去，让世界变得更美好。《我的老师》（泰国，2009）描绘了一位用爱和关心拯救七个曾经吸毒的孩子的老师，让他们感到生活的温暖和前途的光明。《师恩难忘》（美，1974）中，一名白人老教师自愿到卡罗莱纳州一个外岛教育黑人儿童，凭借爱心和耐心，与当地学生和家长化敌为友。《24只眼睛》（日，1954）中，我们看到了坚守在一个只有12名学生的小岛学校里的唯一教师大石久子，以及他们之间的师生之情和彼此善爱的心。《心灵捕手》（美，1997）中，我们看到了努力改变一个桀骜不驯而又聪明绝顶的年轻人，并挖掘出其数学天赋的数学教师肖恩·马格瑞。《黑板》（伊朗，2000）中，我们则看到了两位背着黑板行走于战乱和贫瘠之地，去千辛万苦找寻学生的教师，以及他们置生死于度外而胸怀民族教育理想的不屈信念……

苏联电影《乡村女教师》中的瓦尔瓦拉老师说："我要教会你们——思想！"这句经典台词带给我们跨越时代的反思和共鸣。

美国影片《吾爱吾师》中的教师，不放弃任何一个学生，耐心地教育、感化着那些顽劣学生，其精神感动着我们。

伊朗电影《黑板》中背着黑板四处寻找学生的教师，向我们述说着执着民族教育理想的不渝信念。

中国电影里的经典教师形象也不在少数。《凤凰琴》歌颂了乡村教师对教育事业无私奉献的精神，片中余校长和代课教师张英子的悲苦生活以及他们对工作的热爱和对学生的责任感，在令我们动容的同时亦对乡村教师群体充满了敬仰。《我的教师生涯》讲述乡村教师陈玉从20世纪50年代末自海外归国，到大山深处的月亮湾小学教书，走过跨越40多年的坎坷教师生涯的故事。他治学严谨，不被世俗所同化，顶住压力让学生全面接受教育，他对学生有着朴素的感情，千方百计帮助和关爱学生，退休之后甚至还开办青少年活动中心续写教育梦，他身上体现着学高为师、身正为范的崇高品格。《烛光里的微笑》中，女教师王双玲凭借其博大爱心和公正之心感化着她的每一位学生，当她在影片末尾病逝时，实际上观众和学生都在发自内心地为这位平凡而伟大的老师送行。《美丽的大脚》中，女教师张美丽有着一颗善良赤诚的心，她说“我这一辈子啥都不成功，可我就是希望我的孩子将来都是成功的。”这是她平生最大的梦想。《一个都不能少》中的代课老师魏敏芝只是个13岁的女孩，也不懂教学，但她为了高老师临走前交代的一句话“学校里的学生一个都不能少”，能够以她的执着和质朴义无反顾地找寻学生，因为她身上有着“责任”这个教师所应具备的最可贵的精神……

我们一次次被电影感动，我们更一次次被现实震撼。现实与电影的交错融合，向人们传达着主流社会对教师的希冀或者要求：传道，授业，解惑，爱心，奉献，责任，宽容，善良，公正，无私，坚忍，等等。或许电影制作者在拍摄一部教育类影片时，总会找寻某个现实生活中的典范作为创作原型，又或者现实社会中的人们在看待身边的教师时，也会自然而然地联想起某部电影中的教师形象进行类比。

电影《凤凰琴》里的余校长和张英子老师，在艰难困苦中仍然坚守对学生的高度责任感，令我们满怀尊敬。

影片《我的教师生涯》里的陈玉老师，在近半个世纪的教师生涯中无怨无悔地奉献着一切，他身上体现出学高为师、身正为范的品格。

影片《烛光里的微笑》中的王双玲老师，是千千万万平凡而伟大的教师形象的缩影。

于是，伴随着公众理想主义视域的光环效应，以师德品格为核心的教师形象被日益放大或固化，即使时代的变迁如何快速或剧烈。人们总是把教师的形象置于道德楷模般的放大镜焦点去审视，认为无论是学术造诣、专业素养、教学能力，还是师生关系、社会责任、业绩效果，无不以师德品质为根本支撑。所以，想起教师时，主流社会或者说绝大多数人就是希望他们是“瓦尔瓦拉”、“奇普斯”、“尤金”、“张英子”、“陈玉”、“张美丽”，抑或于漪、周小燕、李吉林、霍懋征……而当不符合这些道德标准或者表现“另类”的教师出现时，很多人往往感到难以理解，甚至会以不屑一顾的态度予以批判。

事实上，我们的确也在不少经典教育类电影中看到了一些“另类”教师，而且现实生活中不乏与其类似者。电影《生命因你而动听》（美，1996）中，霍兰先生一开始并不热爱教育事业，他的毕生理想是创作出能流芳百世的交响乐，成为杰出作曲家，但他为了生计，也为了赚钱完成他的事业，无可奈何地当了一名高中音乐教师。刚开始教学工作的他感到厌倦和失败，找不到自己的方向。校长的一番话令他警醒并改变：“教师有两项工作要做，给青少年传授知识，更重要的是给他们指引方向，以免学到的知识被浪费掉。我不知道你在传授知识方面做得怎样，但霍兰先生，在指引方向这一点上你很差劲。”从此，他用心灵、爱、信任和个性让先前枯燥和抽象的音符充满活力，让学生在自由的时光里获得信念、勇气和成功。他还顶着校方压力，把摇滚乐元素注入严肃正经的音乐，激发起学生的学习兴趣。面对萎靡而屡遭失败的学生，他的方法是不作期望和要求，只是去引领。同时，他也曾有过放弃某些所谓“差生”的念头；另外，他必须努力工作，还因为他得支撑家庭的重担。这样的教师角色显然丰满扎实多了，这其实是对教师个体生命关怀理念的重塑，也是社会人本主义思想的回归。

美国影片《生命因你而动听》中的霍兰老师，以美妙音符承载全身心的爱，向学生传递理想、信心、勇气和坚强。

的确，现实生活中真正把教育当做事业去从事、把满腔热情和责任乃至生命全部奉献给教育的教师毕竟是少数，很多人视教师为谋生职业，或者说比较称职地完成分内工作，这也未尝不可。在教育体制还不十分健全的情况下，也难免会有教师为了切身利益而存在功利心态，或者没有未来的理想方向。实际上唯有这样，教师群体及其内在个体才是真实的、立体的。我们说霍兰先生是一位“另类”教师，很大程度上是对传统主流观念下理想主义道德楷模般教师“光辉形象”的理性修正。

《热血教师》（美，2006）中，曾是一所好学校的好老师的克拉克，主动到纽约哈林区一所小学的所谓“差班”任教。他面对一群家庭教育严重缺失的学生，在强烈和持续的抵触情绪中，他也曾想到放弃和离开。但克拉克这位热血教师自有其神奇举措。他立下“勇于梦想，我们是一家人，我们互相尊重，进出教室要排队”这样贴近实际、直达学生心灵的简洁班规；他在处理两个男生打架时，教室里显得混乱，他则让一个极度反叛的女孩负责纪律；他真情挽留住被记过的想逃学的学生，并承诺不会告诉校长；他向学生们学跳绳，组织学习动员会，把学习比作攀岩；他让每个学生亲手点燃蜡烛，让烛光拨亮心弦。当然，他也有生气的时候，会在教室里摔椅子，甚至扔掉学生的作业。但是他更能帮助失去信心的后进生找回成功的乐趣和前进的方向。凡此种种，正是这部电影让我们感到真实、亲切、熟悉、敬佩的原因。

美国影片《热血教师》中的克拉克老师并非“高大全”形象，他身上优点与缺点并存，但却是学生信任和喜欢的教师。这种对教师形象人性化的描绘是真实可信的。

《弦动我心》（美，1999）描绘了一位婚姻失败的女教师加斯帕里，在挫折人生中执着于事业，并找回生命意义的故事。对于加斯帕里的小提琴教学班，从学生到家长到同事都抱着可有可无的态度，甚至教育主管部门还要削减艺术教育经费，面对重重阻碍，她始终抱着坚定信念，依然以严格严谨的教学态度对待学生的音乐学习，她在保持独立人格个性和张扬学生的学习个性之间处理得富有创造性。她的个体教育生命成长通过影片最后的高潮——在卡耐基音乐厅举行的小提琴演奏会得到了成功的回报，教育官员表示继续支持加斯帕里的音乐教室。她用自己的琴弦奏响了献身教育的生命乐章，也拨动了潜藏于学生心中的美好心弦，触发了弹奏教育体制的理想之弦。这难道不是另一种教师精神的闪耀和人性的回归吗？

美国电影《弦动我心》中的加斯帕里老师，执着于教育事业，治学态度严谨，不仅感染了学生，而且触动了教育官员及其所代表的体制。

《音乐之声》(美，1965) 并不是一部纯教育类电影，主人公玛丽亚也只是一个家庭教师，但该片犹如一部教育诗篇，在教师的信仰追求和教育智慧等主题上的启迪意义是发人深省的。玛丽亚来到上校家中，发现他用管理军队的方式对待孩子，就对严格枯燥的管理作了改变，注入温暖的交流，她说：“我用不着哨子，我喜欢叫他们的名字，多好听的名字啊!”真诚的赞美不经意间赢得了孩子们的心，因为赢得他人赞美是每个人内心深处的渴求，有时也是前进的动力。玛丽亚毫不隐瞒地告诉孩子们：“我从没有做过家庭教师，我不懂怎样做个家庭教师，你们帮我出出主意。”教师也是人不是神，是人就会犯错误、就会有困境，与学生坦诚相待，学生也会亲近老师，愿意视老师为朋友。当一开始，孩子们对玛丽亚抱有排斥情绪，并想方设法捉弄她、让她难堪时，玛丽亚虽然不能理解孩子们为何如此待她，但她还是真诚宽容了他们，她甚至在上校面前为孩子们的错误保守秘密并赞美他们。因为她知道孩子总归是孩子，不应放大孩子的错误，那其实是孩子成长过程中必不可少的经历，而孩子的捉弄举动往往也反映出他们对你不疏远、不排斥。玛丽亚关注上校的每一个孩子，并且让孩子切身体会到这种关注的温暖感觉。关注，实际上是学生的内在潜能与情感得以发掘和释放的外源力。

美国影片《音乐之声》中的玛丽亚老师，以真诚、信任、宽容和爱唤醒了孩子们心灵深处的朴实情感和内在潜能。

前面提过的影片《心灵捕手》中有这样一句话让我们感触颇深：“很多人都无从知晓自己的天赋，因为找不到相信他们的老师，于是就认为自己很笨。”的确，每个人回望自己的成长历程时，常常发现在风华正茂的青春年华，如果能获得一位良师的指引，前方的道路会清晰无比，否则前行的道路会变得异常曲折。教师就应该是帮助学生发现自我、实现自我的心灵引领者，这就需要教师走下讲台，不单是物质空间的知识讲台，更是精神空间的灵魂讲台，以心与心的交接去重塑师生人性发展的广阔时空，而不是只作为学生视线焦点中的道德楷模，在物质和精神的高高讲台上去展示远距离或非接触示范行为。

正如《天之骄子》中的威廉·汉德尔特所说：“一名真正伟大的教师没有什么可供名垂青史的，他的生命都用来影响到他人的人生轨迹中去。”教师的高尚形象依靠心灵的影响而深入人心，并非依赖荣誉光环的映射去凸显。当一名教师被视作道德楷模时，并不意味着他就“不食人间烟火”，或者说他必须活在所有人崇拜、期盼乃至审视的目光氛围里而被迫失去人性的自由。既然教师的生命价值体现在对学生人格与灵魂的塑造上，那么衬托其生命表达的内容形式就是应该得到尊重和认可的，而这正是真实教师状态的反映。就像前面说到的诸如原本只打算临时借助音乐教学工作挣钱的霍兰老师，想出各种奇妙绝招对待问题学生的克拉克老师，处于家庭生活困境和外部环境阻挠下身心俱疲的加斯帕里老师，将自身弱点示人和帮学生掩饰错误的玛丽亚老师，或许还有更加“另类”的老师，等等。

其实这些教师身上的“另类”，是理性视域的人性回归。如果以传统的教师教育观或者理想主义的视域来看，他们不仅都不完美，甚至有的还会被批评。比如，为什么当教师只想是为了赚钱养家？为什么对调皮捣蛋的学生不惩罚，还赞美他们？为什么教师为了让“差生”能在课上听课，居然和他们用游戏般的交易方式？为什么不能以教学为重而抛开家庭烦恼？为什么不能全身心甚至拼命般地扑在学生和课堂上？……这些“为什么”归根到底说明了长久以来停留在人们脑海深处的一个观念：教师里里外外的言行表现都必须规范、积极，教师就该作为师德典范而无私奉献。

显然，这即使不算是苛刻蛮横的，也应是不符合人性要求的。因为对上述问题亦可以反向质疑：为什么教师不可以视教学为职业而要求物质利益？连成人都犯错误，为什么不允许学生犯错误？为什么不能和“差生”做交易引导他们学习？为什么一定要拿惩罚做手段去强迫学生学习或守纪律？教师为什么就不能有家庭烦恼甚或婚姻失败？为什么非得自己抱病或者不顾亲人安危而坚持上课？

对于这些反向质疑予以践行的教师看上去是“另类”的，实际上则是通过对理想主义的质疑，表达了在教师生存与发展形态上的人性化修正。牺牲自己的健康、人伦亲情或者家庭幸福，放弃自己的个性、风格或者理念，去达成和主流公众理想主义心理期望值相吻合的教师标准，实际上并不是对教师自己、他人（含学生）和社会的负责任。没有人文因子的注入或者人性血液的滋养，道德楷模在教师而言只是对面望过去却触手不可及的标签。

作为理性视域的人性回归，教师的道德楷模作用显然不是靠教育主管部门的文件宣传或者在讲台上的发言讲话所能切实发挥的。当教师的言传身教建立在人本主义基础上，师生之间心灵与心灵的交流才能碰撞出生命成长的火花。教师也是有弱点或不足的，也有和学生一样的喜怒哀惧，可能也会面对不完善的教育体制或不合理的现象表达一些不满之词，这些如果刻意压抑或掩饰，以维护所谓“完美”形象，反倒有故作清高的不真实感。有着这些既“另类”又“正常”表现的教师，更易获得学生的信任和尊重，这就是人性的回归，而在此基础之上的道德引领和人格形塑，才是现实主义的心灵传递，也才能铸就学生以道德生长为支点的生命成长。

从理想主义的道德楷模，到理性视域的人性回归，教师在职业生态和事业生态的渐趋一致中，努力实现着学生人生价值、自身人生价值和社会发展进步的融通共进。也就是说，将道德楷模的外显标志效应转化为理性视域的内在人文力量，才能使知性的教育获得并提升人性的价值。正如美国一名曾经是纳粹集中营幸存者的中学校长给每位来到学校的新教师的信中所说：“亲爱的老师：我是一名纳粹集中营的幸存者，我亲眼看到了人类不应见到的情景：毒气室由学有专长的工程师建造，儿童被学识渊博的医生毒死，幼儿被训练有素的护士杀害，妇女和婴儿被受过高中或大学教育的士兵枪杀。看到这一切，我疑惑了：教育究竟是为了什么？我的请求是：请你帮助学生成长为具有人性的人。你们的努力绝不应当被用于创造学识渊博的怪物，多才多艺的变态狂，受过高等教育的屠夫。只有在使我们的孩子具有人性的情况下，读写算的能力才有价值。”的确如此，将学生培养成具有人性的人——无论他以后做什么，或者学习成绩如何，这应该是理性视域的人性回归下教师义不容辞的责任所在，事实上也是教育的力量在生命润泽上的核心意义所在。

在前面提到的美国电影《生命因你而动听》的片尾，霍兰老师在行将离开学校前，他曾经的学生们聚集在学校礼堂为他进行演奏，那位当年不会吹奏单簧管而在霍兰老师细心辅导下品尝到成功快乐的女孩，如今已成为州长，她在演奏前讲了一段感人肺腑的话：“霍兰老师对我的一生有深远影响，对我们许多人的一生亦然。据说他一直在写交响乐，但没有发表，也没有成名，他或许会以为自己很失败，但他错了，因为我认为……他的成功比功成名就更甚。环顾你四周的人吧，这里没有一人不曾受你影响，全因你，我们都成了更好的人。我们是你的交响乐，我们是你作品的音符和旋律，我们是你生命的乐章!”霍兰老师引领学生演奏生命乐章的指挥棒，诠释了教学中比知识更重要的精髓：信念、激励、勇气和爱，即人性教育的真谛。

如同霍兰老师，他没有实现当初成为音乐家的理想，却以他一生的创作收获了另一个领域意料之外的成功。也许他并不是很多人心目中的道德楷模，但却是人性释放中自由的领舞者。教师，到底是理想主义的道德楷模，还是理性视域中人性回归的开拓者，这并非教师身份的定位聚焦，而是教师内蕴的生命呼唤，更是教学本原的心灵直白。

霍懋征、斯霞、于漪，抑或“瓦尔瓦拉”们，以圣洁的师德光辉扬起我们崇敬的目光，而霍兰、加斯帕里、玛丽亚、克拉克，则引领我们的关注目光去照射教育原点的宽广世界。当教师从理想主义道德楷模的“形象羁绊”中，走进理性视域人性回归下的开放心灵，我们会更加轻松地体验到自由舒畅的“教育呼吸”，会更加鲜活地感受到灵动释然的生命氛围，会更加深刻地领悟到与时俱进的教学心境，由此从精神图腾中绽放的人性之光，使教师的形象愈加真实和丰满。

被周恩来称为“国宝”的霍懋征老师从教60多年，是令我们景仰的名师。“没有爱就没有教育，没有兴趣也没有教育”，“没有教不好的学生，只有不会教的老师”，“人人都可成才”，这些名言都出自她之口，她以自己的行动完美地诠释了这一切。

2011年度全国教书育人十大楷模颁奖现场。

9.2 学生：成长的悲欢和时代的缩影

我们看看一则来自印度的真实故事。一个名叫布提亚·辛格的小男孩，在四岁半时完成了马拉松长跑42.195公里的全程，震惊了印度，他被人们称为马拉松神童。2007年，五岁的辛格计划实现更大“壮举”，准备用十天时间跑完500公里。但在他就要开始征程时，发生了一件意想不到的事，警方接到了政府指令，严禁辛格参加这次长跑活动，于是大量警察将辛格的长跑路线封锁了。原来，印度政府的理由是：辛格只是一个五岁孩子，500公里路程对他的体力和情绪而言都是无法承受的负担，让一个孩子尝试这种不属于其年龄范围的活动，显然是极大的残忍。国家可以不要神童，但是有责任保护一个孩子的生命健康。

“宁要孩子，不要神童”的故事，毫不留情地切中了目前比较普遍存在的教育弊病，即很多人热衷于从孩子身上的附加形态物中，去找寻能表现其成长历程的天分才华，却忘记了把孩子当成孩子。即使在一些孩子身上可能体现出了某种突出才能的雏形或迹象，那是不是该在世俗社会的功利环境中故意拔高，或者在成人世界的搜索目光里特意放大呢？有时候我们会想，中小学课堂里的孩子们，是不是如我们所愿地享受着成人社会赋予的受教育的权利而对我们感激涕零？我们是不是在为学生习惯性地设计成长路线和罩上荣誉光环时，想当然地将其视作教育的成功和未来希望的心理寄托呢？

从过去到现在，在教育一路走来的漫漫长途里，一代代的学生在青葱岁月的成长历程中书写了许多既相似又不同的故事。他们在由教育体制编织的严密规范的教学网络里，踏行着由学生的身份使命感所铸就的学习之旅，同时年少青春的天赋人性又让学生悸动的学校生活变得丰富而无常。多数学生小心翼翼地在这两者之间寻求着平衡。平衡的维持或打破，显性地反映着学生学习压力的大小，以及社会对学生附加教育期望值的高低。围绕着这种平衡发生的波动，或者和缓或者剧烈地映射着不同地区、不同学段、不同时期的学生生存与发展状态，喜悦、快乐、顺从、严谨，抑或烦恼、痛苦、叛逆、松散，由此上演着一幕幕成长的悲欢，或者也就是社会权威教育意志与学生自我成长天性交织并进下的时代缩影。

《十五岁的笑脸》（中国，2012）是一部展现当代中学生精神风貌的现实题材电影。该片选取初三毕业班备战中考为视角，非常切合中国的国情。在对中学生典型角色的塑造上，看得出该片很用心，希望能涵盖现实生活中各方面中学生类型，比如影片里有学习成绩优异、但对父亲再婚心存偏见的班长谭笑笑，有对教师和家长叛逆抵触、但为人诚实仗义的篮球高手朱子敬，有憨厚善良、乐于助人的农村插班生伊然，有热衷打扮、情感朦胧的“富家女”路雯雯等。十五岁中学生面对学习压力、情感初露和行为逆反等问题的表现，以及在此过程中获得健康成长的心路历程，电影的描绘还是比较贴近真实的。这部影片通过不同侧面反映了社会、学校、家庭和学生针对素质教育与应试教育的态度，深刻关注了教育理念的转变和青春期心理疏导等教育热点问题，意在唤起人们对当代中学生的全新认识和对青春叛逆期孩子的关心。

电影《十五岁的笑脸》刻画了生动形象的当代中学生角色，并探讨了教育理念转变和青春期心理疏导等热点问题。

身处沉重学习压力和成长逆反期的中学生的确需要关注，这样的问题在世界各国普遍存在。对成人主流社会强势推行的教育体制，学生作为被动接受者，要么从中批量复制成主流社会所期望的人才而聊以自慰，要么因个性发展与现行教育体制不匹配而使自己委曲埋没为失意边缘人。成长期逆反心理的自然属性和无处不在的教育体制压迫力不可避免的碰撞，多多少少会引发内心深处的反叛因子。中国等东方国家的内向性民族性格，往往使得一些学生也采用内向式方法予以反抗，像高考或中考结束后部分学生“撕书式”宣泄、“疯玩式”发泄，甚至用非正当放弃生命健康权等极端方式去反抗考试压力，这些都是同教育体制非正面交锋下学生指向自身的被动性反抗。

西方国家的外向性民族性格，则往往使得某些学生亦采用外向式方法进行反抗，或者说是同教育体制正面交锋中，直接指向校方、教师、家长等“他者”对象的学生主动性反抗。《操行零分》（法，1933）就是这样一部反映该状况的世界影史经典。该片生动刻画了青少年学生既活泼单纯又淘气反叛的自然天性。在一所寄宿学校，学生们过着单调无聊的生活，还常无故受到训斥或体罚，如同被关进牢笼般压抑。校监处处控制孩子们，千方百计让他们循规蹈矩，却屡屡受挫。校监对没有听从其命令的几个学生宣布他们操行得分为零分，并禁止他们星期天外出。最终忍无可忍的学生们，在校庆日当天各方重要人物纷纷到齐时，将书本、鞋子、罐头等从屋顶抛下，引发“学生占领学校”事件，学生们在教室为他们的造反尽情狂欢。

这部电影传达给我们的信息和观念有：不要过多限制和批评孩子活泼好动、淘气玩乐的天性，不应过于动用外力约束机制去阻碍学生的创造力和正常成长，要尝试从孩子的角度出发去构建更美好的教育乐园。该片问世80年来，所反映的现象与问题依然不同程度地存在着。导演让·维果在《操行零分》中的理念表达，深刻影响了日后法国电影新浪潮名导弗朗索瓦·特吕弗和英国自由电影运动主将林赛·安德森，他们分别拍摄的《四百下》和《如果》在表现学生反叛的主题和手法运用上一脉相承，同样是经典影片。《操行零分》甚至还是周星驰的著名喜剧系列《逃学威龙》的始祖。

这些电影以或幽默、或严肃、或震撼、或荒诞的形式，为我们展现了学生的成长悲欢，同样也见证了时代变迁下依然强势的教育体制对学生的影响。我们需要反思：自然规律是无法改变的，学生的天性也是不可泯灭的，如何才能使教育的作用在每个学生身上，以最恰到好处的力道体现出最适合自己的效果？也就是说，有学生的地方就该有活力四射，当然也有学习压力，也会有叛逆甚至对抗，我们需要正视并采取合理方式，既不是放任自流，又不是强势压制，而是人性元素的潜滋暗长。

教师究竟如何面对叛逆学生？电影《四分钟》（德，2005）给出了这样一种答案：无条件忍受，努力放大闪光点。80岁的克鲁格夫人是一名钢琴教师，她面对的可不是普通的“问题学生”，而是囚犯学生们，因为出于对音乐的热爱，她费尽周折将崭新的钢琴搬到监狱进行教学。从小远离父母的珍妮由于替流氓男友顶替杀人罪而入狱，她因举止粗鲁而被拒绝了学钢琴的强烈要求。但克鲁格夫人发现她在音乐上的才华，于是定下了苛刻条件答应教她。克鲁格夫人用钢琴将珍妮一步步引向德国青少年钢琴比赛，给了她非常难得的四分钟亮相的舞台，向世人展现了她的音乐天赋和梦想。该片的确引人深思。“问题学生”一般是众人眼中那些在官方教育体制内不按主流规范行事的学生，并不表示他们真正就是“解决不了的问题”。当然，不是每个教师都能像克鲁格夫人那样，坚持不懈地用激励、启发、赞扬去忍受一个叛逆的学生，使其重拾信心。教师做到尊重和欣赏学生不难，难的是努力发现“问题学生”身上的闪光点并将其放大。事实上，我们尝试让每个“问题学生”都能通过拥有展示才华的机会而获得成就感和自信心，一切就会大不相同，“叛逆”往往成为自我的新生和对传统的革新。

学习压力几乎就是压在每个学生内心深处的大山，持续不断的课程教学、没完没了的考试竞争、如影随形的家庭作业等，就是构成这座大山的主体部分。如果学生时代的自由空间都被这些所挤塞，学生会是怎样的态度？伊朗电影大师阿巴斯·基亚罗斯塔米以一部纪录片《家庭作业》回答了这样一个普遍性问题，同时带给我们深刻的反思。电影以采访的形式调查了大量学生和学生家长关于对家庭作业及其实施措施的看法，结果我们发现他们都是抱着不喜欢的态度。他们认为家庭作业没有起到多少促进作用，反而成为学生的心头负担，很多人对此感到厌恶甚至痛苦。阿巴斯并未提出解决办法，他赋予电影思考和向社会质疑的功能，只是把问题真实而具体地呈现出来。比如，摄影机前的孩子紧张地把做不完作业归咎于家里的弟弟或者到来的客人；上学路上的孩子脚步轻快、成群结队，对摄影机有着无尽的好奇；尴尬的成年人对孩子作业中的问题几乎回答不出；在作业和动画片之间，令人诧异的是，孩子们居然统一口径说自己更喜欢作业；很多孩子只知道惩罚是什么，而不知道什么是奖励。

镜头里的影像犹如学生成长的时代悲欢曲。当孩子们以无助谨慎的眼神揣测着成人问题的用意时，或者以期待纯真的目光望向并不轻松的学习之路时，或者以言不由衷的态度附和着成人社会既定的教育方向时，我们也会忧心忡忡地思考教师的“家庭作业”和教育的“家庭作业”应该怎样助推学生的成长。每个时代都有各自独特而不可复制的教师群体、学生群体和教学机制，三者之间的纽带联动谱写着只属于各自时代的教育叙事曲，当我们去经历或回望时，会感慨一代又一代的学生以其标志性的形态而成为教育的时代缩影。

《阳光灿烂的日子》（中国，1994）是一部精彩的青春成长电影，它通过主人公马小军和一帮北京军队大院的顽童在无人管教环境中的自然成长经历，借助少年视角把成人眼中的“文革”浩劫转换成他们心中的灿烂阳光。当这帮少年 20 年后再相聚时，观众发现他们要么粗鄙愚傻，要么毫无教养地炫耀财富，于是体会到那场浩劫的最大悲哀是造就了这批动物一般的一代人。一个时代的教育成功或失败，往往透过日后散落在社会大潮中的当年学生的生活状态而表现，学生的悲欢很大程度上是对教育的检视。

影片《阳光灿烂的日子》深刻反思了特殊年代青少年学生成长历程的悲欢。

《毕业生》（美，1967）通过一个品学兼优的大学毕业生本恩的沉沦，对父辈们的堕落进行谴责。这部美国影史上首次成熟表现两代人代沟和年轻一代成长过程的里程碑式的影片虽非直接描绘教育，但片中年轻人的反叛实际上也象征了对整个社会体制包括教育机制的抗争，因为是成人世界的虚伪和腐朽将其拖入迷茫和堕落的。

《无因的反抗》(美，1955)同本片有异曲同工之处，影片对当时中产阶级的孩子的苦闷状况作了探究。片中主人公吉姆等人都是些彬彬有礼、遵守法律的孩子，力图接近父母，但却被怯懦或专制的父母击碎理想。他们对传统价值观念表示出怀疑和蔑视，他们的父辈却认为年轻一代的反叛是无因的，而这种漠视则造成了其后的悲剧结局。本片主演詹姆斯·迪恩在影片上映前一个月在高速公路上因超车而丧生，现实与电影的惊人相似，不仅增添了电影的伤感色彩，而且印证了青少年成长的时代悲欢。

美国电影《无因的反抗》揭示了父母与子女的代沟问题，并从一个侧面反映了年轻一代对成人主导社会及其教育机制的抗争。

像《同班同学》、《一个问题少年》、《学生之爱》、《男女合班》、《毕业班》、《童年往事》、《十七岁的夏天》、《非常青春期》等一批中国台湾、香港风格的学生电影和青春电影，或者像《少年》、《青春残酷物语》、《转校生》、《坏孩子的天空》、《五个光头的少年》、《关于莉莉周的一切》等日本风格的成长电影，抑或像《天堂的颜色》、《白气球》、《背马鞍的孩子》、《小鞋子》、《谁能带我回家》等伊斯兰人文情怀风格的伊朗儿童电影，以或者明快清新、或者沉闷压抑、或者质朴隐忍的影像画面和镜头语言，向观众讲述着亚洲青少年的成长故事，见证着东方民族时代变迁的青春标志。

《何处是我朋友的家》(伊朗，1987)，这是一部情节和主线非常简单而人文关怀颇为深刻的出色电影。一个叫拉扎的孩子由于没有把作业抄在练习本上，受到教师责骂，并被告知如果明天再出现这种情况，就会赶他出校。拉扎的同桌阿默回家后发现自己错拿了拉扎的练习本，于是决定还给拉扎。但他又不知道拉扎的家，就趁母亲不备跑出家门，四处寻找拉扎的家。影片通过诚信、勇气、友爱、责任等少年成长中的宝贵品格财富的呈现，带给观众温馨和感动，但同时亦表达出另一层面的隐含深意，比如惩罚式教育的无能和无奈，教学规矩的过于僵化，教育思维和手段的不善变通等，这些令我们感受到处于强势教育机制和教师权威下的学生生存状态的弱势。

教育的出发点和落脚点都是学生，从出发点到落脚点之间的轮回构成了学生的成长历程，一代代的学生在各自的教育轮回里感受自己的青春脚步，同时也体验时代的岁月痕迹。由经济、政治、文化的发展写就的社会大时代，也牵引出教育教学的时代风云。每个时代的学生都能在比前一个时代更充盈的知识学习中享受到更丰富多彩的文明成果。但这并不代表每个时代的学生都能以更丰富多彩的方式获取这些文明成果。或者说，时代的进步赋予学生的绝不仅仅是知识的膨胀，更重要的是指向未来人生的思想的历练和心智的发展。学生需要的有时并非是教育体系所给予的，学生不需要的有时却是教育体系所强加的。成长的快乐或烦恼，源于教育的施加体和受教育的承载体之间，在特定教育轮回内的观念接驳度。

比如，一个由国内中小学校长组成的教育考察团在美国校园里看到了不少“没有规矩”的行为：学生把头发染成绿色，甚或在鼻子上挂鼻环，打扮得奇形怪状。这在中国学校里早被训斥或处分了。但正是这些“没有规矩”的学生，在走廊上却规规矩矩地安静排队上厕所，在食堂里亦谦和礼让、不挤不抢，就餐完毕也会自觉收拾好餐具并放到规定的地方。强烈的对比让中国校长们大惑不解：嬉皮士发型或者说“不良青少年”装束，怎么能和文明礼貌、彬彬有礼统一在同一个学生身上呢？美国校长解释说，发型是个人审美观的个性化表达，它与行为规范的养成不矛盾；一个学生把头发染成绿色、做成嬉皮士发型，并不妨碍他同时也是一个尊重他人、懂得自我约束的好学生、好公民；重要的是学生的心灵是什么颜色，而不是学生的头发是什么颜色。

生活在中国学校里的学生则会时刻感到自己身处一个“规矩管理网”中，无论什么地方的哪所学校，各种对外表和行为的规范与限制无所不在，并且大同小异。问题是，学生是否发自内心地认同这些规范与限制？有多少学生表面上服从而心里则抗拒呢？法律条文般的守则、规范显得硬梆呆板，祈使句般的命令式语言或禁止性规定，几乎让人有“学生是对立面”的不舒服感觉。在强势而严密的“规矩管理网”下，学生们要么循规蹈矩地接受教育权威部门的安排，在谨小慎微的规范状态中，以个性的磨耗为妥协而获得课程知识的权威给予；要么无拘无束地释放青少年率真自由的个性，在坚持自我的本真状态中寻求对权威性教育规范与限制的突破，从而在知识学习的土壤里培育个性与能力生长的种子。

学生的身上凝聚时代的印记，展现成长的悲欢，如果抛开教育体系下的身份标志，这实际上就是每个人在人生历程中非常特殊的个性发展与社会约束相“博弈”的时期。这种“博弈”并非是学生和教师或学校的对抗，而是基于学生成长目标的学生自我和社会他者间在达成路径和方向设置上的矛盾与调适，也就是说，“叛逆”的学生所谓的“反抗”更可能是一种非正式的教育诉求，这里既有受教育的愉悦，又有被教育的无奈，既有时代赋予学生的教育要求，又有学生寄予时代的教育期待。

从另一方面看，时代往往也是“叛逆”的，它有时追求知识学习的至高无上，而可能桎梏教育自由的潜滋暗长；它有时彰显教育自由的清新民主，而可能弱化知识学习的深度挖掘。孰轻孰重，抑或并行不悖，在不同的学校、地区、国家或者社会发展环境下会有不同的选择。其结果则是一批批从教育熔炉里走出的看上去相似的学生，实际上却有着方方面面的差异，包括知识积淀、学习观念、实践能力、人文素养、合作交际等层面，它们的合力效应往往铸就了学生指向未来人生道路的光源亮度。或者说，如果将不同环境背景和教育体制下的学生进行调换的话，那么，原有的学生的生存与发展状态就可能在另一条路径上形成截然不同的结果。于是，成长的悲欢就在一代代学生身上刻下时代的标志，而学生生命成长的年轮往往由此生生不息或发生命运转折，从而铺就教育的时代画卷。

我们应该让灿烂的笑容充盈于学生的生命成长历程，无论在学校、在课堂，还是在社会、在家庭。

我们的学生到底是否需要这种千篇一律的“围观式”的学习？这样的课堂学习究竟是压抑还是快乐？或者说，我们的教学研究机制是不是有改变的需要？

9.3　教学体制：批判现实主义，抑或教育革命的对象

在威尔顿预科学院，新来的文学老师基廷一改学校传统守旧的教学方法，他告诉学生们要“争取每一天”。他第一堂课便没有在教室里上，而是领学生们去看校史楼内的照片，让他们通过聆听死者的声音去领悟生命的真谛。基廷老师在上课时居然一下子跳到讲台上，他想让学生知道，一旦站到高处后就有了不同的眼光看待事物，于是在他带领下，学生们也一个接一个效仿，站到课桌上，尝试用崭新的视角观察世界。他在课堂上甚至带着学生一起撕掉古板老套的教材中的一页，他告诉学生不要尽相信书，要有自己的思考。他带领学生读诗、写诗，要求每个人在课堂上念出来，热情而充满智慧地鼓励他们去追寻生活的意义。他带领学生踢足球时，要求他们边踢边大声喊出自己的追求和梦想。基廷老师自由的教学方式让学生开始懂得自己的兴趣、爱好、目标和前途。他的学生们甚至反抗学校的陈规禁令，成立“死亡诗社”，到校外的山洞中探讨诗歌和人生。但校方极度反对基廷老师的教学方法，最终将其开除。在基廷老师被迫离开学校时，学生们站到课桌上呼喊“船长，我们的船长！”以声援他们心中这位把握正确航向、带领大家驶向理想彼岸的了不起的老师。这是经典影片《死亡诗社》（美，1989）带给我们的教育故事。

电影《蒙娜丽莎的微笑》（美，2003）则讲述了这样一段教育故事。20 世纪 50 年代，美国社会观念保守，对于妇女来讲，相夫教子是其义不容辞的职责。卫斯理女校则是全美最著名、最保守的女校，以培养贤良优雅的主妇和母亲为己任，女孩们举止装扮都做淑女状，并且在学习上也能科科拿 A，人们认为这些是天经地义的。一个“不守规矩”的老师来到卫斯理女校，“搅乱”了这一切，她叫沃森，担任艺术史的教学，但更重要的是要和当时的教育权威抗衡，并和女学生们根深蒂固的保守思想进行斗争。她的做法是宁可不要学生科科得 A，而要有独立的见解。影片中沃森老师和成绩仅得 C 的优等生琼的一段对话情节是发人深省的。琼质问沃森老师：“你让我论述布鲁格尔的，我写了呀！”沃森说：“你抄袭了史特斯的评论。”琼：“我只是参考引用专家的看法。”沃森：“如果我想知道他的看法，会去买他的书的，而我要的是你自己的看法。”一直把引经据典视作知识渊博的琼愣住了，因为她从来没有思考过自己要有什么见解。总之，沃森老师对教材和权威从不迷信，她有创造力和独立思想，并且要求学生也要有独立思想，她严厉而又具亲和力，坚定执着而又充满爱心，她鼓励学生勇敢追求理想。然而卫斯理女校管理者是不喜欢沃森这样的新锐教师的。当沃森老师最终乘车离开学校时，那些曾经古灵精怪的女生们骑着自行车在追赶着。这让我们感受到温馨和信念，以及无奈和惆怅。

《放牛班的春天》（法，2004）则是另一部引发广泛共鸣和感怀的电影。在一所问题少年学校，生活着一群不学无术、冷漠反叛、野蛮无知的孩子。刻板的校长只会用“犯事者必定受罚”的原则对待他们，却根本不会在意这些问题学生心中怀揣着的人生梦想。被大家公认一事无成的马修老师来到这所学校，以其温和的教育作

风，改变着某些定势做法。他并不对抗而是服从教育制度，他尽量在制度的约束下力所能及地帮助孩子们。比如，马修老师用音乐教化着那些问题少年，以善良、尊重、宽容、耐心伴随着跳动的音符注入桀骜不驯的心灵，让他们感受阳光般的温暖；他和校长“约法三章”，不体罚学生，由自己处罚犯错的学生，不要透露他们的姓名；他善于发现孩子的长处并积极培养，鼓励他们独自往前走，就像其中一位问题学生莫朗最后成为了音乐家一样。不幸的是，马修老师及其所做的一切不被校长和其他教师所容纳，当他离开学校，随着公交车渐渐远去时，孩子们的合唱声再次响起：“是你点燃了我生命的热忱，给我指引荣耀之路……”

基廷老师、沃森老师和马修老师，三部电影刻画了这样三个令我们震撼的经典教师形象。从深层次来说，它们实际上是以执着于教育理想的单个教师的行为表现，去映射对厚重惯性覆盖下的教学体制的批判现实主义的反思。这三位老师所在的学校都具有根深蒂固的保守主义倾向，把维持传统、信奉权威、恪守规矩、唯诺乖巧作为信条，本质上就是故步自封、僵化迟滞的教学体制的反映。三位老师来到学校，象征着一种教育的变革性力量对教学体制的进入和触动。事实上，现实生活中的“基廷老师”、“沃森老师”和“马修老师”亦不乏其人，他们在各自的学科领域，和自己的学生们一起实践着各自心中的教育梦。

我们环顾四周，会发现身处教学体制下的教师大致有这么几种职业生存状态。第一种教师悠然自在地行走于职业之路，并不认为也未发现教学体制有什么需要变革之处，他们做好自己该做的，按部就班地完成着体制内分配给自己的教学任务。第二种教师感受到教学体制带来的一些弊端，但却不太愿意去改变，仍在惯性化的教学工作中维持现状，因为他们内心深处已将安逸的职业状态视作享受生活的保障，并且认为弊端更多的是影响学生而非自己。第三种教师已能比较深刻地发现教学体制所存在的问题，但希望由别人或者主管部门去牵头实施改变，自己则可以顺利过渡，因此他们平时更多的是通过言论表达不满、批评、抱怨、责难等。第四种教师经常处在对教学体制的反思中，并义无反顾地主动投身到变革中，往往能在自己的教学领域寻求突破点或切入口，开展一系列具体而有效的行动，但却经常由于观念差异而得不到同行或主管部门的认同，或者虽然得到认可，却依然在传统势力的包围和不配合中而被阻滞。

前三种教师占绝大多数，第四种教师明显只有极少数，这样的巨大反差往往也告诉我们，要将庞然大物般的教学体制向前挪动一步有时是多么艰难。正如我们在上述三部电影里所看到的，基廷、沃森和马修这三位老师以极大的热情诠释着心中的教学理念，他们力图带领学生从陈腐生硬的教学体制中走出适合未来发展的人性释放之路，并期望呼吸到自由教育的新鲜空气，但就在他们的教育实践行将取得成功，他们的教育理想已激荡起众人心中尘封许久的教育情怀时，三位受学生爱戴的老师却都因不被校方和其他教师喜欢和接纳，而最终被迫离开学校。相同的结局，无奈且近乎悲壮的离开，其实就是一种象征或隐喻，即教师个体虽然可以在自己那方教学小天地里尽情耕耘，挥洒自由，但却无法撼动教学体制这张罩在教师和学生心中的思想约束之网。

教学体制原本并非是教学思想的束缚，它反倒是教学行为有条不紊地实施的程序性保障。也就是说，每种教学体制的产生是支撑教学体系规范化发展的需要，是对特定时代主流教学思想的顺应，它本身就是教育观念开放性选择的结果，这种选择往往决定了特定时期学校教学组织机制和教师教学运作形式的存在状态。如果随着时代和社会的发展变化，这种教学体制并没有做出动态的相应革新，那么受制于这种教学体制下的学校管理、课堂教学、考试评价等模式便会因为不适合新的一代学生的学习特征而变成桎梏。

我们需要注意的是，教学体制和教育体制并不等同，前者侧重于具体的教学系统运作层面，后者侧重于特定国家和民族教育发展的方向性层向。教育体制熔铸了一个国家的民族文化、历史脉络、国民性格、意识形态和社会发展高度等内容元素，它在规范整个国家教育实施状况和引领国家教育目标走势的过程中具有明显的官方政治色彩，并通过课堂教学、课程设置、学校规划、师资培养、德育建设、考试评价、学制管理等多方面体制运行予以表现。作为其中一个内在组成部分，教学体制则往往具有鲜明的学术操作性，它强调教学系统内在规律性要件的挖掘和提取，是涵盖课程标准、教学策略、课堂模式、学习过程、评价方式、教育科研等部分，并能将各部分衔接贯通，使其作为整体有效运作的共性化依据。

教学体制不像教育体制那样是国家官方意志和社会意识形态的直接反映，它就是突出如何使教学体系更加完善这一主题，或者说它以课堂教学为基点、以学生发展为归宿，去探讨在非国家意志和淡化意识形态的学术氛围中使教学更有效的保障措施。正因为如此，我们会发现在不同的国家制度、不同社会的教育体制下会有相同或相似的教学体制，比如在《死亡诗社》、《蒙娜丽莎的微笑》和《放牛班的春天》等影片里所反映的“宁可循规蹈矩也不敢质疑权威、情愿唯唯诺诺也不愿追求自我、虽然科科优秀却没有创新思维”的僵化教学体制，其实在我国同样存在，在其他国家也照样存在。

我们也会看到在相同的教育体制下，有时会有不同的教学体制，比如中国各级地方教育主管部门将区域教学体制的变革和推进，纳入当地政府的经济社会发展规划中，寻求提升当地教学质量的适应性举措，就像不少省市在课程设置规模、教科书体系定位和教材选配、课堂实施模式、中高考评价标准等方面，以及像经济发达和不发达地区、不同民族区域之间的教学观念和实施手段等方面，实际上都存在或大或小的差异，这就是教学体制在教育体制大方向下的多维展开。

每一种教学体制都有其适应的时代背景、社会环境、教师和学生层级状态，它的存在既有其合理性又有其不合理性，或者说既有其稳定适用性又有其动态变革性。比如，强调对知识整齐划一的学习、集中统一的思维方式、对学术权威和经典文化的信奉、严格规范的教学秩序等，类似于这样的教学体制在适用于工业文明初期的课堂教学，或者计划经济时代的教学格局的过程中，其实也就代表了它对中世纪蒙昧时代或中国封建、半封建时代压制文明和智慧的教学体制的批判和否定，但它在新科技革命带来的信息化时代，或者在发展成熟的市场经济时期，又成了被批判和否定的教学体制。我们也可以理解为，这种教学体制在引领学生大量汲取知识的同时，忽视了他们学习能力的发展，在享受过往文明的同时束缚了创新思维的发展，在彰显教学规模和课堂秩序的同时抑制了人文和个性的发展。这实际上就是教学体制基于批判现实主义的定位和发展。

批判现实主义原本特指一种文艺思潮和创作方法，其思想武器是以人性论为基础的人道主义，其社会政治主张主要是改良主义。批判现实主义文学及其作者着力于正视现实，揭露社会问题，但往往只是为人们提供一系列否定的印象，而没有给出肯定的答案或结论的探索，所以不同程度地夹杂宿命论和悲观主义色彩。如果以这一概念的视域迁移来审视教学体制，我们发现，教学体制是“本我”批判现实主义和“他者”批判现实主义在教学思路上的双重体现。

如前所述，每一种教学体制的存在自有其适合的教学时空，也都有其在该教学时空内确保教学系统有效运转的积极要素，而这就表明了它对其他教学体制的即时否定，这种“本我”批判现实主义的教学体制往往正处于上升时期或得到检验，它以自我运作表征的肯定表现来树立对其他教学体制的优势。任何教学体制的合理性或优势都不是绝对的，只要它持续运作，尤其是它被越来越多的教师和学生所应用或者覆盖到日益扩展的教学时空时，缺点、不足、问题、漏洞就必然逐渐显现。如果这些消极因素由教学体制内在实施者在现实的运作中予以暴露，并尝试在教学体制的框架结构内进行“修补”，这就是“他者”批判现实主义教学体制，往往能引发更多教师的共鸣。

教学体制本身就是批判现实主义的表达，当它作为一个整体，表达的是相较于其他教学体制所存在问题的批判和变革，当它同时又作为被批判和变革的对象时，经常通过由其覆盖和连接的教师与学生的消极课堂形态予以表达，就像实施照本宣科、规矩行事、灌输倾泻式教学的教师，以及追求成绩优秀但却没有自主思想的学生，其实就是教学体制已经僵化落伍的批判性明证。

那么，教学体制仅仅止于批判现实主义吗？任何一项体制都是由人设计并由人去实施的，只要是人都会犯错误，任何体制既有存在的必要，又有变革的必然。教学体制亦不例外，它在批判现实主义的思潮涌动中向世人彰显其对教育教学的程序性推动力，同时在批判现实主义的目光审视中向世人呼吁其改革求变的必要性和迫切性。当这种呼吁越来越强烈，或者接近教学体制突破的临界点时，批判与暴露就可能让位于行动与改造，教学体制则成为教育革命的对象。

革命是对事物的本质性改变，教育革命就是对包括教学体制在内的教育体制的根本改变。《死亡诗社》中的基廷老师和《蒙娜丽莎的微笑》中的沃森老师，不满足于做批判现实主义的“他者”，而是勇敢地将他们身处的教学体制置于教育革命的对象地位，他们在教学理念、教学方式、师生关系、目标方向上的崭新尝试，已然打破了僵化的教学体制的坚冰一角。虽然他们点燃的星星之火未能成为教育革命的燎原之势，但他们令人耳目一新且感动心灵的举动实实在在地告诉我们，教学体制就该是教育革命的对象，也唯有如此，教学才能在直达师生双方的精神世界的心智沟通中展现出绵延不绝的影响力。

美国影片《死亡诗社》中的基廷老师，要求学生不要迷信权威，要独立思考，以激发学生的追求和梦想。基廷老师以自由开放的教学观念，带领学生从因循守旧的教育体制下走出充满活力的新路。

《死亡诗社》里的学生从畏缩到新奇，从观望到尝试，在基廷老师的示范和鼓励下，站上了课桌，以一种前所未有的课堂内的新视角看待事物。

美国电影《蒙娜丽莎的微笑》里的沃森老师，以激进新锐的思路和方法，引导观念保守的学生挑战自我，焕发思维创造力。

法国影片《放牛班的春天》中的马修老师，以人性化的教育理念，引领问题学生心灵向善，并以自己的行动修正不合理教育机制下的做法。

《三个傻瓜》（印度，2009）是一部引起世界反响的电影。该片叙述在印度皇家工程学院读书的三个大学生，不满于该校以成绩好坏作为检验学生唯一标准的做法，他们以嬉笑怒骂的方式对抗学校的“填鸭式”教育。他们用善良和幽默影响周围的人，用所学的物理知识教训野蛮的学长，用智慧打破了学院墨守成规的传统观念。前面提到的影片《操行零分》里，被压制天性的孩子们也是用轻松诙谐的手段表达他们对旧式教育体制的抗议。在电影《如果》（英，1968）里，校长口口声声说要培养新一代青年才俊，实际上仍沿用培养传统标准的英国绅士的教育方式，整个教学体制古板沉闷。该片用极端表现手法愤怒抨击了不合理的学校教育体制。

印度电影《三个傻瓜》以幽默讽刺手法抨击了古板僵化的教学体制。

法国影片《操行零分》里学生对学校的“占领”和在教室里的尽情宣泄，显然象征着对陈旧教育体制的抗议。

虽然这些电影本身是虚构的，但经由学生视角所表达的对教学体制或教育体制的不满和抗议是确凿无疑的，而事实上这些故事的依托都是现实生活的写照，也是不同时代和不同国家的相似教学或教育体制下实际现象的共性反映。这再次说明，教学体制和国家制度或意识形态没有必然联系，它就是教师与学生之间知识、文明、思想得以更好传承和沟通的保障机制。立足教学体制的学术性、专业化特质，我们需要始终考虑的是：怎样让教学体制在时代年轮的运转和社会发展的脚步中，去适应一代代学生的成长需求，去实现教学生生不息的进步？或者我们可以反问自己：我们现在的教学体制还有哪些需要批判和反思的方面？还应在教育革命中有怎样的改变、完善和发展？

教学体制究竟是在批判现实主义的视域里作一些改良，还是直接作为教育革命的对象进行根本改变？这并不是一个简单的一刀切的问题，也不是一个直截了当的非此即彼的选择题。就像在我国的教育体制下，过去相当长一段时期提倡精英教育，突出"重点学校"或"示范学校"，而现在又大力强调均衡教育，突出办学的公平公正。那是不是说，以往城市和农村、沿海和内地、东部和西部之间教育状况的不平等，都是由精英教育造成的？或者在当前一旦不提均衡教育似乎就跟不上潮流的形势下，再办精英教育就是错的吗？以前无论中外，女子学校的存在都曾起过积极作用，也可以说是因材施教原则在教学体制上的特殊表现，而后来按性别教学的女校模式由盛极一时到逐渐退出历史主流舞台，然而近年来国内部分地区却重新推出了按性别施教的甚至是规格更高的女校模式，这难道就一定是历史的倒退吗？

很多人对类似这样的一些改变感到无所适从或者不可思议，都是没有将教学体制置于学术专业化层面予以评估，而是多少都戴上了社会意识形态"有色眼镜"。事实上，当过去某个时代曾经适用而后来消失，或者在其他特定社会环境和地区运用而未曾亲历过的某些教学体制内的做法，被迁移到现时所处的时代和地区时，人们往往更多地讶异于"这是早被淘汰的老一套"或者"这不是我们的做法"之类的表象问题，而没有把关注的焦点放在"这种做法能不能以及怎样有助于教育教学的发展"等问题上。所以，教学体制在我们眼里不该是被纠缠的"时代或环境错位"问题，而必须是直抵核心的"是否有益教学"的学术性问题。也就是说，构成教学体制的具体做法，无论是源自何种时代背景或社会意识形态，还是来自哪些不同国家或地区，只要是适切于并促进现时当下的教学进步，就应该是值得肯定的举措。

在基础教育课程改革进程中，我们感受到层出不穷的教学模式带来的课堂变化，但若仅仅把教学模式的推陈出新，等同于教学体制的革命性变革则是片面的。当我们的关注焦点放在教学模式的百花齐放上时，还应看到课程标准、教材体系、考试评价等要素，同样是教学体制发挥程序性导向作用的重要组成部分。因此，要说教学体制是教育革命的对象，那显然意味着构成教学体制的种种要素的整体性根本改变。

如果这样来看，那么在教学体制作为教育革命的对象时，实际上教学体制内的所有参与者都可以投身到"革命"中，比如教师、学生、教学管理者、教科研人员等等。当然，教学体制的这样一种革命性变化，更加可能的表现形态是层进式变革，即教学模式、教材体系、课程标准、评价方式等要素的分层渐进改变。当《操行零分》中的学生们“占领”学校房顶向下宣泄般地抛洒杂物时，当《死亡诗社》中的基廷老师带领学生们跳上课桌以一种新视角观察世界时，当《蒙娜丽莎的微笑》中的沃森老师咄咄逼人地追问学生自己的见解并激发起学生挑战权威和自我的欲望时，我们确实深刻地体会到教学体制必须在变革发展中才能焕发恒久的活力。

教学体制作为批判现实主义的反思对象，在某种程度上也是教育革命的对象。每个教师都应是教学体制在实践中反思、在改革中进步的推进者。有时候，教师源自课堂的细微举动或变化，往往能激发学生的心灵，学生的终身幸福可能就在课堂学习创新理念的潜滋暗长间奠基。

或许，苏联电影《乡村女教师》中的女主角瓦尔瓦拉老师的一句经典台词，会带给我们跨越时代和社会的共鸣，她说：“我要教会你们——思想！”的确，当我们淡化这部摄于60多年前的影片中的政治痕迹和意识形态色彩后，这句话的伟大力量越发凸显。每个人都生活在特定的时代，贯穿每个时代的教育赋予社会文明，赋予个人良知。教学体制好似无形的网络将教师、学生、课堂、课程衔接成完整的教学体系，并映衬着教学推动人们生命成长的根本目的。教师和学生是教学体制下受影响最深的人，是课堂教学的主体参与者，他们才是对教学体制最有发言权的人，或者说他们才是历经教学体制之路能否走出未来希望的人。

教师为学生打开知识之门的终极目标是打开学生的心灵之门，让学生勇敢地敞开自己的思想，用自己的思想推动自己的人生成长，用自己的思想促进社会的文明进步。当然，这也包括教育在内。也就是说，当师生之间的教与学的行为架构起以思想的历练为基点的心灵互动时，教学体制就不再是冰冷僵硬的铁板，而是灵动流转的生命活水。由此，教学体制无论是在批判现实主义的视域里，还是在教育革命对象的视角上，都会成为师生之间教学思想和学习思想持续发展的存在状态与承载形式。实际上，教学体制的学术性批判或革命性变化，也就成为依托于师生思维源泉的常态化行为，课堂教学的风采和教育力量的伟大尽在其中。

当我们回望流淌在电影里一系列撼动心灵的教学故事时，我们能感悟到从过去到现在熔铸在教学中的人性和思想的光辉。当我们看完一部电影，恍如和学生共同上完一堂课；或者当我们上完一堂课，仿佛和学生共同走完一部电影的拍摄之路，演绎完这部电影中的精彩故事，这样的经历时时让我们体验到教学与电影交错穿行的神奇效应。也许，这一切就是穿越电影的教学带给我们的启示。

让我们回归教学的本原，犹如重返电影的原点，让我们坚守教学的目标，让我们记住瓦尔瓦拉老师所说的话：我要教会你们——思想！

参考文献

[1] [美] 路易斯·贾内梯著．焦雄屏译．认识电影（插图第11版）[M]．北京：世界图书出版公司北京公司，2007.

[2] 朱哲．用幸福培育幸福——2009年教师心理健康教育评析 [J]．人民教育，2010 (1).

[3] 《人民教育》创刊60年报道过的最有影响力的事件与人物（1950—2010）[J]．人民教育，2010 (9).

[4] 王林虎．中美课堂观课表的异同 [J]．人民教育，2010 (19).

[5] 李帆．让教育回归“常识”——写在岁末年初的一些思考 [J]．人民教育，2011 (1).

[6] 翟小宁．善心善行　润泽生命 [J]．人民教育，2011：3-4.

[7] 王红．对当前基础教育改革的反思 [J]．人民教育，2011 (9).